Diederichs Gelbe Reihe

Dalai Lama

DER WEG ZUM INNEREN FRIEDEN

Eine Meditation
über die Vier Edlen Wahrheiten
des Buddha

Aus dem Französischen von
Elisabeth Liebl

Diederichs Gelbe Reihe

Die Originalausgabe erschien unter dem Titel
Pacifier l'esprit
bei Editions Albin Michel, Paris.

Bibliografische Information der Deutschen Bibliothek

Die Deutsche Bibliothek verzeichnet diese Publikation in der Deutschen Nationalbibliografie; detaillierte bibliografische Daten sind im Internet über http://dnb.ddb.de abrufbar.

Redaktion: Richard Reschika, Freiburg i. Br.
Umschlaggestaltung: Die Werkstatt München / Weiss · Zembsch
unter Verwendung eines Motivs von AP Wide World
Produktion: Ortrud Müller
Satz: Uhl + Massopust, Aalen
Druck und Bindung: GGP Media, Pößneck
Printed in Germany

ISBN 3-7205-2502-3

INHALT

Grundlegende Voraussetzungen für das Verständnis der Vier Edlen Wahrheiten 7

Die Existenz des Ich 37

Die Existenz der Phänomene 49

Die Vier Edlen Wahrheiten 71

Die Grundlagen der Praxis – Ansammlung 91

Die Grundlagen der Praxis – Meditation 113

Die Wurzel der Unwissenheit durchtrennen 135

Der Erleuchtungsgeist und das Bodhisattvagelübde 161

Das siebenteilige Gebet zu Ehren des weiblichen Bodhisattvas Tara 181

Danksagung 182
Anmerkungen 183
Kleines buddhistisches Lexikon Deutsch-Tibetisch 207
Glossar buddhistischer Begriffe 215

GRUNDLEGENDE VORAUSSETZUNGEN FÜR DAS VERSTÄNDNIS DER VIER EDLEN WAHRHEITEN

Bevor wir uns den Grundlagen der buddhistischen Lehre zuwenden, sollten wir uns fragen, weshalb wir dies eigentlich tun. Zu welchem Zweck beschäftigen wir uns mit dem Buddhismus? Meine Antwort darauf ist: um unseren Geist zu verändern. Weshalb aber sollten wir unseren Geist ändern wollen?

Ganz *allgemein* betrachtet, hat jedes lebende Wesen, das dem Glauben unterliegt, ein »Ich« zu sein, die Tendenz, Leiden zu vermeiden und Glück zu suchen. Das ist nur natürlich. Tiere tun alles, um Leid zu vermeiden und Wohlergehen zu erlangen – je nach ihren Fähigkeiten. Alle Arten von Wesen, sogar die winzigsten, gehen unangenehmen Empfindungen so weit als möglich aus dem Weg und streben nach angenehmen Erfahrungen. Innerhalb dieses Rahmens geht jedes Lebewesen seinen Weg im Überlebenskampf.

Wenn wir im Buddhismus von den »fühlenden Wesen« sprechen, dann reden wir von allen Wesen, denen diese Tendenz eigen ist: die Vermeidung von Leid und die Suche nach Glück. Der Mensch aber verfügt im Vergleich mit anderen Lebewesen über eine sehr viel stärker ausgeprägte Fähigkeit, zwischen Gut und Böse zu unterscheiden. Es ist also kein Zufall, dass etwas wie Glaube unter den Menschen entstehen konnte, wo das spirituelle Potenzial am stärksten ist. Spirituelle Visionen, Philosophien und Gedankengebäude konnten sich nur innerhalb der menschlichen Gesellschaft entwickeln.

Sein Erkenntnisvermögen hat den Menschen in Technologie und Wissenschaft weit gebracht. Doch letztlich ist es die Motivation des Menschen, also die Suche nach Glück und das Vermeiden von Leid, welche ihn dazu bringt, es überhaupt einzusetzen. Und bedauerlicherweise sorgt diese Fähigkeit auch dafür, dass jedes Mal, wenn wir sie anwenden, neue Probleme und neues Leid entstehen.

Andere Lebewesen gewinnen durch ihr Erkenntnisvermögen alle möglichen augenblicklichen Eindrücke. Der Mensch aber strebt nicht nur gegenwärtig nach Glück und Leidvermeidung, er wünscht sich dies auch für die Zukunft. Da letzten Endes alles von den geistigen Kapazitäten abhängt, denkt der Mensch, der damit so überreichlich versehen ist, ständig über seine Zukunft nach. Aus demselben Grund beschäftigt ihn auch seine Vergangenheit in einem fort. Andere Lebewesen besitzen diese Fähigkeit nicht. Aus ihr aber entstehen alle Hoffnungen und Ängste, die diesen Wesen meiner Ansicht nach fehlen.

Dabei spreche ich hier nur von den Wesen, die jeder um sich herum wahrnehmen kann. Die Götter und Drachen bzw. die Ghandarvas, die sich von Düften ernähren[1], sollen hier gar nicht erwähnt werden. Nimmt man dazu noch die drei Welten, die sechs Klassen von Wesen oder die vier Arten der Geburt, von denen in den buddhistischen Texten die Rede ist, wird das Bild noch komplizierter. Denn dann haben wir es mit einer ungeheuren Vielzahl von Wesen zu tun, die alle über die Fähigkeit zur Erkenntnis verfügen. Abschließend lässt sich also sagen, dass das menschliche Erkenntnisvermögen eine wunderbare Sache ist, eine äußerst machtvolle Fähigkeit, die jedoch den Nachteil hat, dass sie unser Leiden ständig vermehrt.

Hat ein Tier sich nämlich den Bauch vollgeschlagen und ist ihm weder zu heiß noch zu kalt, dann streckt es sich in aller Ruhe aus und genießt das Leben. Wir menschlichen Wesen aber leben, was die äußeren Bedingungen angeht, in der besten aller möglichen Welten. Weil wir jedoch ständig Hoffnungen und Ängsten ausgesetzt sind, können wir diesen Zustand nur bedingt genießen. Jedes Mal, wenn unsere geistigen Fähigkeiten ins Spiel kommen, auf welche Weise auch immer, zeigt sich der »Mensch« als Wesen, das ein außergewöhnliches Talent zum Leiden hat und das auf Grund seiner Hoffnungen und Ängste ständig unter Spannung steht. Und das ist noch lange nicht alles. Der Mensch selbst ist es auch, der diesem Planeten am meisten Schaden zufügt. Man könnte beinahe sagen: Existierte der Mensch nicht, dann ginge es auf der Erde wohl sehr viel friedlicher zu und die Umwelt hätte es mit Sicherheit wesentlich besser.

Lebte der Mensch nicht auf diesem Planeten, so wären Fische und alle anderen Lebewesen, die Freude und Schmerz empfinden können, nicht dem Leid ausgesetzt, das aus ihrer Ausbeutung durch den Menschen resultiert. Wer Tiere ausbeutet, misst ihrem Leben im Vergleich zum menschlichen weniger Wert zu. Doch gäbe es den Menschen nicht, entgegnen die Ausbeuter, gäbe es auch viel weniger Tiere. Denn ohne den Menschen würden die Tiere sich gegenseitig verschlingen … Aber wäre dies denn nicht eine Art natürlichen Gleichgewichts? Wäre es also nicht besser, so ist man versucht, zurückzufragen, der Mensch würde auf immer verschwinden?

Und doch kommt es immer wieder vor, dass Menschen andere Menschen lieben. Manchmal wird ihre Liebe sogar erwidert. Der Mensch nämlich ist fähig, sich seiner Mitgeschöpfe anzunehmen. Auch diese Fähigkeit wächst dem Menschen aus seinem Erkenntnisvermögen zu. Und die menschliche Veranlagung, dem anderen mitfühlend zu begegnen, lässt sich sogar noch entwickeln. Aber ist wirklich nur der Mensch zum Mitgefühl fähig? Es gibt auch im Tierreich Beispiele altruistischen Verhaltens, auch wenn dieses vergleichsweise gering ausgebildet ist. Doch unter den sozialen Wesen ist einzig der Mensch zum grenzenlosen Mitgefühl in der Lage. Ein Tier hätte beträchtliche Probleme, sein Dasein voll und ganz von Mitgefühl leiten zu lassen.

Dass es nötig ist, unseren Geist den wirklich menschlichen Tugenden zuzuwenden, zeigt sich auch, wenn wir das Problem von einer anderen Warte aus betrachten. Das Leben, unsere ganze

Existenz, ist doch wohl keineswegs auf Zerstörung ausgerichtet. Oder scheint es Ihnen logisch, dass das menschliche Sein destruktiven Zwecken dienen soll? Wohl kaum. Wir sind nicht auf der Welt, um alles kaputt zu machen. Genauso wenig wie wir auf der Welt sind, um zu leiden. Liegt es also nicht in unserer Hand, aus unserem Leben etwas Positives zu machen?

Der Mensch mit seinem ausgeprägten Erkenntnisvermögen kann sich also mit treuen Freunden umgeben und so seinem Leben einen Sinn verleihen. Ein solches Leben wäre konstruktiv. Daher ist es für uns wichtig, unseren Geist zu verändern. Und dabei hilft uns genaue Beobachtung. Wir sollten die ihm innewohnende Güte stärken, ihn zu etwas Nützlichem machen. Wir sollten ihn stark werden lassen, indem wir ihm seine schädlichen Eigenheiten abgewöhnen. Ist nicht dies der eigentliche Kern unseres Daseins?

Natürlich müssten wir uns dann auch fragen, was wir für »gut« halten und was für »schlecht«. Hier kann uns das Leiden selbst als Wegweiser dienen, denn es zeigt deutlich, was »schlecht« ist. Und was wäre das? Alles, was wir nicht wollen. Das Leiden kommt schließlich aus der Ablehnung eines bestimmten Zustandes bzw. einer bestimmten Situation. Damit wäre das Leiden das Übel schlechthin. Denn schließlich wollen wir ja Glück erfahren. Somit ist das Glück das »Gute«. Ob etwas »gut« oder »schlecht« ist, angenehm oder unangenehm ist, beurteilen wir, indem wir seine Folgen betrachten: Das »Übel« führt zu Leid, das »Gute« zu Wohlbefinden und somit zu allem, was wirklich nützlich ist.

Wenn wir also unseren Geist verändern, werden die schädlichen Gedanken weniger und die positiven mehr. Dann leiden wir Schritt für Schritt weniger unter den Auswirkungen des Leidens und unser Wohlbefinden steigert sich dementsprechend.

Ob wir nun einem bestimmten Glaubensbekenntnis angehören oder nicht: Kein Mensch will wirklich leiden. Wir suchen alle nach Glück – ohne Ausnahme. Daher ist es wichtig, dass wir die positiven Qualitäten unseres Geistes ebenso schätzen lernen, wie wir lernen müssen, seine negativen Tendenzen als das zu erkennen, was sie sind. Dies ist ein sehr bedeutsamer Punkt.

Letztlich besteht zwischen uns allen kein großer Unterschied: Wir sind alle Menschen, was bedeutet, dass wir auf einer sehr grundlegenden Ebene gleich sind. Wir kommen aus verschiedenen Kulturen, hängen unterschiedlichen religiösen Glaubensvorstellungen an und gehören zu einem bestimmten Volk. Wir mögen uns in puncto Lebensstil unterscheiden, im Hinblick auf unseren familiären Hintergrund, unseren Bildungsstand und unseren Besitz. Doch letztlich wohnt uns allen dasselbe Potenzial inne. Wir können uns für das Gute entscheiden oder für das Schlechte. Daher ist es so wichtig, dass wir nicht nur unsere Anlage zum Guten klar wahrnehmen, sondern auch unsere Neigung zum Schlechten.

Seitdem ich im Westen erstmals buddhistische Belehrungen gegeben habe, sind viele Jahre vergangen. Die Zeit verrinnt. Sie hält nicht für eine Sekunde an. Keine Macht der Welt vermag, der Zeit Einhalt zu gebieten. Was also sollen wir tun? Wir selbst sind es, die darüber entscheiden, ob wir unsere Zeit zum Guten oder zum Schlechten nutzen wollen.

Darüber sollten wir uns wirklich Gedanken machen. Haben wir das Gefühl, unsere Zeit nicht verschwendet zu haben, dann haben wir allen Grund zur Freude. Doch wenn uns alles schwer fällt, wir ständig beschäftigt sind, wenn sich langsam das Gefühl einschleicht, ob all das wirklich nötig ist, und wir uns im Morgengrauen die Frage stellen, wozu all das gut sein soll, dann beginnen wir, der Zeit nachzutrauern, die wir so wenig genutzt haben. Ist das nicht merkwürdig?

Reich und berühmt zu werden: Ist dies wirklich der erstrebenswerte Höhepunkt des menschlichen Lebens? Ohne Frage hat Geld eine gewisse Bedeutung. Auch bekannt zu sein hat durchaus seine Vorteile. Und doch: Wenn wir uns all die Menschen betrachten, die berühmt sind und viel »Geld und Gut« besitzen, wie es das Sprichwort sagt, dann erkennen wir bald, dass auch diese

Menschen dauernd von Sorgen belastet sind. Andere wiederum haben weder einen berühmten Namen noch irgendwelche Reichtümer. Was die materielle Seite des Lebens angeht, sind sie wirklich schlecht dran. Und doch scheinen sie sich keinerlei Sorgen zu machen. Es gibt Menschen, die zwar keine finanziellen Probleme haben, aber zum Beispiel ständig Medikamente einnehmen müssen, weil sie nicht gesund sind. Andere haben kein Geld, erfreuen sich aber bester Gesundheit, sodass sie nie auch nur eine Pille zu nehmen brauchen.

Was ist das Geheimnis der zweiten Gruppe? Wenn im Geist Frieden herrscht, ist man immer zufrieden, auch wenn die äußeren Bedingungen nicht gerade ideal sind. Der Körper kann Gesundheit erlangen, doch wenn es im Geist an Frieden fehlt, ist selbst unter idealen Umständen kein Glück möglich.

Wo also liegt der Unterschied? Der Unterschied liegt im geistigen Frieden. Was müssen wir tun, um Frieden des Geistes zu erlangen? Reicht es schon aus, ihn anzustreben? Das ist wohl in den seltensten Fällen richtig. Der Wunsch, geistigen Frieden zu erlangen, verschafft uns diesen Frieden noch nicht. Das ist wie mit Geld: Selbst der sehnlichste Wunsch, reich zu sein, füllt unser Konto noch lange nicht. Dazu ist ein gerüttelt Maß an Arbeit nötig. Der innere Friede gehört zu den Schätzen des Geistes. Auch diese Art von Reichtum erlangen wir nicht durch simples Wünschen. In welches Kaufhaus in New York oder Paris wir auch immer gehen mögen, niemand wird uns dort geistigen Frieden verkaufen.

Es gibt einige religiöse Gemeinschaften, die von sich behaupten, ihre Religion verschaffe sofort und unmittelbar geistige Ruhe. Ist das überhaupt möglich? Natürlich kann ich hier nur von den Dingen sprechen, die ich selbst gut kenne, doch wenn man mir sagt, dass Geistesfriede in kurzer Zeit zu erlangen ist, dann bin ich zunächst einmal skeptisch. Das ist, als würden Sie Ihren Arzt um eine Injektion »geistigen Friedens« bitten. Vermutlich würde er sich über dieses Ansinnen köstlich amüsieren.

Wenn wir, von der Last unserer Gedanken niedergedrückt, nur noch schwarz sehen, können wir zwar auf Medikamente zurückgreifen. Doch diese Arzneien – häufig schlichte Beruhigungsmittel – hindern uns nur am Denken und machen uns ein bisschen dumpf. Diese Art der Behandlung hat keine besonders tief gehende Wirkung. Ein vollkommen klarer Geist, der in der Lage ist, jederzeit das Gute und das Schlechte zu erkennen, ohne sich dabei im geringsten zu verkrampfen: Das kann kein Medikament der Welt uns verschaffen.

Ich bin fest davon überzeugt, dass geistiger Friede nur durch Arbeit mit dem Geist erlangt werden kann. Und wie sieht diese Arbeit mit dem Geist nun aus? Meiner Ansicht nach ist die analytische Meditation das beste Mittel, um dieses Ziel zu erlangen. Die rein kontemplative Meditation allein reicht nicht aus. Wenn wir die guten und schlechten Seiten unseres Geistes eingehend untersuchen, dann verändert sich dadurch unsere Sicht der Dinge, unsere innere Haltung.

So sind Krankheit, Alter und Tod ganz sicherlich Quellen des Leids, ob es nun um uns oder um andere, uns nahe stehende, liebe Menschen geht. Es ist traurig, wenn jemand krank wird oder stirbt. Doch letztlich hängt es von unserer Einstellung ab, wie wir dieses Ereignis erleben. Nehmen wir den Tod als Beispiel. Ist der Tod für Sie etwas vollkommen Undenkbares, das Sie einfach nicht akzeptieren können, dann werden Sie, wenn Sie an der Schwelle des Todes angekommen sind, das Sterben als unerträglich erleben. Nehmen Sie den Tod jedoch als unvermeidlichen Teil des Lebens an und begreifen, dass er keineswegs unmöglich, sondern sogar unvermeidlich ist, werden Sie sehr viel weniger Probleme haben, wenn Sie tatsächlich damit konfrontiert sind.

Wenn wir diese Überlegungen noch ein wenig vertiefen wollen, sollten wir uns fragen, wie wir Emotionen wie Hass, Eifersucht oder Begehren im Geist erleben. Es besteht doch kein Zweifel, dass wir, wenn solche Gedanken im Geist auftauchen, ein unangenehmes Gefühl verspüren. Umgekehrt fühlen wir uns sofort voller Mut und Kraft, wenn Liebe, Zärtlichkeit und Toleranz unseren Geist erfüllen.

Was bringen uns nun solche Überlegungen? Nun, gewöhnlich verwenden wir sehr viel Zeit darauf, das Für und Wider der äußeren, materiellen Welt zu bedenken. Da schadet es gewiss nicht, wenn wir auch über unsere Geisteszustände ein wenig nachdenken. Eben das versteht man unter »analytischer Meditation«: Dies ist die sinnvollste Art der Arbeit mit dem Geist, wenn wir inneren Frieden anstreben. Und ein ruhiger Geist ist etwas, das jedem Menschen nützt, sei er nun religiös oder nicht.

An dieser Stelle möchte ich mich noch kurz mit dem Glauben als solchem beschäftigen. Wenn der Mensch mit einem schwer wiegenden Problem konfrontiert ist, wenn er sich seiner Ressourcen beraubt sieht und tiefe Verzweiflung ihn überfällt, ist der Glaube eine enorme Stütze. Der Glaube schenkt dem Menschen Hoffnung. Unsere Welt kennt viele verschiedene religiöse Systeme. Es gibt eine Unzahl von Visionen und philosophischen bzw. religiösen Gedankengebäuden. Doch so unterschiedlich sie auch scheinen mögen, haben sie doch alle einen gemeinsamen Hintergrund: Sie dienen dem Menschen in all seiner Vielfältigkeit. Da die Menschheit einen ungeheuren Facettenreichtum aufweist, tut dies auch die Religion. Und so hat jedes dieser Gebäude seinen Nutzen.

In späteren Kapiteln werde ich näher auf den Dialog zwischen den Religionen eingehen. Im Augenblick aber möchte ich mich auf den Buddhismus beschränken. Mich befällt immer ein gewisses Zögern, wenn ich Menschen, deren Vorfahren keine Buddhisten waren und die nicht in einem traditionell buddhistischen Land leben, buddhistische Lehren vermitteln soll. Normalerweise ist es besser, wenn man der Religion seiner Vorfahren folgt. Dabei erzielt man gewöhnlich bessere Ergebnisse. Wechselt man die Religion, so kann es geschehen, dass die Anpassung nicht so recht gelingen will. Dann ist man weder im alten noch im neuen Glauben verwurzelt und schafft nur neue Widersprüche in sich. Respektiert man hingegen die Tradition seiner Ahnen, liegt allein darin schon eine gewisse Garantie für Stabilität. In einigen Fällen aber kann der Wechsel der Religion auch positive Resultate zeitigen.

In Tibet zum Beispiel sind nahezu alle Menschen Buddhisten. Doch es gab einen Zeitraum von etwa drei- oder vierhundert Jahren, in dem viele Tibeter zum Islam übertraten. Im 20. Jahrhundert hingegen wandten sich einige Tibeter dem Christentum zu. In gleicher Weise ist in den jüdisch-christlich geprägten Ländern ein gewisses Interesse für den Buddhismus gewachsen. Daher sollte jeder Mensch ausführlich über seine religiöse Neigung nachdenken und die eigene Situation gründlich prüfen. Gelangt man dann zu dem Schluss, dass der Buddhismus für die eigene Entwicklung geeignet ist, und ist man auch bereit, dessen Grundsätze anzunehmen, dann kann der Buddhismus zum persönlichen Glauben eines Menschen werden, auch wenn er ursprünglich anders erzogen wurde. Es ist nichts Abwegiges daran, Buddhismus zu praktizieren. Freilich ist es einfacher, wenn man vorher gar keine Religion hatte. Fühlt man sich von buddhistischen Belehrungen angesprochen, braucht man sie nur zu studieren.

Doch wie positiv man nun den Buddhismus und seine Möglichkeiten für sich selbst auch beurteilen mag, es ist absolut unsinnig, die Religion seiner Vorfahren zu kritisieren, seien diese nun buddhistischen oder anderen Glaubens gewesen. Dies sollte man auf jeden Fall lassen.

Der aktive Versuch der Bekehrung ist ohnehin nicht positiv zu werten, da er eine Quelle von tiefen Konflikten darstellt. In der Mongolei gibt es eine Menge Christen, die zu »missionieren« versuchen. Ich habe mich mit diesem Phänomen gründlich beschäftigt und kann nichts Gutes darin erblicken. Und da ich den Bekehrungsversuchen dieser Art von »Christen« in der buddhistischen Welt nichts abgewinnen kann, bin ich der Auffassung, dass dasselbe auch für die Buddhisten in christlichen Ländern gilt.

Auf persönlicher Ebene liegt der Fall anders. Für mich ist der Buddhismus das Beste, das heißt aber noch lange nicht, dass dies auch für den Rest der Welt zutreffen muss. Für mich liegt dies auf der Hand. Für einen praktizierenden Christen ist sein Glaube der sinnvollste. Aber auch in diesem Fall heißt das nicht, dass dies genauso für den Rest der Menschheit gilt.

Auf jeden Fall ist es wichtig zu wissen, was die einzelnen Religionen miteinander verbindet. Auf diese Weise öffnet sich unser Geist, und wir gehen den Risiken des religiösen Fanatismus aus dem Weg. Wenn man dann für seine individuelle religiöse Praxis noch geeignete Methoden anderer religiöser Traditionen mit einsetzt, befruchten die verschiedenen Traditionen sich gegenseitig.

Vor diesem Hintergrund möchte ich nun den Ursprung des Dharma[3] erläutern. Es geschah in der heiligen Stadt Benares[4], dass der gütige Lehrer voller Mitgefühl im vollkommenen Wissen um die geschickten Mittel der Praxis zum ersten Mal den Dharma lehrte. Er setzte das Rad der Lehre in Bewegung, indem er die »fünf gütigen Asketen«[5] in den Vier Edlen Wahrheiten unterrichtete. Auf diese Weise entstand der Buddhismus. Daher möchte ich zunächst einmal im Überblick erklären, was es mit den Vier Wahrheiten auf sich hat.

Gewöhnlich spricht man im Buddhismus von zwei »Fahrzeugen«[6]: dem Kleinen und dem Großen Fahrzeug oder dem Fahrzeug der Hörer[7] bzw. der »einsam Verwirklichten«[8] und dem Fahrzeug der Bodhisattvas[9]. Das Große Fahrzeug wird seinerseits wieder in das Große Fahrzeug des Sutraweges und das Große Fahrzeug des Tantraweges[10] unterteilt. Daher lassen sich auch die Vier Edlen Wahrheiten, die für jeden Buddhisten Grundlage des Pfades sind, nach dem System der beiden Fahrzeuge unterteilen.

Die Praxis, die in den Texten des Kleinen Fahrzeugs gelehrt wird, stellt die Basis der Lehren Buddhas dar. Ohne sie hätte sich das Große Fahrzeug erst gar nicht entwickeln können. Wenn innerhalb der buddhistischen Schulen die Anhänger des Großen

Fahrzeugs die Lehren des Kleinen als minderwertig einstufen oder die Anhänger des Kleinen Fahrzeugs anzweifeln, dass die Lehren des Großen Fahrzeugs überhaupt auf den Lehren Buddhas beruhen, dann liegt dies einzig daran, dass beide das Wesentliche nicht begriffen haben. Dies ist ein schwerer Irrtum. Ohne die Methoden, die auf den Vier Edlen Wahrheiten und den 37 Hilfsmitteln zur Erleuchtung[11] beruhen, welche in den Texten des Kleinen Fahrzeugs dargelegt werden, ist es schlichtweg unmöglich, den echten Erleuchtungsgeist zu entwickeln. Dieser ist die Basis für den Weg des Großen Fahrzeugs und besteht in einer Geisteshaltung, die Wohlwollen und Mitgefühl für alle Wesen in den Vordergrund stellt. Und damit meine ich: großes, allumfassendes Mitgefühl.

Genau dieselbe eifernde Haltung unter den Schülern der einzelnen Fahrzeuge entwickelte sich in Tibet, wo das Große Fahrzeug des Tantra dem Großen Fahrzeug der Transzendenten Vollkommenheiten[12] gegenüberstand. Die Schüler, welche den Weg der Transzendenten Vollkommenheiten gingen, hatten für die tantrische Praxis nicht viel übrig. Die Tantra-Schüler wiederum sahen auf das Fahrzeug der Transzendenten Vollkommenheiten herab. Vor allem für die Übung der Disziplin brachten sie nur wenig Verständnis auf. Auch dies war ein Irrtum, ja letztlich sogar ein schwer wiegender Fehler.

Bei den Fahrzeugen gibt es also eine gewisse Reihenfolge: das Kleine Fahrzeug, das Große Fahrzeug der Transzendenten Vollkommenheiten und das Große Fahrzeug des Tantra. Übt man sich fleißig in den Methoden des Kleinen Fahrzeugs, so erntet man alsbald seine Früchte. Bei den »höheren« Fahrzeugen ist dies jedoch anders. Ohne ausreichende Übung in den Methoden des Kleinen Fahrzeugs ist es unmöglich, die Früchte der anderen Fahrzeuge zu ernten. Warum ist dies so? Weil in der Reihenfolge der Fahrzeuge die Methoden des Kleinen Fahrzeugs als Fundament dienen, auf denen die der anderen Fahrzeuge aufbauen. Die Lehren Buddhas, die nur in Tibet, dem Land des Schnees, in ihrer

Gesamtheit erhalten geblieben sind, umfassen sowohl die Methoden des Kleinen wie die des Großen Fahrzeugs. Auch die tantrischen Übungen sind darin angelegt. In meinen Augen ist dies ein ungeheurer, ein ganz außergewöhnlicher Glücksfall.

Im philosophischen System des Großen Fahrzeugs, das im Wesentlichen von Buddha selbst in den Texten des Kleinen Fahrzeugs gelehrt wurde, wird dieser Kern nur noch erweitert und vertieft. So geht es in den Texten des Kleinen Fahrzeugs ausschließlich um unseren großen Lehrer Shakyamuni[13], der während des ersten Teils seiner Lebenszeit ein gewöhnlicher Bodhisattva war – bis er den Diamantthron[14] bestieg, den Pfad der Vereinigung[15] ging und zum authentischen Buddha wurde, weil er eine Verwirklichung erlangte, die so unzerstörbar war wie ein Diamant[16]. Er ging also den Weg zur Beendigung des Leidens. Erst an dessen Ende, also im zweiten Teil seines Lebens, wurde er zum wahren Buddha. Es geht also in diesen Texten nur um das, was man den »Erhabenen Erscheinungskörper«[17] des Buddha nennt. Die anderen »Körper« des Erleuchteten werden dort kaum erwähnt. Das Große Fahrzeug hingegen spricht von den drei bzw. vier Körpern des Buddha[18].

Im Großen Fahrzeug der Transzendenten Vollkommenheiten lehrt der Buddha das System der vier Körper. Wie man diese vier Körper erlangt, wird dagegen später in den tantrischen Lehren erläutert. Als der Buddha also die verschiedenen Wege und die zugehörigen Meditationsmethoden erklärte, beschränkte er sich keineswegs auf den Weg der 37 Hilfsmittel oder die Lehre von der Inexistenz eines individuellen Ich[19].

Als das Große Fahrzeug entstand, wurde das System der allgemeinen »Nicht-Substanzhaftigkeit« bzw. »Leerheit«[20] vollkommen entwickelt. Alle Lehrsätze wie zum Beispiel das System der Zehn Erden, der Bodhisattva-Bhumis[21], entwickelten sich ständig fort. Im Fahrzeug der Transzendenten Vollkommenheiten lehrte der Buddha die Praxis der sechs transzendenten Tugenden, wobei er erklärte, dass wir dem Weg der Vereinigung von Methode und

Weisheit[22] folgen sollten. Auch der Tantraweg schenkt uns Belehrungen auf höchstem Niveau: Hier geht es um die *außerordentliche* Vereinigung von Methode und Weisheit.

Nachdem der Buddha also die Lehre von den Vier Edlen Wahrheiten vertieft und erweitert[23] hatte, setzte er auf dem Geiergipfel das Rad der Lehre zum zweiten Mal in Bewegung, woraus die Lehren des Großen Fahrzeugs[24] entstanden. Dabei schenkte er uns die Sutras der Transzendenten Weisheit[25]. Darin vertieft der Buddha bis ins kleinste Detail die edle Wahrheit von der Beendigung des Leidens, die er zusammen mit den anderen drei edlen Wahrheiten bereits in Benares gelehrt hatte.

Als der Buddha das Rad der Lehre zum dritten Mal drehte, hinterließ er uns den dritten Lehrzyklus, eine Reihe von Sutras, die in der *Abhandlung über die Unübertreffliche Kontinuität*[26] näher erläutert werden. Zu ihnen gehört beispielsweise das *Sutra über das Potenzial der Buddhaschaft*[27]. In diesen Sutras geht es in erster Linie um das natürliche klare Licht des Geistes[28].

Um ein endgültiges Verstehen auf intellektueller Ebene zu ermöglichen, musste sich also zuerst die Wahrheit vom Weg manifestieren, die man auch »erhabene Weisheit«[29] nennt. Erst da fand der Geist Zugang zum Zustand der absoluten Freiheit von den zwei Schleiern[30]. Als der letzte Zyklus der Lehren gegeben wurde, also die zentralen Sutras, die in der *Abhandlung über die Unübertreffliche Kontinuität* kommentiert werden, legte der Buddha die höchsten Belehrungen dar: über das klare Licht als eigentliche Natur des Geistes. Dies ist der wahre Sinn dieser Texte, auch wenn einige der genannten Sutras dafür eine andere Begrifflichkeit benutzen.

Was der Buddha ursprünglich gelehrt hatte, wird darin noch einmal klarer und tiefgründiger dargestellt. Im Großen Fahrzeug des Tantraweges gab er so subtile Belehrungen wie die zum »natürlichen klaren Licht des Geistes«. Bei dieser Gelegenheit hob er den Aspekt der Tiefe und Weite des Geistes besonders hervor. Aber war es denn nicht schlicht überflüssig, dass er seine anfänglichen Lehren vertiefte und erweiterte? Nein. Hätte der Buddha sich auf seine ursprünglich gegebenen Lehren beschränkt, so wäre dies ein Fehler gewesen. Denn diese Lehren wiesen einen grundlegenden Mangel auf: Sie waren nicht gegen jeden logischen Einwand gefeit.

Ich wiederhole hier also: Die späteren Belehrungen des Buddha waren tief greifender und klarer als die ursprünglichen. Aber stellen diese vertiefenden und erweiternden Lehren nicht nur überflüssige Abschweifungen dar? Einen Luxus quasi, auf den man auch verzichten könnte? Meiner Ansicht nach ist dies nicht der Fall. Buddhas Lehren konnten aus Gründen der Logik nicht auf seine ursprünglichen Ausführungen beschränkt bleiben.

Buddha, der Erhabene, unser Lehrer, der Löwe aus dem Geschlecht der Shakyas[31], blieb bis zum 29. Lebensjahr im Palast seiner Eltern. Danach übte er sich sechs Jahre lang in Askese. Als er etwa 36 Jahre alt war, erwachte er zur vollkommenen echten Buddhaschaft. In den 40 Jahren nach seiner Erleuchtung arbeitete er unermüdlich für das Wohl aller Wesen. Doch die Ursachen für dieses Ereignis hatte er während dreier großer Kalpas[32] gelegt, als er unermesslichen Verdienst und unendliche Weisheit ansammelte. Eine Vorbereitung, die drei unendlich große Kalpas dauert, und ein Wirken von gerade einmal 40 Jahren? Steht hier der Aufwand noch in einem gesunden Verhältnis zum Ergebnis? Diese gewaltige Anstrengung, die unendliche Ansammlung[33], ist tatsächlich Ursache einer ganz kurzen Wirkung, da sie keine anderen Folgen nach sich zog.

Hier muss man die verschiedenen Stufen der Buddhaschaft unterscheiden: die Arhatschaft des Hörers, des Pratyeka-Buddhas und den Zustand des vollkommen erwachten Buddhas. Wenn man die Zeit, welche man für die unendliche Ansammlung braucht, nicht berücksichtigt und die 37 Hilfsmittel auf dem Weg zur Erleuchtung einsetzt, die zu diesen drei Zuständen führen, üben sich scheinbar alle, die den Pfad beschreiten, in derselben

Praxis. Wie aber kann eine einzige Ursache zu drei verschiedenen Zuständen führen? Wie wir sehen, geht dies logisch nicht auf.

Nehmen wir einmal an, dass beim Erwachen der Hörer und der »einsam Verwirklichten« nur der Schleier der negativen Emotionen durchtrennt wird, während beim Großen Erwachen, das zur vollkommenen Buddhaschaft führt, sich auch die Verdunkelungen der grundlegenden, nicht von Emotionen verursachten Unwissenheit auflösen. Gäbe es dann nicht eine höchste Frucht desselben Strebens und zwei andere Resultate, die dieser deutlich unterlegen wären? Die unmittelbare Ursache des Erwachens sind die 37 Hilfsmittel auf dem Weg zur Erleuchtung. Daher könnte, selbst wenn man drei Leben, 100 Kalpas oder drei unendliche Kalpas lang Verdienst und Weisheit ansammelte, das Resultat nicht nur von der Länge der Ansammlung abhängig sein. Gäbe es nicht auch Unterschiede in der *Tiefgründigkeit* des Weges, dem man folgt, so wäre es doch recht unangenehm, wenn ein Praktizierender aus unerfindlichen Gründen ein besseres Ergebnis erzielte als ein anderer.

Der Buddha erteilte viele Belehrungen über die Nicht-Substanzhaftigkeit auf subtiler und grober Ebene. Die Leerheit ist das Thema des Korbes[34] der Bodhisattvas, wie man die Sutras des Großen Fahrzeugs auch nennt. In gleicher Weise lehrte er Freigebigkeit und gab uns vielfältige Methoden an die Hand, diese zu verwirklichen. So wie also das Resultat der Praxis, die Frucht, mehr oder weniger weit reicht, ist auch der Weg, dem man folgt, entweder »groß« oder »klein«.

Außerdem gibt es noch einen Grund, weshalb die Lehren vertieft werden mussten. Vom Standpunkt des Großen Tantra-Fahrzeugs betrachtet, kann der Weg der Vereinigung von Methode und Weisheit, bei dem beide Elemente sich gegenseitig stützen, wie das Große Sutra-Fahrzeug dies lehrt, niemals zur Erlangung des Formkörpers bzw. des absoluten Körpers des Buddha[35] führen. Warum ist das so? Weil der absolute Körper und der Formkörper in der Vollendungsstufe der Praxis[36] ihrer Natur nach identisch sind. Da ihre effektive, letztendliche Ursache nicht die untrennbare Einheit von Methode und Weisheit ist, kann ein Ergebnis, das so erhaben ist wie der absolute Körper bzw. der Formkörper des vollendeten Buddha (die wesensmäßig untrennbar sind) nicht entstehen, wenn Methode und Weisheit nicht identisch sind und quasi gepaart werden müssen. Dieser Widerspruch per se fällt sofort ins Auge.

Wird in den Texten des Großen Fahrzeugs das System der vier Körper dargelegt, so finden wir den immensen Reichtum von Methode und Weisheit, der zu ihrer Realisierung führt, erst im Geheimen Mantrafahrzeug des Diamantweges[37] erläutert. Dort wird die wesensmäßige Untrennbarkeit von Methode und Weisheit gelehrt, die in uns ein tiefes Vertrauen in die Idee von den vier Buddhakörpern erweckt.

Aber dann, so wird man einwenden, widersprechen die früheren und späteren Lehren des Buddha einander doch. Nein, das ist nicht der Fall. Dazu muss man wissen, dass man die Worte des Tathagata, vor allem in den Systemen des Großen Fahrzeugs, nicht wörtlich nehmen darf. Sie können nämlich einen vorläufigen oder endgültigen Sinn haben. Die endgültigen Belehrungen müssen natürlich wörtlich genommen werden. Die vorläufigen aber sollte man nicht allzu eng auslegen.

Diesen Gedankengang sollten wir weiter vertiefen. Ob eine Belehrung des Buddha vorläufigen oder endgültigen Charakter hat, lässt sich natürlich nicht auf Grund der Formulierung erkennen. Es geht dabei um den Sinn, der hinter den Worten steht, den Geist, der sie erfüllt. Daher nennt man jene Texte, welche die absolute Wirklichkeit aufzeigen, *Sutras von endgültigem Charakter*. Diejenigen aber, deren Inhalt interpretationsbedürftig ist, nennt man *Sutras von vorläufigem Charakter*.

Was aber ist nun unter »endgültigem« bzw. »vorläufigem« Charakter zu verstehen? Dazu erklären die Schriften, dass der vorläufige Sinn sich auf die Ebene der relativen Wahrheit bezieht, während der endgültige Sinn auf die Erkenntnis der absoluten

Wahrheit abzielt. Der endgültige Sinn kündet also die absolute Wahrheit, womit die letztendliche Seinsweise[38] aller Dinge gemeint ist. Da die letztendliche Seinsweise, die auch »Soheit«[39] genannt wird, die absolute Wahrheit ist, bezieht die absolute Wahrheit sich auf die Art und Weise, wie die Dinge in Wirklichkeit existieren. Wenn man nirgendwo mehr »hingezogen«[40] wird, kann man von absoluter, letztendlicher Wahrnehmung sprechen. Diese Ebene ist der endgültige, der wahre Sinn der Reden des Buddha. Ein Sutra, das darauf abzielt, die letztendliche Wahrheit aufzuzeigen, ist daher ein Sutra von endgültigem Charakter.

Die relative Wahrheit sowie die Sutras von vorläufigem Charakter arbeiten dagegen mit dem Reichtum und der Fülle der tausendfältigen Metamorphosen in der farbenprächtigen Welt der Erscheinungen. Was nicht ausreicht, um tatsächlich die dahinter stehende letztendliche Wirklichkeit erkennbar werden zu lassen. So kann man die Belehrungen, die sich an den verschiedenen Erkenntniskräften des Einzelnen orientieren, durchaus wörtlich nehmen. Ob es nun um den Erleuchtungsgeist[41] geht, um Mitgefühl und liebende Güte oder um das Gesetz von Ursache und Wirkung[42] – dies anzustreben hat auf der relativen Ebene tatsächlich Sinn. Und doch sind diese begrifflichen Kategorien, welche dazu dienen, innerhalb der Welt der Erscheinungen verlässliche Aussagen zu treffen, nicht geeignet, die letztendliche Natur aller Dinge zu enthüllen. Man sollte sie also durchaus ernst nehmen, doch ihr Sinn und Gehalt ist allein nicht ausreichend, um den Praktizierenden zur Erkenntnis der absoluten Wirklichkeit zu führen. Aus diesem Grund sind jene Begriffe interpretationsbedürftig und gehören folglich zur Gruppe der »vorläufigen« Belehrungen. Die Sutras, in denen es um diese Prinzipien geht, sind daher Sutras von vorläufigem Charakter.

Ausgehend von den ersten Belehrungen des Buddha erscheinen die späteren noch klarer und tiefgründiger. Man findet in ihnen alles, was bereits gelehrt wurde, und doch sind noch bedeutsamere, weiter gehende Ebenen der Lehre angesprochen.

Dies ist eine der höchst erhabenen Eigenschaften dieser Texte. Es wäre Unsinn zu behaupten, diese Texte seien erhaben, nur weil sie anders sind als alles, was es bis dato gab. Aber werden in den späteren Belehrungen des Buddha nicht die unklaren Punkte früherer Lehrreden erläutert und vertieft? Wie wir gesehen haben, trifft das zu. Sie werden in aller Ausführlichkeit behandelt und geklärt.

Nun zu den Methoden. Die Einteilung der buddhistischen Lehren in Großes und Kleines Fahrzeug und innerhalb des Großen Fahrzeuges noch einmal in Sutra- und Tantra-Weg beruht im Wesentlichen auf den darin angewandten Methoden. So wird im Kleinen Fahrzeug bei den Hörern und »einsam Verwirklichten« das Mitgefühl durchaus gepflegt. Doch Mitgefühl bedeutet in diesem Zusammenhang nur, dass man anderen nicht schadet und ihnen, wo es geht, nützlich ist. Wenn man jedoch im Großen Fahrzeug gelobt, allen fühlenden Wesen zu Glück zu verhelfen und sie vom Leid zu befreien, dann heißt dies, dass wir allumfassende Bewusstheit[43] anstreben müssen, da wir sonst nicht in der Lage wären, dieses Gelübde zu erfüllen. Daher kann man sagen, dass die Einteilung in Großes und Kleines Fahrzeug von der Großzügigkeit des Denkens abhängt, die dahinter steht.

Wie ist es nun um den Unterschied zwischen Sutra- und Tantraweg bestellt? Natürlich erklärt jeder buddhistische Gelehrte diesen Unterschied anders, doch letztlich kann man sagen, dass beide Wege sich in erster Linie durch die Methoden unterscheiden, die zur Erlangung der Buddhaschaft führen. Es gibt also gewisse Unterschiede in der Wahrnehmung des Pfades.

Was nun das Element der Weisheit angeht, so unterscheidet man im Buddhismus aktuell vier verschiedene philosophische Systeme. Während der Weg der Methoden sich mit jedem Drehen des Rades erweitert hat, kann man in puncto Weisheit von einer ständigen Vertiefung sprechen. Allgemein gesagt, gehen alle buddhistischen Denksysteme von einer grundlegenden Nicht-Substanzhaftigkeit aus. Die Art jedoch, wie diese gesehen wird, unterscheidet die verschiedenen Schulen. Vaibhashikas[44] und Sautrantikas[45] haben dieselbe Auffassung von der Nicht-Substanzhaftigkeit. Die Madhyamika-[46] und die Chittamatra-Schule[47] hingegen sehen die Nicht-Substanzhaftigkeit nicht nur im Individuum, sondern dehnen diese Vorstellung auf die gesamte Erscheinungswelt aus.

Der Unterschied zwischen Madhyamika- und Chittamatra-Schule im Hinblick auf die Nicht-Substanzhaftigkeit aller Phänomene ist ein sehr subtiler. Untersuchen wir diese Auffassungen mit Hilfe der analytischen Meditation, wird schnell klar, welch tiefgründige Ebenen des Verständnisses beide philosophischen Systeme erreicht haben. Trotzdem wäre es ein Fehler zu denken, nur diese Belehrungen könnten vom Buddha selbst stammen, da nur sie diese unglaubliche Tiefe erreichen. Sowohl die Belehrungen des Kleinen Fahrzeugs als auch die des Großen Fahrzeugs stammen vom Buddha selbst. Da sie vom Erhabenen gelehrt wurden, kann nicht ein Teil der Lehren besser sein als der andere.

Kann man also mit Hilfe analytischer Methoden schnell zu einer Gewissheit über diese »Wahrheiten«[48] gelangen und durch logische Überprüfung feststellen, ob sie in sich frei von Widersprüchen sind? Ist es zum Beispiel möglich, von der Illusionshaftigkeit des individuellen Ich zu sprechen, ohne sich gleichzeitig mit der Nicht-Substanzhaftigkeit der Phänomene auseinander zu setzen? Oder kann man davon ausgehen, dass alles wirklich existiert, dass Subjekt und Objekt nicht leer, sondern von einer eigenständigen Wirklichkeit erfüllt sind? Diese Annahme würde einer logischen Überprüfung wohl kaum standhalten.

Wenn also bestimmte Thesen der argumentativen Überprüfung durch die höheren Systeme nicht standhalten, wenn sie der Logik nicht gehorchen, dann ist der Text, in dem sie erscheinen, auch wenn er auf Buddha zurückgeht, *interpretationsbedürftig*. Das heißt, dass er zu den Belehrungen mit »vorläufigem Charakter« gehört, die vom Buddha in einer ganz bestimmten Absicht gegeben wurden. Die »tiefgründigen«[49] Belehrungen, so heißt es, sind in sich so vollkommen logisch, dass keinerlei analytische Argumentation darin einen Fehler entdecken kann.

Man findet in den Erklärungen jedes Meisters Aussagen von unterschiedlichem Gehalt, die sich mitunter sogar widersprechen: Und trotzdem stammen sie alle vom selben spirituellen Lehrer. Wie ist das möglich? Nun, die Lehren werden im Hinblick auf den Entwicklungsstand und die Aufnahmefähigkeit der Schüler gegeben[50]. Angesichts der ungeheuren Vielfalt der Lehren mit all ihren Widersprüchen finde ich es nützlich, mit absoluter Sicherheit zu wissen, dass diese einer ungeheuren Bandbreite von Schülern unterschiedlichster Veranlagung dienen.

Nun aber wollen wir uns tatsächlich den Vier Edlen Wahrheiten zuwenden. Dazu ist es nötig, sie zunächst einmal begrifflich zu erläutern sowie ihre Bedeutung aufzuzeigen. Dann müssen wir uns auf den Weg begeben, den sie uns vorzeichnen. Alles in allem bedeutet dies, dass wir sie von innen her zu begreifen versuchen. Die Aufteilung in vier Stufen entspricht dem sich immer mehr vertiefenden Verständnis, das wir durch die Praxis erlangen. Daher werden wir sie hier eingehend analysieren, um festzustellen, welche ihrer Implikationen[51] einer logischen Überprüfung nicht standhalten und welche sich durch die Analyse als unumstößlich erweisen.

Erkläre ich nun, dass die Vier Edlen Wahrheiten deshalb wahr sind, weil der Buddha sie gelehrt hat, ergibt sich dasselbe Problem, das wir oben angeschnitten haben. Man kann nicht ohne weiteres beschließen, dass einige der Lehren des Buddha wahr sind, andere nicht. Ob etwas wahr ist oder nicht, kann sich nur im Licht logischer Überprüfung erweisen.

Wie aber stellen wir das an? Wären all diese »Wahrheiten« nur gedankliche Konstrukte, dann wäre es unmöglich, dass einige von ihnen der Überprüfung mit logischen Mitteln standhalten, andere nicht. Es geht hier also nicht um Wahrheiten, die gar keine sind, um Fantasieprodukte unseres Geistes oder leere Worthülsen.

Dazu möchte ich ein Beispiel nennen. Die Vorstellung, dass jemand da ist, wenn in Wirklichkeit niemand anwesend ist, ist ein rein gedankliches Konstrukt. Ob diese Frucht des Denkens wahr ist oder nicht, lässt sich logisch weder beweisen noch widerlegen. Die eine Vorstellung mag nützlich sein, während die andere es nicht ist. Das hängt ganz von ihrer psychologischen »Brauchbarkeit« ab. Mehr aber lässt sich darüber nicht aussagen.

Alles in allem haben die Produkte unseres Denkens etwa den gleichen Stellenwert. Sind sie aber auch alle gleichermaßen nötig? Was nötig ist, existiert und kann logisch bewiesen werden, auch wenn als hinreichende Ursache die Notwendigkeit vorhanden sein muss. Wenn wir uns zum Beispiel als Gottheit visualisieren[52], wird der gewöhnliche Aspekt unserer Existenz keineswegs göttlich. Sich für Gott zu halten ist Zeichen einer schwer wiegenden psychischen Störung. Wenn man jedoch seine Praxis auf eine bestimmte Gottheit ausrichtet, ist dies ein absolut notwendiger Vorgang. Es handelt sich dann keineswegs um eine fixe Idee, sondern um die Meditation über eine bestimmte Gottheit. Auch dabei geht es um eine gedankliche Konstruktion, doch diese gehorcht einer bestimmten Notwendigkeit und erweist sich deshalb als nützlich.

Auch wenn man die Meditation über einen unreinen Gegenstand[53] übt, heißt das nicht, dass man seinen Geist mit Unreinem füllt oder mit dem, was man darunter gewöhnlich versteht. Die Meditation über einen unreinen Gegenstand ist ein so genanntes Antidot[54], ein Gegenmittel zu Anhaftung und Verlangen. Dieser Vorstellung ist also eine gewisse Notwendigkeit eigen. Wie man sieht, ergeben sich in dieser Hinsicht die verschiedensten Möglichkeiten.

Ich möchte diesen Punkt noch weiter ausführen. Die Logik widerlegt alles, was nicht in Wirklichkeit existiert, sondern nur eine Schöpfung unseres Verstandes ist. Wenn man also einen nicht real existierenden Gegenstand für wirklich erachtet, hält diese Annahme einer logischen Überprüfung nicht stand. Alles, was auf dieser grundlegenden Annahme aufbaut, muss also ebenfalls daraufhin untersucht werden, ob es eine reale Existenz besitzt oder nicht. Wird die Existenz eines Objekts von der Logik widerlegt, kann nichts, was auf der Existenz dieses Objekts aufbaut, wirklich sein.

Die Logik widerlegt also jeden Gedankengang, der auf der Annahme einer grundlegenden Existenz aufbaut. Was aber bedeutet es, wenn wir auf diese Weise von »Widerlegung« durch die Logik sprechen? Etwas, was nicht widerlegt werden kann, ist etwas, das wahrhaft existiert, das auf einer grundlegenden Ebene so erkannt werden kann, wie es ist. Wenn man nicht weiß, wie etwas in Wahrheit beschaffen ist, dann verursacht es nur sinnlose gedankliche Konstrukte, die einer logischen Überprüfung nicht standhalten. Daher ist es so wichtig, die wahre Seinsweise[55] jedes Objekts zu erkennen. Die Erkenntnis der wahren Existenz bildet die Grundlage für die Entscheidung, was im Hinblick auf dieses Objekt abzulehnen bzw. anzunehmen ist.[56]

Nach dieser grundlegenden Klärung können wir uns wieder der Erläuterung der Vier Edlen Wahrheiten zuwenden, so wie sie vom Buddha gelehrt wurden. »Leiden« ist etwas, das wir keinesfalls haben wollen. Daher weisen wir es zurück. Wollen wir aber das Leiden beseitigen, müssen wir seine Ursache beseitigen. Ist die Ursache beseitigt, werden wir ganz von selbst vom Leid befreit. Ich bin davon überzeugt, dass man die Dinge auf diese Weise betrachten sollte.

Nach dieser Grundüberlegung fragen wir uns natürlich, wie wir die Ursache des Leidens beseitigen können. Um auf diese Frage eine Antwort zu finden, müssen wir schon etwas tiefer gehen. Wenn wir nämlich mit absoluter Sicherheit wissen wollen, was wir annehmen bzw. ablehnen sollten, müssen wir die wahre Natur der Ursache des Leidens kennen. Wollen wir die Vier Edlen Wahrheiten Buddhas nur ganz allgemein verstehen, müssen wir nicht tiefer gehen. Wir müssen uns nicht mit den zwei grundlegenden Ebenen der Wahrheit auseinander setzen.

Versuchen wir jedoch, aus den Vier Edlen Wahrheiten eine Motivation zu ziehen, die uns dazu bringt, unseren Geist zu verändern und Gewissheit über die wahre Natur der Dinge zu erlangen, dann müssen wir uns mit der Vorstellung von den zwei grundlegenden Wahrheiten auseinander setzen, welche auch die Mehrheit der nicht-buddhistischen Inder[57] akzeptiert.

In der buddhistischen Welt gehen alle Schulen, angefangen bei den Vaibhashikas, davon aus, dass es zwei Ebenen der Wahrheit gibt. Um jedoch die wesentlichen Punkte dieser Sichtweise ganz zu begreifen, werden wir uns hier vor allem auf die Sichtweise des Großen Fahrzeugs und im Besonderen auf die Lehren des Mittleren Weges[58] konzentrieren.

Unter den Lehren des Mittleren Weges sind diejenigen von Nagarjuna[59] und seinen spirituellen Nachfolgern, Buddhapalita[60], Chandrakirti[61] und Shantideva, für uns von besonderem Wert. Es ist daher wichtig, dass wir die Lehre von den zwei Wahrheiten, die der erhabene Bodhisattva Nagarjuna und seine geistigen Erben uns hinterlassen haben, zur Grundlage unseres Verständnisses machen.

Wenn wir von den zwei Wahrheiten sprechen, sollten wir den Begriff »grundlegend« nicht vergessen. Die »zwei Wahrheiten«, die die grundlegende Seinsweise der Dinge beschreiben, entstehen nämlich nicht aus dem Karma der gewöhnlichen Wesen. Sie werden auch nicht erst nach Erreichen der Buddhaschaft deutlich. Die zwei Ebenen der Wahrheit tragen wir in uns.

Wir haben uns bereits mit den zwei Ebenen der Wahrheit in den Lehren Buddhas beschäftigt. Die Texte von »absolutem Charakter« werden so genannt, weil sie die absolute Wahrheit, also die Leerheit, aufzeigen. In den Texten von »vorläufigem Charakter« hingegen geht es um die Ebene der relativen Wahrheit. Wie aber definiert man nun diese beiden Wahrheiten? Theorien, die sich auf die Ebene der Erscheinungen beziehen, werden uns niemals zur wahren Wirklichkeit, zur tatsächlichen Seinsweise der Phänomene führen.

Auf der Ebene der Erscheinungen finden wir eine unglaubliche Vielzahl an Objekten vor, die uns mit Hilfe der sechs »Sinne«[62] eine unendliche Bandbreite von Wahrnehmungen ermöglichen: Formen, Töne, Gerüche, Geschmackseindrücke, Texturen usw. Dazu noch alles, was mental erfasst werden kann. Doch wenn wir uns – unbefriedigt von den Erscheinungen – auf die Suche nach dieser Welt machen, finden wir nichts. Was die Welt der Phänomene angeht, so weist diese zwei Aspekte auf: einen letztendlichen und einen zeitweise gültigen. Letzterer ist der temporäre oder konventionelle Aspekt der Wirklichkeit: Alles, was unser Geist auf diesem Niveau vorfindet, gilt als Ebene der »relativen Wahrheit«.

Wenn man also die dauerhafte, absolute Wahrheit sucht, die *Essenz* dieser Vielfalt, ohne sich dabei auf die Erscheinungen beschränken zu wollen, wenn man – von den Erscheinungen unbefriedigt – sich aufmacht, die Wirklichkeit zu erforschen, dann erst entdecken wir den letztendlichen Sinn aller Objekte. Hier spricht man vom »letztendlichen Sinn, der durch analytische Meditation über die letzte Wahrheit der Phänomene zum Vorschein kommt«. Was also am Ende unserer Analyse über die letztendliche Ebene der Wirklichkeit steht, ist nichts anderes als die absolute Wahrheit. Was unser analytisches Vorgehen jedoch über den konventionellen Aspekt der Wirklichkeit entdeckt, ist die relative Wahrheit.

Warum aber ist es so wichtig, die letztendlich gültige Natur der Dinge zu erfahren? Weshalb ist dieser Punkt von so entscheidender Bedeutung? Nun, gewöhnlich glauben wir nun einmal an die Wirklichkeit der unmittelbaren Erscheinungen, auch wenn sie von noch so verwirrender Vielfalt sein mögen. Dies aber führt immer wieder dazu, dass wir zu unserem eigenen Nachteil handeln.

Aber ist der Unterschied zwischen der wahren und der scheinbaren Existenz denn tatsächlich so gravierend? Wenn die Dinge so erscheinen würden, wie sie sind, dann würden sich die wahre und die scheinbare Seinsweise in jedem Augenblick vollkommen decken. Gäbe es keinen Unterschied zwischen dem Schein und der Wirklichkeit, könnte die Art, wie die Dinge erscheinen, als wahr gelten, ganz gleich, wie falsch das tatsächlich sein mag. Dann wären Wirklichkeit und Schein unumstößlich und notwendig eins.

Doch schon der gesunde Menschenverstand sagt uns, dass es Lüge ist, wenn man eine Sache für etwas ausgibt, was sie nicht ist. Das ist Betrug. Daher ist es wichtig, dass wir immer wieder erklären, dass die Erscheinung der Dinge nicht mit ihrem wahren Sein übereinstimmt. In welcher Weise aber existieren die Objekte, die sich unseren sechs Bewusstseinsformen[63] präsentieren, wenn sie so erscheinen, wie sie wirklich sind? Es ist von entscheidender Bedeutung, dass wir die Phänomene gründlich untersuchen, um herauszufinden, ob sie tatsächlich in der Form existieren, in der sie uns erscheinen.

Unsere falschen Ansichten bringen uns in dieser Hinsicht nicht weiter. Unser fehlgeleitetes Bewusstsein glaubt nicht nur, dass das, was ist, nicht ist, sondern hält darüber hinaus auch noch das für wirklich, was keinerlei Existenz hat. Es hält für wahr, was nicht existiert, und umgekehrt. Dieser Glaube ist tief in uns verwurzelt. Doch das irregeleitete Bewusstsein einer Person, die diesen Glauben besitzt, sitzt nicht nur einer simplen Täuschung auf. Das Bewusstsein selbst wird dadurch vollkommen verzerrt. Ein derartig verzerrtes Bewusstsein aber schafft nichts Konstruktives, weder im buddhistischen Glauben noch in der Alltagswelt. Daher ist es so wichtig, die richtige Sicht der Dinge zu erlangen. Die Frage nach der wahren Seinsweise alles Existierenden stellt man sich ja auch an den westlichen Universitäten[64].

Unter der Führung des Prasangika[65]-Meisters Chandrakirti erklärten die Anhänger des Mittleren Weges also, dass nichts wirklich existiere, dass nichts sich eines dauerhaften, realen Seins erfreue, dass kein Phänomen aus sich selbst und für sich selbst da sei. Mit Hilfe dieser grundlegenden Annahmen können wir nun auf mannigfache Weise mit unseren negativen Emotionen arbeiten.

In den *Zwei Wahrheiten des Mittleren Weges*[66] des Svatantrika-Meisters[67] Jnanagarbha[68] lesen wir:

> Wenn die Dinge so wären, wie sie erscheinen,
> wäre es unnötig, ihnen auf den Grund zu gehen.

Sehe ich Menschen in der Ferne, so erscheint deren Silhouette mir auf dieselbe Weise, wie mein Körper ihnen erscheint. Die Dinge sind also in gewisser Weise tatsächlich so, wie sie erscheinen. Und so, wie sie erscheinen, gehorchen sie dem Diktat der konventionellen Seinsweise. Auf diese Weise existieren sie auf der konventionellen oder relativen Ebene. Nur wenn wir ihnen auf den Grund gehen, finden wir nichts. Ihre objektive Existenz ist von ihrer Begrifflichkeit auf der konventionellen Ebene abhängig. In diesem Sinne sind die Dinge so, wie sie erscheinen. Eine Analyse ihrer konventionellen Existenz ist nicht möglich.

Doch die Annahme einer objektiven Existenz aller Dinge auf der Erscheinungsebene ist wohl kaum Frucht einer korrekten Wahrnehmung. Gibt es also noch eine andere, außergewöhnliche Seinsweise? Jnanagarbha verneint dies. Dann aber muss das, was uns erscheint, auch wirklich existieren, so schließt er. Damit will er Folgendes sagen: Wenn man annimmt, ein Ding sei so, wie es erscheint, dann tun sich damit zwei Möglichkeiten auf: Entweder ist das Objekt gut und angenehm, dann fühlt der Geist sich von ihm angezogen. Oder es ist abstoßend, dann zieht der Geist sich zurück. Wenn etwas Angenehmes oder Unangenehmes erscheint, das wirklich ist, dann zeigt der Geist zwei Reaktionen im Hinblick auf dieses Objekt, das so ist, wie es erscheint: Er nähert sich dem Wünschenswerten und zieht sich vom Nicht-Wünschenswerten zurück. Jnanagarbha sieht darin keine negativen Emotionen: Diese Bewegungen des Geistes sind noch keine Verzerrungen des Bewusstseins.

Buddhapalita und Chandrakirti hingegen halten bereits die Annahme, dass die Erscheinungen der Objekte real existieren, für falsch. Nichts, so meinen sie, erscheint uns tatsächlich so, wie es ist. Das, was wir wahrnehmen, scheint eine objektive Existenz zu besitzen, weil wir diese Gewohnheit im Geist entwickelt haben. Trotzdem sind die Dinge nicht so, wie sie uns erscheinen. Die objektive Existenz zeigt sich also in den Objekten unserer sechs Bewusstseinsformen, doch existieren die letzteren keineswegs so, wie sie uns erscheinen. Sicher, wir sehen, dass sie da sind, doch sie sind keineswegs so wirklich, wie wir glauben.

Wenn uns etwas Gutes erscheint, nähern wir uns. Wenn uns etwas Schlechtes erscheint, ziehen wir uns zurück. Hier machen sich nach Ansicht der Prasangikas bereits negative Emotionen bemerkbar. Die grundlegenden Emotionen auf dieser Ebene des Wahrnehmungsprozesses nennen sie: Anhaftung und Ablehnung. Die Svatantrikas hingegen und die niederen philosophischen Schulen betrachten diese Bewegungen des Geistes als zum Objekt gehörig und sehen darin weder das Wirken eines irregeleiteten Bewusstseins noch das Auftauchen negativer Emotionen. Auf der konventionellen Ebene werden die negativen Emotionen in gröbere und subtilere eingeteilt, die sich auf eine Wirklichkeit beziehen, die entweder als anziehend oder als abstoßend wahrgenommen wird. Die Definition der negativen Emotionen von Seiten der Prasangikas erlaubt eine Unterscheidung bereits auf einer sehr grundlegenden Ebene. Wie aber kann uns diese Unterscheidung dabei helfen zu bestimmen, ob etwas so existiert, wie es erscheint, oder nicht? Dazu müssen wir uns der Argumentation des Mittleren Weges bedienen.

Wenn das Objekt so existiert, wie es erscheint, muss es zwangsläufig einer analytischen Untersuchung zugänglich sein. Wie immer das Objekt der sechs Sinne, das sich dem Geist präsentiert, auch aussehen mag, es wird von ihm so wahrgenommen, als würde es objektiv existieren. Wenn es also tatsächlich so ist, wie es erscheint, dann muss es zu finden sein, wenn man danach sucht. Führt diese Suche zu keinem Ergebnis, dann ist dies der Beweis, dass es nicht objektiv existiert. Diese logische Untersuchung widerlegt also seine objektive Existenz, indem sie beweist, dass es auf diese Weise nicht existieren kann: Dann aber liegt der Fehler darin, dass wir das Objekt so wahrnehmen, als existiere es objektiv. Denn tatsächlich tut es dies nicht. Sobald man aber weiß, dass die Dinge nicht so sind, wie sie erscheinen, muss man sich nur noch an diese Erkenntnis gewöhnen. Dann schwindet die Macht der negativen Emotionen ganz von selbst.

Ganz gleich, welchen Weg man also wählt, um die wahre Seinsweise der Phänomene oder ihre Leerheit von objektiver Existenz zu ergründen, den subtilen oder den gröberen: In jedem Fall wird diese Erkenntnis sich allmählich vertiefen, bis sie schließlich zum letztendlichen Zustand führt, wie er in den Texten des Mittleren Weges dargestellt wird. Dessen Wahrheit kann von der Logik nicht widerlegt werden. Das ist es, was das Nachdenken über die letztendliche Natur der Wirklichkeit belegt: die Wahrheit von der Beendigung des Leidens, so wie der Mittlere Weg sie sieht. Und eben darauf sollten wir uns konzentrieren.

Die vier philosophischen Systeme des Buddhismus scheinen sich im Hinblick auf die Wahrheit von der Beendigung des Leidens einig zu sein. Die Madhyamika-Sicht, und hier besonders der Ansatz der Prasangika-Schule, aber bietet hier eine besonders subtile Herangehensweise. Diese subtilen Unterschiede im philosophischen Hintergrund finden sich wieder, wenn wir uns mit der Identifikation der negativen Emotionen beschäftigen werden, welche die Ursache des Leidens sind. Lassen diese Unterschiede sich jedoch für die negativen Emotionen, die Ursachen des Leidens, feststellen, dann ist auch die Wahrheit vom Leiden letztlich subtil oder grob. Und auch die Wahrheit von der Beendigung des Leidens, in der es darum geht, dass das Leiden und die Ursachen des Leidens endgültig beseitigt werden können, hat einen subtilen und einen groben Aspekt.

Wie die Vorstellung von der Leerheit subtil oder grob sein kann, wenn man die Prinzipien der subtilen Leerheit einmal erfasst hat, so lassen sich auch Unterschiede in der Tiefgründigkeit der Lehren über die Leerheit und in ihrer Auffassung feststellen. Mit einem Wort: Es gibt verschiedene Ansätze, um die Wahrheit von der Beendigung des Leidens zu definieren, welche der Kern der Leerheit ist. Außerdem führt eine verzerrte Wahrnehmung der Leerheit ebenfalls zu einer bestimmten Vorstellung von den subtilen negativen Emotionen. Diese wiederum wirkt sich auf die Auffassung des Leidens selbst aus: Man kann sich der Leerheit also auf tiefgründigen und weniger tiefgründigen Pfaden nähern, was wiederum die Auslegung des Prinzips der Vier Edlen Wahrheiten beeinflusst.

Um die Vier Edlen Wahrheiten vollkommen zu verstehen, ist es nötig, sich mit den zwei grundlegenden Wahrheiten auseinander zu setzen. Ich würde sogar sagen: Um die Vier Edlen Wahrheiten ganz begreifen zu können, muss man die subtilen Aspekte der zwei grundlegenden Wahrheiten gründlich kennen.

Der *Schmuck der Vollkommenen Erleuchtung*[69] von Asanga[70] beginnt mit den Erläuterungen über die Meditation zur Erweckung des Erleuchtungsgeistes. Zunächst stellt er die zwei grundlegenden Wahrheiten vor, dann erklärt er das Prinzip der Vier Edlen Wahrheiten vor dem Hintergrund der zwei Ebenen der Wahrheit, schließlich stellt er die Drei Objekte der Zuflucht[71] vor und erläutert ihre Beziehung zu den Vier Edlen Wahrheiten. Auch in der *Erläuterung der Verse des Mittleren Weges*[72] von Chandrakirti findet sich eine genaue Darlegung der Vier Edlen Wahrheiten vor dem Hintergrund der zwei grundlegenden Wahrheiten sowie ihrer Beziehung zu den Drei Kostbarkeiten.

Wenn man sich mit den zwei grundlegenden Wahrheiten beschäftigt, sollte man sich immer vor Augen halten, dass es dabei nicht um die Unterscheidung von klugen bzw. unklugen Handlungen bzw. Haltungen geht. Die Vorstellung von den zwei Ebenen der Wahrheit wurde vor allem deshalb eingefuhrt, weil sie erlaubt, die wahre Existenzweise eines Objekts zu erfahren. Natürlich hat dies auch wieder damit zu tun, was wir sinnvollerweise tun bzw. lassen sollen, doch ihre grundlegende Aufgabe ist es, uns die wahre Existenz der Phänomene zu zeigen. Ich sage »wahre Existenz der Phänomene«, weil es kein Objekt gibt, das außerhalb dieses Systems der zwei Wahrheiten existiert. Die Vier Edlen Wahrheiten hingegen haben einen durchweg praktischen Hintergrund. Sie dienen dazu, uns deutlich zu machen, was wir klugerweise tun oder lassen sollten.

Wie auch immer: Wenn wir die erfahrbaren Dinge auf der Basis ihrer wirklichen Existenzweise kennen lernen wollen, um dadurch unser Leid stufenweise zu vermindern und letztlich zu beseitigen, müssen wir uns mit den zwei Ebenen der Wahrheit auseinander setzen.

DIE EXISTENZ DES ICH

Wie entstehen nun die Vier Edlen Wahrheiten? Alles, was man nicht mag, verursacht Leiden. Alles, was man schätzt, bewirkt Freude. Das unwillkommene Leiden beruht auf bestimmten Ursachen und Bedingungen. Die willkommene Freude wird ebenso von bestimmten Ursachen und Bedingungen hervorgerufen. Mit »Freude« oder »Wohlergehen« sind in unserem Zusammenhang jedoch nicht nur angenehme Sinneseindrücke gemeint. Es geht schließlich auch um das Glück, das es zu verwirklichen gilt, ein dauerhaftes Glück, das frei ist von Leid, auch wenn es selbst von Ursachen und Bedingungen abhängig ist.

Das Leid, das es zu beseitigen gilt, ist all das, was wir nicht wollen. Die Ursachen und Wirkungen des Leids stellen also ein Ganzes dar. Das dauerhafte Glück, das es zu verwirklichen gilt, und seine Ursachen bzw. Wirkungen wiederum bilden ein anderes Ganzes.

Asanga, der Schüler Maitreyas[1], liefert uns zum besseren Verständnis folgendes Bild: Wenn jemand Grippe hat, dann stehen die Symptome des Kranken für die Wahrheit vom Leiden, die Viren stehen für die Wahrheit vom Ursprung des Leidens, die Beseitigung der Viren stehen für die Wahrheit von der Beendigung des Leidens und das Medikament, das die Viren beseitigt, steht für die Wahrheit vom Weg.

Wenn man aber nicht einmal erkennt, dass man krank ist, dann fehlt der Wunsch, von der Krankheit frei zu werden. Daher muss der Kranke zunächst einmal einsehen, dass er krank ist. Viele Kranke gestehen sich ihr Leiden nicht ein. Dann ist es unmöglich, sie zur Einnahme von Medikamenten zu bewegen. Die Erkenntnis, krank zu sein, ist also von entscheidender Bedeutung. Als Buddha die Vier Edlen Wahrheiten lehrte, legte er dar, dass man sich zunächst einmal seiner Krankheit bewusst werden müsse.

Sobald man die Krankheit erkannt hat, sagt man sich, dass man diese Krankheit loswerden will und dass man wirklich arm dran ist, weil man sie hat. Dann sucht man nach den Ursachen der Krankheit. Sobald man diese identifiziert hat, versteht man, dass man aus einem bestimmten Grund krank geworden ist. Man ist krank, weil bestimmte Bedingungen eingetreten sind, doch man erkennt auch, dass die Krankheit sich kurieren lässt. Vielleicht hat man sogar den intensiven Wunsch, so bald wie möglich gesund zu werden.

Auch der Buddha erklärte, dass man die Ursache des Leidens beseitigen müsse. Der Grund für die Krankheit ist die Ursache oder der Ursprung des Leidens, daher muss er beseitigt werden. Dabei stellt sich natürlich die Frage, ob es überhaupt möglich ist, die Ursache des Leidens auszumerzen. Da der Buddha erkannt hatte, dass dies möglich war, legte er dar, dass »die Leidensauflösung angestrebt« werden müsse.

Der Kranke, der die Viren zerstören möchte, die seinen Körper befallen haben, muss also zuerst beginnen, sie zu identifizieren. Sobald er erkannt hat, dass es für sein Leiden eine Möglichkeit der Behandlung gibt, sieht er, dass am Ende seiner Krankheit die Heilung steht. Dann wird er die Beendigung der Krankheit anstreben. Hat er die Überzeugung gewonnen, dass er, wenn er den Weg der Beendigung geht, am Ende vollkommen geheilt sein wird, wird er sich der Behandlung unterziehen.

Wäre die Krankheit nämlich unheilbar, so hätte es absolut keinen Sinn, eine Behandlung auf sich zu nehmen. Man beginnt die Kur gewöhnlich erst, wenn man sieht, dass Heilung möglich ist. Erst wenn man die Wahrheit von der Beendigung des Leidens erkannt hat, entwickelt man den Wunsch, sie umzusetzen. Diese

Erkenntnis aber ergibt sich dem Buddha zufolge nur, wenn man »über den Weg meditiert«.

Die Vier Edlen Wahrheiten geben uns also einen klaren Pfad vor, den der Buddha wie folgt beschreibt:

Die Leidhaftigkeit erkennen.
Ihre Ursache beseitigen.
Ihre Beendigung anstreben.
Über den Pfad meditieren.

Wie aber ist die Person beschaffen, welche die Leidhaftigkeit erkennen, ihre Ursachen beseitigen und ihre Beendigung anstreben soll? Diese Person, dieses Individuum, das glücklich sein und nicht leiden möchte, dieses Ich, dieses Selbst – eben das ist es, was wir genauer untersuchen müssen. Was wir »Ich«, »Selbst« oder »Individuum« nennen, soll – schenkt man den nicht-buddhistischen indischen Meistern der Lebenszeit Buddhas Glauben – von Leben zu Leben wandern. Zu Buddhas Zeiten gingen fast alle spirituellen Lehren davon aus, dass eine »Einheit« existiere, die aus einem Leben vor dem aktuellen komme und danach in das nächste weitergehe. Hat man es aber mit einer Person zu tun, die *nicht* exakt dieselbe Person ist, die aus einem früheren Leben kommt und in ein anderes Leben übergeht, dann ist man gezwungen, ein Selbst, ein Ich oder eine Person anzunehmen, das jenseits der Aggregate[2] existiert. Daher behaupten einige Anhänger dieser Theorie vom Ewigen Selbst (skrt. *atman*), dass das Ich sich nicht mit den Aggregaten decke.

Wenn wir uns also auf den Rahmen eines einzigen Lebens beschränken, dann sagen wir eben im Hinblick auf diese Aggregate, dass wir jung, erwachsen oder alt sind. Ich zum Beispiel war einmal ein kleines Kind – zumindest in den Augen meiner Meister oder anderer Menschen meiner Umgebung. Dann war ich jung, schließlich wurde ich langsam immer älter, bis meine Haare weiß wurden und ich eine Menge Falten bekam. Wenn ich im Hinblick auf meinen alten Körper sage, dass ich »gealtert« bin, dann heißt das notwendigerweise, dass ich seit den ersten Tagen meiner irdischen Existenz ein bestimmtes »Ich« war.

Die Anhänger des *atman* gehen also davon aus, dass es ein Selbst gibt, das jenseits der Aggregate vorhanden ist. In ihren Augen existiert vom ersten Moment des Lebens an ein bestimmtes Ich. Lassen Sie uns diese Vorstellung einmal vor dem Hintergrund der modernen Biologie überprüfen. Wie wir alle wissen, verändern sich die Zellen, die den Körper ausmachen, von Augenblick zu Augenblick. So gesehen, sind die Aggregate also ständig in Veränderung begriffen. Hat man also ein von den ersten Momenten nach der Geburt an unveränderliches Ich, dann muss dieses notwendigerweise verschieden von den Aggregaten sein. Gibt es also ein Ich, das jenseits der Aggregate, also außerhalb von Körper und Geist, existiert, dann folgt daraus, dass dieses Ich übrig bleiben muss, wenn Geist und Körper sich trennen. Da dies nicht der Fall ist, kann es kein Ich außerhalb der Aggregate geben.

Das Selbst oder Ich soll von den Aggregaten verschieden sein, meinen die Verfechter des *atman*. Es sei unveränderlich, dauerhaft, einzigartig und unabhängig. In diesem Modell aber fänden das Ich der Kindheit und das Ich des Alters keinen Platz, weil sie auf der Veränderlichkeit der Aggregate beruhen und folglich von unbeständiger Natur sind.

Aus diesem Grund gehen alle buddhistischen Schulen davon aus, dass es kein substanzhaftes, dauerhaftes, einzigartiges und unabhängig existierendes Ich oder Individuum gibt.

Woher weiß man, dass die relative und die wahre Seinsweise untrennbar sind? Wie lässt sich das feststellen? Schließlich kann derjenige, der die Untrennbarkeit von relativer und absoluter Wirklichkeit erkennt, ebenso gut einer Illusion unterliegen?

Die intellektuelle Analyse führt zu einer Schlussfolgerung, die sodann während der Meditation überprüft wird. Ist die Schlussfolgerung frei von Irrtümern und entspricht sie somit der absoluten Wahrheit, wird man mit fortschreitender Meditation ihren Sinn immer tiefer erfahren. Das wäre die allgemeine Erklärung. Daher können wir uns auch nicht auf das gewöhnliche Bewusstsein verlassen, wenn es um die Untersuchung der Wahrheit geht, sondern müssen uns dabei von Weisheit leiten lassen.[3]

Wenn man erst einmal durch gründliches Nachdenken zu einem Schluss gelangt ist, der allen weiteren Einwendungen standhält, gewinnt man mehr und mehr Erfahrung. Dann empfindet man mitunter ein leichtes Unbehagen, das einen gewissen Widerspruch signalisiert. Doch dies hängt ganz vom Grad an Tiefe ab, den die eigene Analyse bisher erreicht hat. Ist man mit Hilfe der analytischen Meditation tatsächlich bis auf die Ebene der letztendlichen Wirklichkeit vorgedrungen, dann gibt es nicht mehr das geringste Unbehagen, von welchem Blickwinkel aus man die eigene Schlussfolgerung auch betrachten und worauf man sie auch anwenden mag. So kommt man zu gültigen Schlussfolgerungen.

Allgemein betrachtet, könnte man sagen, dass Existenz und Nicht-Existenz auf der konventionellen Ebene eine bestimmte Bedeutung haben. Des Weiteren heißt es, dass etwas, das auf der konventionellen Ebene als wahr erkannt wurde, nicht durch eine andere Wahrheit auf der konventionellen Ebene widerlegt werden kann. Gibt es also einen Gedanken, der jene Wahrheit, die aus unserer Schlussfolgerung entsteht, widerlegt? Denn wenn es einen solchen Gedanken gibt, der die vorläufige Wahrheit widerlegt, dann gibt es auch einen dritten, der diesen widerlegt, usw. Auf diese Weise sollten wir die Dinge betrachten.

Der Glaube an ein Ich beispielsweise widerspricht dem Gedanken, dass ein Ich aus sich selbst heraus nicht existiert. Die Nicht-Existenz des Ich ist also keine letztgültige Schlussfolgerung. Wir können auch annehmen, dass die Dinge wirklich existieren, weil wir mit ihnen verbunden sind, wie bequem oder unbequem dies im Einzelfall auch sein mag. Derartige Argumentationen gibt es viele. Der Glauben an die reale Existenz der Dinge widerspricht der Schlussfolgerung, dass die Dinge nicht wirklich existieren, doch dies ist nur auf der vorläufigen Ebene so. Denn die Meditation über den Gedanken, dass die Dinge nicht wirklich existieren, kann sich entwickeln, während das Vorurteil, das uns an ihre reale Existenz glauben lässt, bei genauerer Untersuchung von allen Seiten mehr und mehr an Glaubwürdigkeit verliert. Wenn der Schluss, zu dem man gelangt ist, einer anderen als wahr angenommen These widerspricht, dann sollte man immer bedenken, dass diese These vielleicht durch gründliches Nachdenken ebenfalls revidiert werden muss. Die konventionelle Wahrheit ist das, was sich im individuellen Geist abspielt, was das Bewusstsein wahrnimmt.

Wenn wir also wissen wollen, ob eine Wahrnehmung korrekt oder authentisch ist, müssen wir die Frage stellen, ob sie durch andere Wahrnehmungen widerlegt werden kann. Kann also die auf der konventionellen Ebene erlangte Schlussfolgerung von einer anderen konventionellen Folgerung in Frage gestellt werden? Oder wird sie von einer gründlichen Untersuchung des Geistesobjekts, die uns zu dessen wahrer Natur führt, widerlegt? Diese beiden Formen der analytischen Untersuchung müssen wir durchführen, wenn wir wissen wollen, ob eine von uns erkannte Wahrheit auch tatsächlich gültig ist.

Ich und meinesgleichen versuchen jedenfalls, die analytische Meditation nach unseren Fähigkeiten durchzuführen, doch wir lassen uns von den Schlussfolgerungen erfahrener und vertrauenswürdiger Meister unterstützen. Dabei vergleichen wir ihre Erfahrung mit der unseren und gewinnen so an Weisheit. Ein vertrauenswürdiger Meister, dessen Weisheit der eines Gelehrten gleichkommt, verdient unser Vertrauen natürlich nicht nur im konventionellen Sinne. Wir müssen einen Meister finden, der Erfahrung in eben jener Form der analytischen Meditation hat, um die es uns geht. In dieser Meditation muss er Weisheit und Verwirklichung erlangt haben. Ist er auf anderem Gebiet vertrauenswürdig, dann bedeutet dies noch nicht, dass er zu jenen Fragen etwas sagen kann, die uns beschäftigen.

Wollen wir also die analytische Meditation mit Hilfe der Methoden von Nagarjuna oder Aryadeva durchführen, dann müssen wir uns an Meister wenden, die diese Methoden besonders geübt haben. Denn auch wenn die Linie von Asanga und Vasubandhu[4] auf ihrem Gebiet ebenso verlässlich und vertrauenswürdig ist, so könnten deren Meister uns doch bei unseren Problemen nicht weiterhelfen.

Wenn wir von den drei Arten von Leiden sprechen, dann kommen wir gar nicht auf die Idee, dass eine angenehme Erfahrung in der relativen Welt ebenfalls leidvoll sein könnte. Ich frage mich daher, ob wir eine solche Erfahrung nicht einmal unter dem Gesichtspunkt von Ursache und Wirkung betrachten oder sie zumindest an der Definition des Wortes »Leiden« messen sollten. Eine solche Erfahrung würde der eine als leidvoll sehen, der andere aber könnte nichts Schlimmes daran finden. Das hängt ganz vom Standpunkt ab, den man einnimmt. Wenn man alltägliches Leid mit großem Leid vergleicht, dann scheint das alltägliche Leid nicht mehr leidvoll zu sein. Vergleicht man jedoch diese Erfahrung wiederum mit einer anderen, die noch weniger einschneidend ist, dann scheint das Leid darin sehr groß zu sein.

Dass zwei verschiedene Menschen ein und dieselbe Erfahrung als leidvoll sehen können oder nicht, kommt daher, dass sie diese Erfahrung nicht auf dieselbe Art und Weise wahrnehmen. Sieht der eine aber dort, wo der andere großes Leid wahrnimmt, ein vergleichsweise geringes Leiden, dann kann man auch nicht behaupten, dass beider Wahrnehmung vom Leid unumstößlich wahr ist. Ihr Blick darauf ist relativ, daher die unterschiedlichen Resultate. Wenn angesichts ein und desselben Objektes ein Mensch dieses als angenehm einstuft, der andere aber als unangenehm, dann unterliegt einer dieser beiden Menschen einer Täuschung. Auch auf diese Weise kann man auf der relativen Ebene auseinander halten, was richtig und was falsch ist.

Wenn man von der Erscheinungswelt spricht, von der relativen Wahrheit aller Phänomene und von der wirklichen Seinsweise, der absoluten Wahrheit, worauf bezieht sich dann der Begriff »alle Phänomene«?

Auf die zahllosen Metamorphosen, die zur Erscheinung der Dinge beitragen. Wir dürfen beruhigt annehmen, dass das, was nicht aus der Vielfalt kommt, sondern aus der Einheit, zur absoluten Ebene gehört. Wie bereits gesagt, ist es wichtig, das, was unser Geist am Ende einer bis zur letztgültigen Ebene durchdringenden Analyse erfährt, von dem zu unterscheiden, was er bei einer konventionellen Analyse findet.

Nehmen wir einmal eine Blume. Was man über ihre Form, ihre Farbe, ihre primären und sekundären Ursachen und so weiter sagen kann, gehört zur Ebene der relativen Wahrheit. Wenn man jedoch systematisch nach der *letztendlichen Blume* in den Formen und Farben dieser Blütenblätter sucht, wird man nichts finden. Folglich existiert nichts, was nicht relativ wäre. Oder sind diese Blumen vielleicht von einer ganz *anderen* Ordnung? Nein, auch das nicht. Auf welche Weise aber existieren sie dann? Sie besitzen keine objektive Existenz, doch sie existieren, weil bestimmte Bedingungen zusammentrafen.

Wir aber sehen nicht, dass diese Blume etwas ist, das »existiert, weil bestimmte Bedingungen zusammentrafen«. Eine Blume ist für uns eine Blume »an sich«. Doch die Blume existiert nicht unabhängig von anderen Dingen. Dies ist die wahre Ebene ihrer Existenz. Unser Denken, das theoretisiert, ohne zu analysieren, würde die Blumen vielmehr in weiße, gelbe, rote und so weiter einteilen. Diese Resultate unseres Denkens entstammen der Ebene der relativen Wahrheit. Was aber finden wir, wenn wir die Blume analysieren, um ihre wahre Seinsweise zu entdecken? Wir finden eine Blume vor, die keine Existenz »an sich« besitzt. Wir finden keine wie auch immer geartete Blume mehr. Und diese Erkenntnis entstammt der absoluten Ebene der Wahrheit.

Wie kann man Beziehungen zu anderen aufbauen, wenn man kein Ich besitzt?

Ich sagte bereits, dass man sich zuerst seiner selbst versichern müsse. Niemand hat je behauptet, dass es kein Ich gibt. Das ist wie mit den Blumen: Wenn man sagt, dass das Ich, die Substanz, die Blume weder wirklich noch unabhängig von anderem existiert, dann heißt das nur, dass alle Dinge voneinander abhängig sind.

Wurden die vier philosophischen Systeme des Buddhismus – Vaibhashika, Sautrantika, Chittamatrin und Madhyamika – von indischen Gelehrten geschaffen oder tatsächlich vom Buddha gelehrt?

Wenn man heute an den Universitäten vom Buddha spricht, dann meint man gewöhnlich eine historische Person, von der die Lehren des Großen Fahrzeugs tatsächlich nicht stammen. In den »gesammelten Werken« dieser Person ist nie vom Großen Fahrzeug die Rede. Und da das Große Fahrzeug auch nicht im »Dreikorb«[5] der buddhistischen Lehren auftaucht, stellt der Svatantrika-Meister Bhavaviveka[6] in seinem Werk *Feuerglut der Logik*[7] die Frage, ob die Sutras des Großen Fahrzeugs, die man dem Buddha zuschreibt, nicht durchweg von Maitreya, Manjugosha[8] und anderen Bodhisattvas stammen.

Auch die Gelehrten an den Universitäten akzeptieren, dass das erste Drehen des Rades vom historischen Buddha vorgenommen wurde. Er habe dies vor allem für die »Hörer« unter seinen Schülern getan. Die Hörer wären also die ersten Treuhänder, denen der Buddha seine Lehre überantwortete. Doch die Laienschüler, die ebenfalls Vertrauen in den Erhabenen hatten, fühlten sich – so heißt es – bald ausgeschlossen. So entstand allmählich der Korb der Bodhisattvas (die Mahayana-Lehren) – einzig aus dem Grund, den Laienschülern damit einen Rahmen für ihre spirituelle Praxis zu verschaffen. In diesem Teil der Lehre wird klargestellt, dass eine Ordination zum Mönch bzw. zur Nonne eine wunderbare Sache ist, doch die Professoren können nicht aufhören, darüber zu debattieren, ob ein Bodhisattva nun eine ordinierte Person ist oder nicht. Dies geht so weit, dass einige dieser Professoren sogar behaupten, der absolute Körper des Buddha sei eine Erfindung der Laienschüler.

Dies ist ein Problem, das gründliches Nachdenken erfordert. Die oben dargestellte Ansicht geht davon aus, dass der Dharma im Laufe seiner Entwicklung quasi unter allerlei Wucherungen erstickt worden sei. Die Lehre des Buddha, so heißt es, sei sehr konzentriert gewesen. Daher hätten die indischen Gelehrten immer wieder etwas hinzugefügt, wodurch die Lehren ins Uferlose angewachsen seien. Worauf aber zielen die Anhänger dieser Sicht ab? Sie sind fest davon überzeugt, dass der Buddha nichts weiter war als ein gewöhnliches Wesen. Und die hehren Lehren dieses gewöhnlichen Wesens hätten seine Schüler ständig anwachsen lassen, sodass sich daraus die Lehren des Großen Fahrzeugs entwickelten. Dies ist also die herrschende Lehrmeinung auf universitärer Ebene.

Ist man jedoch Buddhist, dann fragt man sich vor allem, ob es ganz allgemein betrachtet möglich ist, die Buddhaschaft zu erlangen: Gibt es etwas wie Samsara und Nirvana[9]? Hat es Sinn, danach zu suchen? Und falls Samsara und Nirvana existieren, ist es dann auch möglich, die negativen Emotionen zu beseitigen? Und ist ein Individuum, das seine negativen Emotionen zum Verlöschen gebracht hat, von uns in irgendeiner Weise verschieden? Das Wesentliche ist also festzustellen, ob die Befreiung[10] möglich ist oder nicht. Meiner Ansicht nach sind dies die wirklich wichtigen Fragen.

Geht man davon aus, dass der Buddha ein ganz gewöhnlicher Mensch war, dann wissen wir viel mehr als er. Wenn man den Buddha nur als historische Persönlichkeit sieht, dann wusste bereits Nagarjuna mehr als er. Und wir wissen wiederum mehr als Nagarjuna. Der Großteil von uns kann heute einen Computer bedienen. Wir sind mittlerweile so schlau, dass wir den Buddha als Lehrer gar nicht mehr benötigen. Hinter diesen verschiedenen Auffassungen stehen zwei völlig unterschiedliche Denkweisen.

Wenn man den Buddhismus unter dem Gesichtspunkt der Evolution betrachtet, dann war der Buddha nicht mehr als ein menschliches Wesen, wenn auch eines mit großem Herzen, der anderen etwas sehr Einfaches beigebracht hat. Nach ihm kam Nagarjuna, der auf der Grundlage der Lehren des Buddha wieder einige neue Dinge herausfand. Ihm folgten Asanga und Chandrakirti, die dasselbe taten. Wenn die Dinge sich so abgespielt haben, wie ich sie im Moment schildere, dann müssten wir heute wesentlich besser dran sein als damals. Wir sind viel besser ausgestattet, zumindest, was die Universitäten angeht. Unser Reichtum ist viel größer geworden. Auch hier ist es wieder der Standpunkt, der entscheidet. Denn vor dem Hintergrund der absoluten Wahrheit zählen nur folgende Fragen: Gibt es die Leerheit[11]? Gibt es ein Nirvana? Ist es möglich, die uns belastenden Emotionen loszuwerden? Können wir uns von unserer grundlegenden Unwissenheit befreien?

Wenn die Möglichkeit besteht, uns von unseren negativen Emotionen zu befreien, dann muss es auch Wesen geben, die diese Erfahrung bereits gemacht haben, aber natürlich fällt es uns schwer, uns mit diesen zu vergleichen. Einige Phänomene sind für uns schwer zu verstehen, weil es uns noch an spiritueller Erfahrung fehlt. Doch es gibt andere Faktoren, die wir zur Prüfung heranziehen können: Diejenigen, die uns von der Freiheit berichten, dürfen keinen Grund haben, uns anzulügen und unser

Vertrauen zu suchen. Das ist ein wichtiger Punkt. Außerdem sollte hinsichtlich der verborgenen Natur der Phänomene kein Widerspruch zwischen den verschiedenen Erklärungen jener Personen bestehen, die wir als vertrauenswürdig erachten. Welche Kriterien es noch gibt, damit wir uns ein klares Bild von den Fakten machen können, werde ich im nächsten Kapitel aufzeigen.

DIE EXISTENZ DER PHÄNOMENE

Alle buddhistischen Lehren lassen sich zu zwei Grundaussagen zusammenfassen: in der Praxis des Nicht-Schadens und der Philosophie des bedingten Entstehens[1].

Zuerst verstehen wir die Leerheit auf einer vergleichsweise groben Ebene, doch mit der Zeit verfeinert sich unsere Einsicht, bis wir das abhängige Entstehen in all seinen Facetten begreifen. Bedingtes Entstehen, das von allen buddhistischen Schulen als Tatsache akzeptiert wird, ist für den Werdeprozess der zahllosen Erscheinungen verantwortlich, den wir auch als Vielfältigkeit der Wirkungen bezeichnen, weil er nur dadurch möglich ist, dass Ursachen und Bedingungen zusammenwirken. Auch die Vier Edlen Wahrheiten sowie die zwei grundlegenden Ebenen der Wahrheit lassen sich mit Hilfe dieses Modells gut erläutern.

Wer aber vereint die Lehre vom abhängigen Entstehen mit der Praxis des Nicht-Schadens? Die Person, das Ich. Wer lernt, die Dinge vor dem Hintergrund des abhängigen Entstehens zu begreifen und genießt, sobald er dies verinnerlicht hat, die Vor- und Nachteile? Das Ich. Wer glaubt an die Nützlichkeit des Nicht-Schadens und setzt es daher in die Praxis um? Wieder ist es das Ich.

Im vor- und nachbuddhistischen Indien beschäftigte das Ich, in Sanskrit *atman* genannt, tausende von Gelehrten. Indische Philosophen, die nicht dem Buddhismus angehören, vertreten häufig die Ansicht, es gebe ein Ich außerhalb der Aggregate. Ein Buddhist jedoch würde diesen Gedankengang niemals gutheißen. Doch sogar innerhalb der buddhistischen Schulen gehen die Ansichten über die Natur des Ich weit auseinander. Für die Vaibhashika-Schule zum Beispiel stellen die Aggregate das Substrat, die Basis für die Eigenschaften des Ich, dar. Andere buddhistische Gelehrte wiederum sind der Auffassung, dass das Ich keineswegs die fünf Aggregate zur Grundlage hat, sondern nur eines dieser Aggregate, das der Primärbewusstseinsformen. Und hiervon nicht die fünf Arten des Sinnesbewusstseins, sondern nur das mentale Bewusstsein[2].

Die Anhänger der Nur-Geist-Schule[3], die statt auf logische Argumentation lieber auf die Schriften vertrauen, hingegen sehen die Dinge so: Das mentale Bewusstsein ist für sie die Grundlage des Ich. Dies hätte jedoch zur Folge, dass es kein Bewusstsein gäbe, das nicht von den Verdunkelungen und Befleckungen der relativen Ebene betroffen ist. Das bedeutet, dass es ein »grundlegendes Bewusstsein«[4] geben muss, das außerhalb der fünf Formen des Sinnesbewusstseins und des mentalen Bewusstseins existiert. Daher gehen die Anhänger der Chittamatra-Schule davon aus, dass *dieses* grundlegende, neutrale Bewusstsein die Grundlage für die Qualitäten des Ich darstellt. In der Sicht der Cittamatra-Schüler gibt es also über die sechs Primär-Bewusstseinsarten der sinnlichen und geistigen Wahrnehmung hinaus noch ein grundlegendes Bewusstsein sowie ein mental-emotionales Bewusstsein[5].

Auch in den Tantra-Texten ist von acht Bewusstseinsformen[6] die Rede, wie wir zum Beispiel in der *Juwelengirlande*[7] lesen können, einem Kommentar zum *Guhyasamaja*, der »Sammlung der Geheimnisse«[8]. Allerdings ist das grundlegende Bewusstsein in der Auffassung des Tantra nicht gleichzusetzen mit dem grundlegenden Bewusstsein, das die Nur-Geist-Schüler postulieren. In ihren Chittamatra-Schriften über die acht Bewusstseinsformen beschreiben Asanga und sein Bruder Vasubandhu das grundlegende Bewusstsein als vollkommen neutral. In den Tantra-Texten hingegen steht »grundlegendes Bewusstsein« meist als Synonym für das klare Licht. Daher verliert es dort seinen strikt neutralen Charakter und nimmt eine positive Färbung an.

All diese Denksysteme unterstellen, dass man etwas Reales findet, wenn man den Begriff »Individuum«[9] gründlich unter die Lupe nimmt. Sie gehen also nicht nur davon aus, dass die Welt real, also scheinbar aus sich selbst heraus, existiert. Sie nehmen auch als gegeben an, dass man etwas Reales findet, wenn man nach dem durch den Begriff bezeichneten Gegenstand sucht. Dies würde bedeuten, dass man eine wirkliche objektive Existenz hinter der Welt der Erscheinung postuliert. Jede buddhistische Schule entwickelte daher ihre eigene Form, wie sie die doppelte Seinsweise der Phänomene – einmal auf begrifflicher, einmal auf konkreter Ebene – erklärt. Nichtsdestoweniger muss in dieser Sichtweise das Substrat, das bezeichnete Objekt, dessen begriffliche Existenz auf der Hand liegt, auch real, also seiner Natur nach, existieren. In all diesen Systemen wird daher die begriffliche Existenz als dem bezeichneten Objekt innewohnend gedacht.

Zusammengefasst lässt sich festhalten: In jedem dieser Denksysteme, in denen man von einer sowohl begrifflichen als auch realen Existenz ausgeht, muss notwendigerweise etwas da sein, das als Grundlage der begrifflichen Zuschreibung dient. In diesem Fall muss auch dem nominellen Begriff »Ich« oder »Individuum« eine reale Basis eignen, ein tatsächlich existierendes Substrat. Macht man sich jedoch auf analytischem Weg auf die Suche nach dieser Basis, gelangt man unweigerlich zu dem Schluss, dass sie Teil des mentalen Bewusstseins ist. Findet man diese Schlussfolgerung nicht zufrieden stellend, kommt nur noch das grundlegende Bewusstsein in Frage. Alle hier vorgestellten Systeme nehmen auf die eine oder andere Weise auf eine dieser Kategorien Bezug.

Sieht man von der Madhyamika-Prasangika-Schule ab, gehen alle buddhistischen Schulen davon aus, dass ein Substrat existiert, eine Realität, deren Natur es ist, zu sein, ein Ich, das auf der begrifflichen Ebene existiert. Versucht man diese begriffliche Realität festzumachen, dann ist sie für die einen das mentale Bewusstsein, für die anderen das grundlegende Bewusstsein.

Was aber sagen dazu die Sutras? In ihren Kommentaren zu den außerordentlich tiefgründigen Gedanken von Nagarjuna zitieren sowohl Buddhapalita, Nagarjunas engster Schüler, wie auch die anderen Prasangika-Autoren Chandrakirti und Shantideva folgende Passage:

Wie man auf der abhängigen Ebene
die Gesamtheit aller Teile als »Karren« bezeichnet,
so spricht man auch von den Aggregaten
auf der relativen Ebene als einem »Ich«.

Anders ausgedrückt: Ein Karren[10] ist zunächst nichts weiter als ein Begriff, den man der Gesamtheit der Teile zuschreibt, die auf der konventionellen Ebene das formen, was man gewöhnlich »Karren« nennt. Doch wenn man nach der Essenz des Karrens sucht, findet man sie weder in den Bestandteilen, noch im Material oder in der Form und so weiter. Der Buddha lehrt, dass so, wie man als »Karren« fälschlicherweise die Elemente bezeichnet, die ihn ausmachen, auch das Ich bzw. das Individuum fälschlich mit seinen »Bestandteilen« bzw. Aggregaten identifiziert wird. Dies wiederum veranlasste Buddhapalita zu folgendem Kommentar:

Würden die Dinge tatsächlich unabhängig existieren, müsste man ihnen keine abhängigen Bezeichnungen anheften.

Dies wiederum beweist eindeutig, dass die Dinge nicht in Wahrheit existieren. Wiederholen wir also, was das Sutra sagt:

… so spricht man auch von den Aggregaten
auf der relativen Ebene als einem »Ich«.

Man »spricht von« bedeutet in diesem Zusammenhang: Man heftet etwas nicht Existierendem die Bezeichnung »Ich« oder »Individuum« an. Das Ich erhält also eine Benennung, die sich auf die Aggregate bezieht. Linguistisch betrachtet, stellen die Aggregate den »Referenten« dar (das Konzept, auf welches das Wort »Individuum« sich bezieht). Das benannte Objekt selbst ist das Ich, dies ist die Bezeichnung, die man ihm gibt. Der Referent und die Bezeichnung sind also nicht gleich. Im Hinblick auf dieses Objekt stehen Referent und begriffliche Zuschreibung im Gegensatz zueinander.

Wie kommt das? Der bezeichnete Gegenstand ist vergleichbar mit dem Handelnden, der eine Handlung ausführt. Der Referent hingegen stünde für die Handlung selbst. Wollte man das Beispiel nun auf das Ich anwenden, so ist das Ich der Handelnde, die Aggregate, die als Grundlage der Zuschreibung dienen, stehen für die Handlung. Anders gesagt: Die Aggregate sind Objekt der Aneignung[11], das Ich hingegen die Instanz, die sich die Aggregate aneignet. Ausführender (Agens) und Akt aber können niemals ein und dasselbe sein.

Akt und Agens zu verwechseln ist ein grundlegender Fehler, daher ist es auch unmöglich, das Individuum in seinem Referenten, den Aggregaten, wiederzufinden. Und natürlich ist es auch nirgendwo anders zu erkennen. Wir können das Individuum also weder in den Aggregaten noch außerhalb lokalisieren.

Und das liegt nicht daran, dass die Individuen, die Personen also, nicht wirklich existierten. Die Existenz des »Individuums« kann nicht geleugnet werden. Wie aber existiert es dann? Seine Existenz ist frei von Wesenhaftigkeit, sie beschränkt sich also auf einen simplen Benennungsvorgang[12] – die Macht des Namens. Macht man sich auf die Suche nach dem, was das Wort »Individuum« eigentlich bezeichnet, dann findet man nichts. Genauso wenig wird man fündig, wenn man die Aggregate sucht, die der Bezeichnung als Grundlage dienen.

Diese gewöhnliche Existenz, die man »ohne Prüfung, der allgemeinen Meinung folgend aus Unwissenheit« annimmt, diese »Wirklichkeit«, die der »gesunde Menschenverstand« erblickt, entpuppt sich als gegenstandslos, wenn man sie gründlich analysiert: Es handelt sich dabei um eine Vorstellung, die auf wechselseitiger Übereinkunft beruht und unserem »gesunden Menschenverstand« entgegenkommt, solange sie nicht einer gründlichen Überprüfung unterzogen wird. Diese Wirklichkeit basiert auf einer allgemeinen Übereinkunft: objektiv ist sie nicht vorhanden. Nichts, was den »gesunden Menschenverstand« befriedigt, existiert wirklich. Diese »Wirklichkeit«, von der wir immer sprechen, entspringt einzig unserer wechselseitigen Übereinkunft, von der absoluten Ebene her betrachtet existiert sie nicht.

Doch das, was nicht fündig wird, wenn es nach einem »Ich« oder einem »Selbst« sucht, dieses Wesen, das Freude und Schmerz empfindet, ohne beides zu analysieren, und das so ständig neue Ursachen und Entstehungsbedingungen ansammelt – dieses Wesen existiert tatsächlich. Das Individuum ist nicht etwa nicht vorhanden, es existiert nur nicht *an sich*. Wäre das Ich in den Aggregaten begründet, dann würde das Individuum aus sich heraus existieren. Geht man davon aus, dass das Individuum wesensmäßig existiert, dann müsste man es allerdings finden, wenn man es innerhalb der Aggregate sucht. Das Individuum existiert aber nicht aus sich selbst heraus. Da es nur dem Namen nach existiert, können wir es auch nicht finden.

Wir müssen also einsehen, dass das Individuum nichts weiter ist als eine Vorstellung, die sich auf die Aggregate gründet. Von den fünf angesprochenen Aggregaten, die uns hier als Referenten dienen können, ist sicher das Aggregat der Bewusstseinsarten das wichtigste. Der Begriff »Individuum« bezeichnet also das Bewusstseinskontinuum dieser oder jener Person. Auch hier gibt es verschiedene Theorien, was die Anzahl der Bewusstseinsformen angeht, doch alle zusammen stellen nur den gröberen Aspekt des Geistes dar.

In den Höchsten Tantras[13] jedoch unterscheidet man grobes Bewusstsein, subtiles Bewusstsein und sehr subtiles Bewusstsein. Das grobe und das subtile Bewusstsein sind Bedingungen unterworfen: Beide entstehen, wenn die Ursachen ihrer Existenz auftauchen, und vergehen wieder, wenn diese Ursachen zu einem Ende gekommen sind.

Nehmen wir das Seh-Bewusstsein als Beispiel: Es entsteht dann, wenn die Bedingung »Objekt«, also eine visuell wahrnehmbare Form, sowie seine vorherrschende Bedingung und seine unmittelbare Bedingung (sowie die Bedingung der effektiven Ursache) zusammenkommen. Fallen diese vier Bedingungen weg, dann hört auch das Seh-Bewusstsein auf zu existieren. Erlischt beispielsweise das Bewusstsein, das eine Blume wahrnimmt, in uns wieder, dann kommen andere Bewusstseinsformen zum Vorschein: Formen, die an keine Wahrnehmung gebunden sind zum Beispiel oder viele andere. Diese Bewusstseinsformen gehören durchweg zum groben Spektrum: Sie entstehen, wenn die nötigen Bedingungen vorhanden sind, und vergehen, wenn diese wieder verschwinden.

Dasselbe gilt für die subtilen Bewusstseinsformen: Dazu gehören zum Beispiel die negativen Emotionen oder unser begriffliches Denken, das sich unter anderem in den »80 festlegenden Begriffen«[14] ausdrückt. Auch die subtilen Bewusstseinsformen entstehen, wenn die dazu nötigen Bedingungen zusammentreffen, und vergehen, wenn diese nicht mehr da sind. Aus diesem Grund bezeichnet man diese beiden Bewusstseinsformen auch als »vergänglich«.

Die sehr subtilen Bewusstseinsformen sind vier an der Zahl, zumindest gibt das Guhyasamaja-Tantra sie so an: das leere, das sehr leere, das große leere und das vollkommen leere Bewusstsein. Auch die ersten drei Bewusstseinsformen sind vergänglich, allein die vierte ist »ursprünglich«, also nicht von Bedingungen abhängig. Nur die vollkommene Leerheit ist mit dem klaren Licht gleichzusetzen. Sie entsteht nicht aus vergänglichen Bedingungen. Sie ist nicht wie die anderen »Bewusstheiten« der Leerheit, die sich zeigen, wenn bestimmte Bedingungen gegeben sind, und wieder verschwinden, wenn eben diese Bedingungen aufhören zu existieren.

Was wir als »naturliches klares Licht des Geistes« bezeichnen, das steht für etwas Unvergängliches. Die groben und subtilen Bewusstseinsformen gehen alle aus der absoluten Dimension des klaren Lichts hervor, in der sie sich auch wieder auflösen. Wenn dem Sterbenden also das klare Licht des Todesmoments erscheint, ist nur noch klares Licht vorhanden – nichts sonst.

Dann haben sich die sechs Bewusstseinsformen erschöpft. Die Körperwärme nimmt ab, der Gesichtssinn, das Gehör und die anderen Sinnesorgane lassen nach. Mit ihnen verschwinden die Formen des Bewusstseins, welche für die Verarbeitung dieser sensorischen Eindrücke vonnöten sind. Das Gehirn wird schwächer, damit vergehen die groben gedanklichen Bewusstseinsformen. All diese Bewusstseinsformen werden sich nur dann wieder manifestieren, wenn gewohnheitsmäßige Tendenzen[15] dies verursachen: Darüber hinaus bleibt nur noch das klare Licht.

Hat also der natürliche Zustand des Geistes eine Existenz an sich? Ist er wesensmäßig existent? Auch das ursprüngliche klare Licht ist an eine Abfolge von Augenblicken gebunden. Da dies der Fall ist, werden wir nicht fündig, wenn wir analytisch danach suchen. Wenn wir also ein »klares Licht« suchen, das wesenhaft existiert, finden wir nichts: Denn der vergangene Augenblick existiert nicht mehr, während die Gegenwart mit jeder Sekunde verstreicht. Auch das sehr subtile Bewusstsein entsteht und vergeht von Augenblick zu Augenblick. Die vergangenen Momente sind unwiderruflich verloren, die kommenden aber unterliegen in der Sekunde ihrer Entstehung dem Schicksal des Vergehens.

Wollte man nach Kontinuität suchen, so müsste man feststellen, dass die groben Bewusstseinsebenen wechselhaft sind, da sie von vergänglichen Bedingungen abhängen. Die groben und subtilen Bewusstseinsformen, die unser Leben bestimmen, entstehen in dem Moment, in dem wir sie wahrnehmen, aus dem klaren Licht heraus. Und sie verschwinden im klaren Licht, wenn dieses sich im Augenblick unseres Todes zeigt. Daher sind die subtilen und groben Bewusstseinsformen gleichermaßen vergänglich: Wenn unser alter Körper zu existieren aufhört, dann verschwinden mit ihm auch alle groben Bewusstseinsformen, deren Grundlage er war. Wenn wir dann einen neuen Körper annehmen, entstehen in diesem Augenblick alle groben Bewusstseinsformen, die auf ihm beruhen. Sowohl das Vergehen als auch das Entstehen und alles, was dazwischen liegt, gehorchen also vergänglichen Bedingungen.

Da das uns innewohnende, ursprüngliche und klare Licht des Geistes nicht aus Bedingungen entsteht, die es in irgendeiner Form beeinflussen, vergeht es auch nicht, wenn diese Bedingungen verschwinden. Daher bildet es einen ununterbrochenen Strom. Zusammenfassend lässt sich also sagen: Von den an einen Augenblick gebundenen Bewusstseinsformen, die nichts anderes sind als die Erfahrung von Erkennen und Klarheit[16], ist der Großteil auf vergängliche Bedingungen zurückzuführen.

Das menschliche Bewusstsein entsteht also im Zusammenspiel mit einer materiellen Grundlage, dem Gehirn. Es ist also nicht nur nötig, dass dieses Bewusstsein mit einem Körper verbunden ist. Wäre diese Grundlage nicht vorhanden, so wäre überhaupt kein Bewusstsein möglich. Doch auch wenn im menschlichen Körper jene Bedingungen zusammentreffen, die der Erfahrung von Erkennen und Klarheit als Grundlage dienen, so wird diese Erfahrung letztlich doch vom klaren Licht verursacht. Ohne das klare Licht gäbe es keine Erfahrung von Erkennen und Klarheit.

Wir gelangen daher zu folgendem Schluss: Was nicht Bewusstsein ist, kann auch kein Bewusstsein ursächlich hervorbringen. Das ist völlig unmöglich. Das Bewusstsein ist ein bedingtes Phänomen. Daher ist es ständigem Wandel unterworfen und muss folglich eine Ursache haben. In einem Augenblick des Sehens beispielsweise, in dem das Seh-Bewusstsein auftaucht, ist das Auge gleichzeitig vorherrschende und unmittelbare Bedingung für den Vorgang. Trotzdem ist noch eine effektive Ursache für die Entstehung des Seh-Bewusstseins nötig. Keine Bewusstseinsform kann ohne effektive Ursache der gleichen Art entstehen.

Daher kann die effektive Hauptursache für die groben und subtilen Bewusstseinsformen, diese Augenblicke von Klarheit und Erkenntnis, nichts anderes sein als das klare Licht. Die gewohnheitsmäßigen Tendenzen, die wir in früheren Leben angesammelt haben, könnten ohne das klare Licht gar nicht bestehen bleiben. Dieses Aufblitzen von Klarheit und Erkenntnis kann nur auf das klare Licht zurückgehen. Wenn wir jedoch annehmen, dass auch das klare Licht Produkt einer effektiven Ursache ist, nehmen wir fälschlich an, das klare Licht habe einen Ursprung. Doch dass das klare Licht seinerseits Produkt einer effektiven Ursache anderer Natur sein soll, ist logisch unhaltbar.

Was die Buddhisten »Bewusstsein« nennen, ist kein Phänomen, dem man eine Form, eine Farbe oder andere materielle Eigenschaften zuschreiben könnte. Das Bewusstsein ist nichts weiter als die Erfahrung von Klarheit und Erkenntnis. Wenn ein Phänomen, das sich als Aufscheinen von Klarheit und Erkenntnis präsentiert, eine effektive Ursache derselben Natur haben sollte, so müsste diese Ursache wiederum Bewusstsein sein. In der buddhistischen Logik gilt es als unhaltbar, dass eine materielle Substanz, die eine bestimmte Form besitzt, Ursache von etwas Formlosem wie dem Bewusstsein sein kann. Daher kann ein Ursprung des klaren Lichts aus einer groben Substanz ausgeschlossen werden.

Was aber schließen wir aus all dem? Dass das ursprüngliche klare Licht des Geistes nicht aus vorherigen Bewusstseinsformen hervorgegangen sein kann. Im Gegenteil: Unsere vergänglichen Bewusstseinsmomente gehen aus dem ursprünglichen Licht hervor. Was ursprünglich ist, kann nicht von etwas Vergänglichem abstammen. Was ursprünglich ist, kann nicht von äußeren materiellen Ursachen kommen, doch es muss eine Ursache haben. Hat folglich das klare Licht eine Ursache, ist es ohne Anfang.

Das ursprüngliche klare Licht stammt nicht von vergänglichen Bedingungen ab. Daher kann nichts seine Dauerhaftigkeit stören. Handelte es sich dabei um eine vergängliche Erscheinung, deren

Existenz von nicht dauerhaften Bedingungen abhängig ist, dann würden diese Bedingungen seine Unvergänglichkeit unterminieren. Dasselbe gilt für eine Bedingtheit durch materielle Ursachen, auf die ich hier nicht näher eingehe. Wie jedes bedingte Phänomen, das von seinen ihm vorangehenden Ursachen abhängt, würde es sich ständig wandeln, weil die Ursachen ja wechselhaft sind. Keine Bedingung ist von ewiger Dauer. Das liegt in ihrer Natur. Etwas verhindert ihre Dauerhaftigkeit. Es gibt immer einen »widrigen Umstand« oder etwas, das »den Augenblick am Verweilen« hindert. Was aus vergänglichen Bedingungen entsteht, vergeht von selbst, sobald diese Bedingungen wieder wegfallen. Da das ursprüngliche klare Licht nicht aus endlichen Ursachen entstanden ist, ist seine Beständigkeit eine natürliche Tatsache. Deshalb heißt es auch, dass das klare Licht weder Anfang noch Ende habe. Und eben diese Tatsache liefert uns eine Erklärung für die Aufeinanderfolge von Lebenszeiten, die wir Buddhisten »Wiedergeburt« oder »Reinkarnation« nennen.

Wenn sich zum inhärenten klaren Licht verschiedene Verdunkelungen gesellen, ist man ein »gewöhnliches Wesen«. Was aber ist dann ein »Buddha«? Wenn die an den Augenblick gebundenen Konzepte verlöschen, wenn sie sich in der Dimension des klaren Lichts vollkommen auflösen und nicht mehr entstehen, wenn der Betreffende dauerhaft im inhärenten und ursprünglichen klaren Licht verweilen kann, das seine Natur ist, dann ist dieses Wesen ein Buddha.

Die von Augenblick zu Augenblick aufscheinenden Phänomene entstehen nämlich nicht ohne Ursache wieder, wenn sie sich erst einmal im ursprünglichen klaren Licht aufgelöst haben. Es ist die Energie des Karma, die uns daran hindert, in der Dimension des klaren Lichts zu verharren: Daher müssen wir uns mit dem spirituellen Weg vertraut machen. Aus demselben Grund hat das Ich, das Individuum, weder Anfang noch Ende. Trotzdem ist das Ich, die Person, an einen grobstofflichen Körper gebunden, der selbst durchaus Anfang und Ende hat.

Hier müssen wir den groben, den stofflichen Körper vom subtilen und vom sehr subtilen Körper unterscheiden. Wie bei den Bewusstseinsformen sind auch der grobe und der subtile Körper vergänglich. Der sehr subtile Körper hingegen ist ursprünglich und nicht-bedingt. Der »Behälter«, die unbelebte Umwelt, in dem der grobe und der subtile Körper sich aufhalten, ist seinerseits durch Bedingungen entstanden und weist also ebenfalls einen Anfang und ein Ende auf. Hier kommt nun die Theorie vom Urknall ins Spiel.

Für die Buddhisten gibt es nicht nur einen Urknall. Man könnte sogar sagen, dass auch der Urknall keinen Anfang und kein Ende hat. Einige Physiker nehmen an, dass es nur einen einzigen Urknall gab. Andere hingegen plädieren für mehrere Big Bangs. Wie aber konnte das Ich, das ja aus dem klaren Licht kommt, aus dem Urknall entstehen? Die Antwort finden wir, wenn wir die Wahrheit vom Ursprung des Leidens studieren. Das ursprüngliche klare Licht, das allgemein gesprochen neutral ist, ist der Ort, wo Samsara und Nirvana sich scheiden[17].

Auf welche Weise aber existiert Samsara dann überhaupt? Da es nicht im ursprünglichen klaren Licht des Geistes verweilen kann, entsteht das Augenblicksbewusstsein mit seinen diskursiven Gedanken unter dem Einfluss der Energie des Karma (die man als »Wind des Karma« umschreibt). An dieses schließen sich die negativen Emotionen an, die wiederum selbst für karmische Eindrücke[18] sorgen. Wie es im *Abhidarmakosha*[19] heißt:

> Karma bringt die Vielfalt der Welten hervor.

Und in der *Einführung in den Mittleren Weg*[20]:

> Der ungezügelte Geist produziert
> die negativen Emotionen und das Karma
> sowie alle Materie der unbelebten Welten.

Das Bewusstsein, das nichts weiter ist als das augenblickliche Aufblitzen von Klarheit und Erkenntnis, ist hingegen keine Wirkung des Karma. Es entsteht vielmehr aus seiner effektiven Ursache, die seiner Natur entspricht.

Auch die Vorstellung von einem Selbst ist keineswegs ein Effekt des Karma. Das Ich erzeugt nur deshalb Karma, weil es vorübergehend einen menschlichen Körper besitzt. Auch eine Blume erzeugt nur karmische Wirkungen, weil Form, Farbe und Duft auf materieller Ebene entweder Freude oder Leid hervorrufen. Gehorcht sie jedoch ihrer unmittelbar vorausgehenden effektiven Ursache, dann ist dies noch keine karmische Wirkung.

Verfolgt man die Ursachen der materiellen Objekte (wie hier der Blume) zurück, dann kommt man unweigerlich bei den »Raumteilchen«[21] an, die vor dem Urknall existierten. Sie sind ein Rest des vorhergehenden Universums, das sich aufgelöst[22] hat. Ich bin mir nicht sicher, ob auch die vier Elemente[23] – Erde, Wasser, Feuer und Luft – auf Grund karmischer Einflüsse existieren. Es lässt sich nicht mit absoluter Sicherheit sagen, ob die Temperatur und das Wasser, die nötig sind, um eine Blüte hervorzubringen, vom Karma abhängen oder nicht.

Was aber versteht man unter »Karma«? Allgemein gesagt, bedeutet Karma Kausalität, jene Verkettung von Ursachen und Wirkungen, welche auf der Natur der Dinge[24] beruht. Die Verkettung von Ursache und Wirkung liegt in der Natur der Dinge. Daran ist noch nichts spezifisch »Karmisches«. In den meisten Fällen versteht man jedoch unter Karma, dass im Rahmen des Kausalitätsgesetzes, das auf allgemeiner Ebene gilt, eine bestimmte Handlung stattfindet, die mit einer Absicht verbunden ist und so zur Ursache der entsprechenden Wirkung wird, also die Macht hat, diese Wirkung hervorzubringen. Innerhalb des Kausalitätsgesetzes also geht es um den besonderen Fall einer Erzeugung, die auf einer bestimmten Absicht beruht. Diese Absicht ist es, auf Grund derer man von guten bzw. schlechten Taten spricht.

In seinen *Sechsundsechzig Versen über die Leerheit*[25] schreibt Nagarjuna:

Zu denken, dass die Wesen, die aus bestimmten
Ursachen entstehen
und unter bestimmten Bedingungen existieren, wirklich wären,
dies nennt der Große Lehrer[26] Unwissenheit.
Denn in Wahrheit entstehen sie aus den zwölf Gliedern[27].

Anders gesagt: Das, was nur eine Bezeichnung ist, die von einer Bedingungen unterworfenen Ursache abhängt, wird einem wohl kaum Einblick in die absolute Wahrheit vermitteln. Mit »Unwissenheit« ist daher eine Sichtweise gemeint, welche dieser Bezeichnung eine absolute, reale Existenz zubilligt. Dinge, welche von bestimmten Ursachen abhängen und sich nur unter bestimmten Bedingungen ergeben, existieren eben nicht absolut, sondern nur unter diesen Bedingungen. Nur dieses grundlegende Missverständnis lässt sie uns als real betrachten, daher nennt der Buddha es auch »Unwissenheit«. Und aus der Unwissenheit resultieren letztlich Schritt um Schritt die zwölf Glieder des abhängigen Entstehens.

Das also verstehen wir unter der grundlegenden Unwissenheit.

Folgt man der Prasangika-Tradition des Mittleren Weges, wie wir sie eben kennen gelernt haben, dann ist dieser naive Realitätsglaube[28], der die grundlegende Unwissenheit ausmacht, das erste der zwölf Glieder. Er wird zur Ursache von Anhaftung, Hass und allen anderen Emotionen, die mit diesem subtilen Realitätsglauben verknüpft sind. Die Svatantrikas und die niederen Fahrzeuge hingegen sehen darin Bewegungen des Bewusstseins, die vom Objekt ausgehen. Was jedoch nicht bedeutet, dass die Welt, die wir um uns herum so klar wahrnehmen, nicht existent ist. Bis auf die Prasangikas billigen alle buddhistischen Schulen den Phänomenen eine reale Existenz auf der konventionellen Ebene zu.

Von all den Schulen, welche die Existenz der Phänomene als konventionell und nicht als real gegeben ansehen, zählt nicht eine – wie die Prasangikas – Anhaftung bzw. Abneigung auf dieser subtilen Ebene zu den negativen Emotionen. Das Objekt, das man für wirklich hält, löst eine von Abneigung geprägte Bewegung im Geist aus, wenn es als unangenehm empfunden wird. Ist es für uns angenehm, dann fühlt sich der Geist davon angezogen, was wiederum zu Anhaftung führt. Sobald Anhaftung bzw. Abneigung dort, wo ein Objekt als real gesehen wird, sich entwickelt haben (sodass sie nicht mehr nur subtil vorhanden, sondern deutlich manifest sind), stimmen alle buddhistischen Schulen in der Einstufung überein: Anhaftung und Abneigung auf der groben Ebene gelten als negative Emotionen.

Die subtile Anhaftung bzw. Abneigung, die mit der einen Weltsicht einhergehen, welche auf Grund von Unwissenheit alle Phänomene als real existierend sieht, werden nicht per se als negative Emotionen betrachtet. Diese beiden subtilen Reaktionen produzieren positive oder negative karmische Eindrücke auf der subtilen Ebene. Dieses Karma lässt die subtile samsarische Welt entstehen. Für die Svatantrikas und die niederen Fahrzeuge dagegen ist die bloße Entstehung von Samsara noch nicht an Karma gebunden, da Anhaftung bzw. Abneigung auf der subtilen Ebene für sie noch keine negativen Emotionen darstellen.

Meiner Auffassung nach kann diese subtile Ebene durchaus als Grundlage für die zwölf – groben und subtilen – Glieder des abhängigen Entstehens dienen. Denn das subtile Bewusstsein bewirkt im Moment des Auftauchens einer Ursache einen karmischen Eindruck als Gewohnheitsmuster (dieser bzw. jener Erfahrung). Auf diese Weise lassen sich die zwölf Glieder beschreiben, ohne zwei unterschiedliche Reihen von Kausalzusammenhängen zwischen Unwissenheit bis hin zu Alter und Tod postulieren zu müssen: eine, welche aus den subtilen negativen Emotionen hervorgeht, eine andere, die erst mit den gröberen Formen der negativen Emotionen ihren Ausgang nimmt.

In *Weg und Frucht* der Sakyapa-Schule[29] werden vier Quellen der Wahrheit genannt: die Worte Buddhas, die großen Abhandlungen, der spirituelle Meister und die persönliche Erfahrung[30].

Betrachten wir also die Lehren, um zu sehen, wie wir in der natürlichen Ordnung der Dinge zu einer gültigen Erkenntnis gelangen können. Wir finden zunächst die Wahrheit in einem Ausspruch des Buddha[31]. Dann setzt sie sich fort in den großen Abhandlungen, welche auf alle damit zusammenhängenden Fragen Antwort geben. Sobald wir also von der Wahrheit der Sutras und Tantras überzeugt sind, müssen wir uns auf unseren spirituellen Meister verlassen, der durch seine Praxis Verwirklichung[32] erlangt hat: Und schließlich entsteht dank des Meisters im psychischen Kontinuum[33] des Schülers die Wahrheit der persönlichen Erfahrung.

Wenn man nun die vier Quellen einer gültigen Erkenntnis an der Gewissheit misst, die es zu erwerben gilt, steht die persönliche Erfahrung natürlich im Vordergrund. Hat ein Mensch einmal eine echte meditative Erfahrung gemacht, dann wird seine Überzeugung künftig nicht mehr von Momenten der Freude und des Leidens erschüttert. Im Leben kann uns alles Mögliche geschehen. Unter anderem können wir Gewissheiten erlangen, die uns ein wenig Glück schenken, Gewissheiten, die unsere Furcht im Augenblick des Todes mindern.

Gibt es nicht tausend Arten, die Welt zu sehen? Daher muss es möglich sein, in Frieden zu leben. Genau das geschieht den Menschen, die eigene meditative Erfahrungen machen, auch wenn sie zu Anfang nur von geringer Verwirklichung zeugen. Um wie viel mehr gilt dies für alle Erfahrungen der höheren Verwirklichungsebene, zum Beispiel der Verwirklichung der Einsicht in die Leerheit oder der Manifestation der Weisheit, die durch eine Einweihung übermittelt wird[34].

Betrachtet der Mensch, der eine authentische meditative Einsicht auf der gewöhnlichen Ebene hatte, diese als Erfahrung, die er machen konnte, weil er den Segen seines spirituellen Lehrers empfing, so erkennt er in diesem Moment die Wahrheit, für die der spirituelle Meister steht. Ist das Kriterium des Meisters zur inneren Gewissheit geworden, dann vermögen wir zu sehen, dass unser Lehrer seinerseits Verwirklichung erlangte, weil er sich auf den Weg stützte, den ihm die großen Abhandlungen vorzeichneten. Damit eröffnet sich uns die Einsicht, dass jene Schriften, welche die Praxis unseres Lehrers inspirierten, eine irrtumsfreie Erkenntnis ermöglichen. In diesem Augenblick gehen wir zurück zur eigentlichen Quelle, zum Buddha, dem wahren Meister, dessen Worte die Quelle jeder echten Erkenntnis sind.

Vergleicht man sie mit unseren Erfahrungen, so sind die meditativen Verwirklichungen der großen Meister unendlich viel subtiler. Durch Überlieferung haben wir von ihnen erfahren. Im schwachen Licht unserer eigenen begrenzten Erkenntnisse betrachtet, vermittelt uns die Überlieferung, welche Erfahrungen möglich sind.

Nehmen Sie zum Beispiel mich. Ich habe wirklich keinerlei Erfahrung. Ich bin an Jahren alt, doch was die Erfahrung des Dharma angeht, so bin ich noch recht jung. Doch wenn ich über Dinge nachdenke wie das Erwachen des Geistes, Liebe und Mitgefühl oder gar die Philosophie der Leerheit, dann frage ich mich, welchen Erkenntnisgewinn ich dadurch erhalte. Ich glaube zum Beispiel, dass die Lehren Nagarjunas grundlegend sind. Wirklich. Ich bin davon zutiefst überzeugt. Er war es, der uns folgende Verse hinterließ:

Ich verehre Gautama[35],
der mich in seiner Liebe barg,
mich den Dharma der Wirklichkeit[36] lehrte,
auf dass ich mich von allen Gedankengebäuden[37] befreie.

Nagarjuna war so klug wie gelehrt, und die Wertschätzung, die er dem Buddha entgegenbrachte, zeigt vor allem zwei Dinge: Dass er den Buddha für ein Wesen hielt, das uns nicht täuscht, eine unfehlbare Quelle der Wahrheit. Und dass er ihn keineswegs für ein gewöhnliches Wesen hielt, das sich durch ein Übermaß an Herzensgüte auszeichnet, einen liebevollen Patriarchen also. Wenn man gründlich überlegt, erkennt man, dass auch wir unseren großen Lehrer nicht so sehen. Die Erkenntnisse Nagarjunas gehen samt und sonders auf den Buddha zurück. Nicht ein Wort stammt nicht vom Buddha selbst. Nichts, was Nagarjuna je äußerte, war dem Buddha fremd, nichts davon hat Nagarjuna selbst erfunden.

Wir heute wissen viele Dinge, die Nagarjuna nicht wusste. Wir müssten also wenigstens ein bisschen »gelehrter« sein als er. Vielleicht würden wir ihn gar nicht als spirituellen Lehrer haben wollen, wenn wir ihm heute begegnen würden. Für die meisten Menschen, welche die Dinge auf diese Weise sehen, war der Buddha ein gewöhnlicher Mensch, der alt wurde und dann starb. Denkt man jedoch über die spirituellen Qualitäten des Buddha nach, dann merkt man bald, dass dies keineswegs der Fall ist.

Einer Theorie zufolge, die auch Nagarjuna vertrat, weil er ihre Wahrheit aus eigener Erfahrung erkannt hatte, besitzt der Buddha vier Körper. Auch die Weisen Indiens und Tibets teilten diese Auffassung. Sollte uns dies nicht als Beleg für die Wahrheit dieser Aussage genügen? Wenn wir uns also von der Wahrheit der Theorie überzeugt haben, können wir versuchen, sie intellektuell so weit zu verstehen, dass sie uns zur Gewissheit wird. Dann können wir mit Sicherheit sagen, dass die Theorie von den vier Körpern des Buddha, die von diesen vertrauenswürdigen Lehrern aufgestellt wurde, zweifellos möglich, ja wahr ist. Aus diesem Grund schreibt Nagarjuna:

Ich verehre Gautama,
der mich in seiner Liebe barg,
mich den Dharma der Wirklichkeit lehrte,
auf dass ich mich von allen Gedankengebäuden befreie.

Mit diesen Worten verneigt er sich vor den zahllosen Belehrungen des Buddha und ihren vielfältigen Bedeutungsschichten, mit denen der Erhabene sich auf die Fähigkeiten und Bestrebungen seiner Schüler einstellte, um irrige Ansichten in der Interpretation seiner Lehren zu verhindern. Aus diesem Grund glauben wir Buddhisten, dass die vier Schulen des buddhistischen Denkens samt und sonders auf den Buddha zurückgehen. Die Vorstellung, der Buddhismus habe sich während seiner Entwicklung »totgelaufen«, ist eine rein universitäre Lehrmeinung, die mit dem lebendigen, gelebten Dharma nichts zu tun hat. Wir Buddhisten vertreten diesbezüglich eine ganz andere Sicht.

VERTIEFENDE BETRACHTUNG EINZELNER ASPEKTE

Auf der Ebene der Buddhaschaft gibt es durchaus eine individuelle Identität[38]. Und das ist auch gut so – sonst wäre es wohl ziemlich langweilig. Was wäre schon interessant daran, ein Buddha zu sein, wenn alle Buddhas letztlich eins wären?

Es gibt Handlungen, die begangen werden, ohne karmische Eindrücke zu hinterlassen, solche, die begangen werden und Eindrücke hinterlassen, und wieder andere, die nicht begangen wurden und keine Eindrücke hinterlassen. Mit einem Wort: ziemlich viele »Handlungen«! Es gibt Handlungen, deren Erfahrung sicher ist, andere, deren Erfahrung unsicher ist. Eine Handlung, die ausgeführt wurde, ohne Eindrücke zu hinterlassen, zählt gewöhnlich zu den Handlungen, deren Erfahrung unsicher ist …

Wenn man sich nur um das Wohl der anderen kümmert, wie schafft man es dann, das eigene Wohlergehen sicherzustellen?

Um lieben zu können, muss man sich zunächst einmal selbst lieben. Das ist schon deshalb nötig, weil wir für die Liebe ja ein Modell brauchen, wenn wir jemand anderen lieben wollen. Kann man, wenn man sich selbst nicht liebt, einen anderen Menschen wirklich lieben? Jeder von uns kann für ein gewöhnliches Wesen sehr viel Liebe empfinden. Einige setzen ihr Leben aufs Spiel, weil sie sich mit Haut und Haar einer bestimmten Idee verschrieben haben. Auch dies ist eine Form der Liebe auf der gewöhnlichen Ebene. Wieder andere Menschen vergessen aus Mitgefühl und Sorge um das Wohl der anderen ihr eigenes Wohlergehen. Diese Menschen sind gewöhnlich glücklich, auch wenn sie sich einschränken bzw. leiden müssen. Aus diesem Grund lässt sich ganz allgemein sagen, dass man durchaus für sein eigenes Wohlergehen sorgt, wenn man sich nur um das Wohl der anderen kümmert.

Haben einige Völker wie die Tibeter, die Armenier, die Juden oder Zigeuner ein schwer wiegenderes kollektives Karma zu tragen?

Ich glaube nicht, dass all diese Individuen ihr Karma gemeinsam [mit ihrem Volk oder ihrer Gruppe] angesammelt haben, also zur selben Zeit und am selben Ort. Sie haben jeder für sich an verschiedenen Orten und zu verschiedenen Zeiten ungünstiges Karma angesammelt. Gemeinsam erleben sie jedoch die Reifung[39] dieses Karma. So denke ich zumindest.

Das Geistestraining[40] führt häufig zu Problemen, die ja leidvoll sind. Wie geht man damit um? Wie kann man sie lösen bzw. vermeiden?

Hier muss man die eigenen Interessen auf lange bzw. kurze Sicht einschätzen lernen. Wie es im Kapitel über Geduld in Shantidevas *Eintritt in das Leben zur Erleuchtung*[41] heißt, muss man die Methoden mit Geschick anwenden, wenn man richtig meditieren will. Wenn man sich auf eine Technik versteift, wenn man beispielsweise Tag für Tag analytische Meditation übt oder sich eine bestimmte Kontemplation vornimmt und diese niemals ändert, dann kommt mit Sicherheit der Augenblick, wo man nicht nur genug von allem hat, sondern auch noch feststellen muss, dass man nicht einen Schritt weitergekommen ist.

Daher ist es so wichtig, sich auf verschiedene Methoden zu konzentrieren. Schließlich lebt der Mensch ja auch nicht nur von einem Nahrungsmittel. Die vielfältigen Meditationstechniken sind die Nahrung des Geistes, der angesichts der Vielfalt dessen, was ihn anspricht, positiv reagiert. In der analytischen Meditation denkt man daher über alle möglichen Themenbereiche nach. Wichtig ist, dass dabei die Frische nicht verloren geht. Übt man sich jedoch in Geistesruhe[42], ist die Situation eine andere. Dabei ist es wichtig, dass Objekt der eigenen Konzentration nicht ständig zu wechseln.

Ruft jede Handlung unweigerlich eine Wirkung hervor? Oder gibt es Möglichkeiten, das zu vermeiden?

Jede Handlung, sei sie nun nützlich oder schädlich, kann durch eine mächtigere Handlung sozusagen »in den Schatten gestellt« werden. Daher kann man sich von den Wirkungen einer negativen Handlung, die einen karmischen Eindruck hervorgerufen hat, befreien, indem man sie bereut und den festen Entschluss fasst, sie keinesfalls zu wiederholen[43]. Andererseits kann eine einzige im Zorn begangene Tat alle Verdienste auslöschen, die wir durch positives Handeln angesammelt haben.

DIE VIER EDLEN WAHRHEITEN

Die Unwissenheit, die sich in diesem unhinterfragten Realitätsglauben ausdrückt, besteht darin, dass man den Phänomenen eine unabhängige Existenz zuschreibt. Das ist der Nährboden, aus dem die zwölf Glieder des abhängigen Entstehens hervorgehen. Das dritte Glied in dieser Kette ist »Bewusstsein«.

Hat man also eine Tat begangen, die einen karmischen Eindruck hinterließ, dann stellt sich die Frage, ob dieser Akt damit tatsächlich abgeschlossen ist. Denn unsere Handlung hat unser Umfeld verändert. Kommt es beispielsweise zwischen zwei Menschen zum Streit, dann verändert der Hass, der sich darin ausdrückt, sofort die ganze Atmosphäre. Ist der Streit – die Tat – vorüber, dann lässt seine Energie einen Eindruck[1] im Bewusstsein zurück. Die Gelehrten Indiens haben das »Gebiet«, in dem dieser Eindruck hinterlassen wird, ausführlich studiert. Sie lehren uns, dass der Eindruck im grundlegenden Bewusstsein zurückbleibt, das ihrer Auffassung nach von zweifacher Natur ist. Daher können die Muster, die sich dort einprägen, sowohl dauerhafter als auch vergänglicher Art sein.

Der Bereich, in dem die vergänglichen Eindrücke ihre Wirkung entfalten, ist das unmittelbare mentale Bewusstsein. Der Bereich hingegen, in dem die dauerhaften Muster gespeichert werden, findet sich nicht in dem Ich, das wir bislang definiert haben, also nicht im Referenten der relativen Bezeichnung »Individuum«, sondern im zu Grunde liegenden Ich, das auf der Basis seines Referenten so benannt wird[2]. Dieses Ich zeigt von Lebenszeit zu Lebenszeit eine gewisse Kontinuität: Ist damit das zu Grunde liegende Ich, das so benannt wird, weil es eine Bewusstseinskontinuität aufweist, als eine dauerhafte Erscheinung anzusehen? Zumindest bauen auf ihm die konventionellen Ich-Vorstellungen auf.

Nehmen wir also einmal einen beliebigen Sprechakt als Beispiel, gleichgültig, ob er nun eine positive oder negative Wirkung hinterließ. Sobald er beendet ist, hinterlässt er einen Eindruck – ein künftiges Gewohnheitsmuster. Nagarjuna erläutert diesen Vorgang in den Prasangika-Texten so: Alle zusammengesetzten Phänomene sind entweder konkret oder abstrakt. Das Konkrete, so meint er, zeigt sich in der Tat selbst, das Abstrakte hingegen ist das »Verlöschen der Tat«. Was von solch einer erloschenen Tat bleibt, ist seinerseits wieder zusammengesetzt. Diese beiden zusammengesetzten Phänomene zeitigen nach Nagarjuna eine jeweils unterschiedliche Wirkung. Sobald die Tat vorüber ist, ist der Sprechakt beendet. Trotzdem bleibt eine Kontinuität auch nach seinem Erlöschen. Diese Kontinuität des erloschenen Aktes wird, wenn sie in der Folge auf bestimmte Bedingungen trifft, eine bestimmte Wirkung auslösen. Eben dieses Potenzial wird im zu Grunde liegenden Ich sozusagen gespeichert.

Wenden wir uns nun also dem Karma zu, welches die Aggregate im folgenden Leben hervorruft. Wenn diese karmischen Eindrücke auf die richtigen Bedingungen treffen, können sie die neuen Aggregate ins Leben rufen. Der Eindruck, der von einer Tat hinterlassen wird, das »konkrete Erlöschen« – das, was nach dem Ende der Tat bleibt –, stellt eine wirkliche Macht dar, eine kausale Kraft, aus der der »Durst« entsteht. Dieser wiederum ist von zweifacher Natur und besteht zum einen im Verlangen, Leid zu vermeiden, zum anderen im Wunsch, nicht vom Glück getrennt zu sein. Wenn er stärker wird, setzt er die »Aneignung« in Gang – die Aneignung des Wünschenswerten zum Beispiel. Die Intensität des Durstes bzw. der Aneignung bestimmen im Augenblick des Todes das nächste Glied: das Werden. Auch dies ist keine karmische Wirkung. »Werden« nennt man das zehnte Glied in der Kette des abhängigen Entstehens, den Augenblick, in dem das Karma des letzten Lebens zu Ende geht und die Kraft, welche das nächste Leben anzieht, ihren Gipfelpunkt erreicht.

Danach kommen die Glieder »Geburt« bzw. »Alter und Tod«.

Damit es zur Wiedergeburt kommen kann, muss die Geburt des letzten Lebens sich erst im Tod auflösen. Findet die Wiedergeburt allerdings in einem der Formlosen Bereiche statt, dann gibt es keinen Zwischenzustand zwischen Tod und Wiedergeburt, kein Bardo[3]. In allen anderen Bereichen hingegen gibt es ein Bardo. Daher möchte ich hier erläutern, was es mit dem Bardo des Todes bzw. dem des Werdens auf sich hat.

Was geschieht im Augenblick des Todes?

Um dies zu klären, müssen wir zunächst einmal eine tantrische Sichtweise einnehmen.

Alle flüchtigen Bewusstseinsformen verschwinden im Prozess der groben Auflösung[4], sei dies nun das Bewusstsein der »Erscheinungen«, der »Anhäufungen« oder des »Beinahe-Erlangens«. Am Ende bleibt nur noch das klare Licht übrig. Diesen Auflösungsprozess, der den Gesetzen des Karma unterworfen ist und sich daher in seiner Zwangsläufigkeit von yogischen Praktiken nicht beeinflussen lässt, nennen wir »Tod«. Und man spricht vom »klaren Licht im Augenblick des Todes«.

Der Auflösungsprozess betrifft das sukzessive Verschwinden der groben materiellen Elemente – Erde, Wasser, Feuer und Luft – sowie des Bewusstseins. Wenn das Luftelement sich auflöst, hört die grobstoffliche Atmung auf. Die moderne Medizin glaubt, dass nach dem Aussetzen der Atmung auch die Gehirnfunktionen nicht mehr lange anhalten. Doch wenn das Luftelement sich »ins Bewusstsein aufgelöst« hat, bleiben immer noch vier Stufen der Auflösung: Wir müssen durch den ersten Augenblick der unterscheidenden Weisheit gehen, dann durch den zweiten, den dritten und den vierten[5]. Hält man sich an die buddhistischen Texte, tritt der Tod erst ein, wenn das klare Licht im Augenblick des Todes aufscheint.

Gemeinhin verharrt man drei Tage lang im klaren Licht. Zumindest gilt dies für einen gesunden Menschen im Vollbesitz seiner Kräfte, nicht für einen Todkranken, dessen Kräfte von der Krankheit aufgezehrt wurden. Eine vollkommen sichere Aussage lässt sich darüber jedoch nicht treffen. Manche Wesen verharren nur einen kurzen Moment darin. Menschen jedoch, die bewusst ins klare Licht eingehen, weil sie bestimmte Meditationsübungen praktiziert haben, können eine, ja sogar zwei Wochen darin verweilen. Ling Rinpoche[6] zum Beispiel verblieb 13 Tage in diesem Zustand. In Dharamsala[7] habe ich Menschen gekannt, die zwischen sieben und zehn Tagen darin verweilen konnten. Man hat mir sogar von einem Praktizierenden im tibetischen Lhasa berichtet, der einen Monat lang im klaren Licht verharrte.

Wie dem auch sei: Solange man im klaren Licht verharrt, haben weder der Körper noch die Verbindung zwischen Träger und Getragenem[8] ihr Ende gefunden. Da das Band zwischen Körper und Geist noch intakt ist, verfällt der Körper nicht. Sobald jedoch das klare Licht verlassen wird, ist diese Verbindung durchtrennt. Dann verlässt das klare Licht den Körper und dieser beginnt, die Zeichen des Verfalls zu zeigen.

Natürlich hat der Tod Ursachen. Darüber hinaus ruft er im Sterbenden bestimmte Sinneseindrücke hervor. Der Todesursachen gibt es viele. Man kann sie letztlich aber alle in drei Gruppen einteilen: Tod, der nach der Vollendung des Karmas eintritt; Tod, der nach Verbrauch der angesammelten Verdienste eintritt; Tod, der eintritt, weil bestimmte Gefahren nicht vermieden wurden.

Stirbt man also, weil man sich nicht darum bemüht hat, schädlichen Bedingungen in der relativen Welt aus dem Weg zu gehen, unterliegt man ihren Gefahren. Geht das Leben zu Ende, weil die angesammelten Verdienste aufgebraucht sind, dann tritt der Tod ein, weil die Bedingungen, die Langlebigkeit ermöglichen, nicht mehr vollständig vorhanden sind. Verlässt man diese Welt, weil das wesentliche Karma[9] vollendet ist, dann können die Bedingungen, die ein Fortsetzen des Lebens ermöglichen würden, durchaus vollständig vorhanden sein – der Betreffende wird trotzdem sterben. Unfälle oder das Aufbrauchen des Verdienstes hängen gewöhnlich vom Karma ab. Ist dann der Tod, der über uns kommt, weil wir unser wesentliches Karma erfüllt haben, derselbe wie der, der nach dem schlichten Aufbrauchen des Karmas eintritt? Das sind zwei verschiedene Sichtweisen.

Die innerseelischen Erfahrungen an der Schwelle des Todes sind vielfältig. Im *Abhidharmakosha* (Schatzkammer des Abhidharma) von Vasubandhu finden wir die groben Aspekte des Bewusstseins erläutert. Dort heißt es, man könne sich im Augenblick des Todes in einem positiven, negativen oder neutralen Geisteszustand befinden. Im *Abhidarmasamuccaya*[10] von Asanga hingegen finden wir auch die subtileren Vorgänge erklärt, auch wenn die dort beschriebenen Zustände an die in den tantrischen Texten dargestellten nicht heranreichen. Daher unterscheidet man das »subtile Bewusstsein im Augenblick des Todes« von den gröberen Bewusstseinsformen.

Das subtile Bewusstsein im Augenblick des Todes ist absolut neutral. In den Höchsten Yogatantras aber (skrt. *Anuttara-yogatantra)* werden Übungen beschrieben, die es in eine positive Erfahrung umzuwandeln vermögen. Wie dem auch sei, wenn bis zum tatsächlichen Eintritt des Todes die einzelnen Stufen der Auflösung durchlaufen sind, dann kommt eine Art »Ich« zum Vorschein, ein Ich, das an der realen Existenz des Individuums anhaftet, das Gefühl, als Selbst nicht mehr zu existieren. Dieses Gefühl löst die Erfahrungen des Bardo aus.

Sobald also das klare Licht des Todes verlassen wird, setzt der Bardo ein. Im Bardo besitzen wir einen subtilen Körper. Subtil ist dieser im Vergleich mit unserem Körper aus Fleisch und Blut, den wir aktuell unser Eigen nennen. Für solche subtilen Wesen gelten die Regeln der Physik nicht. Sie kennen beispielsweise keine Entfernungen. Und da dieser Körper so subtil ist, wird alles, was wir wünschen, sofort Wirklichkeit. Der Bardo lässt sich in sieben verschiedene Phasen einteilen, die jeweils sieben Tage dauern.

Dieses System geht auf die tantrischen Schulen zurück. Auch die Sutra-Schulen akzeptieren es, widmen sich ihm aber nicht so ausführlich wie die Tantra-Schulen. Der Körper, den man im Bardo hat, ist in gewisser Weise dem Traumkörper ähnlich. Damit meine ich nicht den Körper, über den wir in unseren gewöhnlichen Träumen verfügen, sondern einen bestimmten Körper, den man durch die Übung des Traumyoga erwirbt. Es gibt Menschen, die unter bestimmten karmischen Umständen außergewöhnliche Träume, zum Beispiel Wahrträume, haben. Andere wiederum können ihren Traumkörper vom materiellen Körper lösen.

Man nimmt an, dass der besondere Traumkörper auf Grund des Strebens des Praktizierenden entsteht. Die Sutra-Tradition hingegen kennt keine besonderen Übungen für die Zeit von Traum und Schlaf. In den Tantras des Höchsten Yoga hingegen werden verschiedene meditative Techniken gelehrt, welche Übung im Schlaf, im Traum und im klaren Licht ermöglichen[11].

Es gibt vier Arten der Geburt: aus einer Gebärmutter (wie die Menschen), aus einem Ei (wie die Vögel), durch ein Wunder (wie die Götter) und durch Feuchtigkeit (wie verschiedene Insekten). Wir untersuchen hier den Bardo im Hinblick auf die Geburt aus einer Gebärmutter. Der Bardo findet genau im Moment der Empfängnis sein Ende. Die Texte sind hier noch genauer: Der Moment der Empfängnis sei dann gegeben, wenn das väterliche Spermium mit dem mütterlichen Ei verschmelze.

Heute spricht man viel von »Retorten-Babys«[12]. Wie man sieht, kann es auf vielerlei Weisen zur Empfängnis kommen. Wir sind hier Zeugen bei der Entstehung eines völlig neuen Paradigmas. Man hat mir sogar erklärt, dass man Nachwuchs[13] ohne jede väterliche Einwirkung zeugen kann, indem man eine Zelle der Mutter zu Hilfe nimmt. In diesem Fall ist also der Same des Vaters gar nicht nötig. Theoretisch soll man auf diese Weise[14] sogar Menschen zeugen können. Ich kann darin nichts Schlimmes erkennen. Schon seit mehreren Jahrtausenden hängt die menschliche Geburt vom Zusammentreffen des mütterlichen Eis und des väterlichen Samens ab. Doch wenn man zurückgeht bis zur Entstehung des allerersten menschlichen Wesens, gab es auch keine Unterscheidung in Vater- und Mutter-Keimzelle. Diese Art der Empfängnis hat sich erst ganz allmählich entwickelt.

Das *Sutra, das Nanda beim Eingang in die Gebärmutter gelehrt wurde,*[15] erklärt, dass der Mensch nach dem Eintritt in die Gebärmutter von Woche zu Woche seinen Körper weiter ausbildet, bis er schließlich zur Geburt bereit ist. So nimmt das elfte Glied des abhängigen Entstehens, das man »Geburt« nennt, seinen Anfang. Und es heißt weiterhin, dass vom Tag der Geburt an das Leiden beständig zunimmt. Daher bezieht der Begriff »Alter«, der im Zusammenhang mit dem zwölften Glied der Kette genannt wird, sich auch keineswegs nur auf den Zeitraum, den man gewöhnlich als Alter versteht. Vielmehr ist damit die Tatsache gemeint, dass wir vom Augenblick der Empfängnis an in den Prozess unseres Alterns eingetreten sind.

Die beiden letzten Glieder der Kette, nämlich »Geburt« und »Alter und Tod«, umfassen somit das gesamte Leiden im menschlichen Leben, ob es sich nun um Alter, Krankheit oder Tod handelt. Unser Leben beginnt also mit dem Glied der Geburt und endet mit dem Todesaspekt des Alterungsprozesses. Zwischen diesen beiden Extrempunkten spielt sich ein vielfältiges Kaleidoskop von Leiden ab: Man wird krank. Man altert. Man bekommt nicht, was man sich wünscht, und muss sich stattdessen mit dem plagen, was man sich nicht wünscht.

Das Leiden im engeren Sinne, also jenes, das man als »Leid des Leidens« bezeichnet, umfasst die Leiden von Geburt, Alter, Krankheit und Tod. Was aber versteht man unter dem so genannten »Leid des Wandels«? Nur eine beliebige schmerzhafte Empfindung? Nein. Damit ist ebenso die angenehme Empfindung gemeint. Tatsächlich geschieht es recht häufig, dass sich nach dem Nachlassen des Schmerzes ein bestimmtes Wohlbefinden ausbreitet. Umgekehrt schlägt auch jede angenehme Erfahrung irgendwann in ihr Gegenteil um. Alle Vollkommenheiten dieser Welt, worin sie auch immer bestehen mögen, vergehen am Ende. Alles, was aufsteigt, neigt sich zum Untergang. Alles, was angesammelt wurde, erschöpft sich. Alles, was zusammengefügt wurde, wird getrennt. Alles, was geboren ist, ist dem Tod geweiht.

Auch wenn man das Beste der Welt besitzt, leidet man. Man kann reich und berühmt sein und sich viel darauf einbilden, sodass man am Ende sogar abstoßend wirkt, was wiederum eine Quelle der Leiden darstellt. Besitzt man aber keines dieser für wertvoll erachteten Güter, dann leidet man erst recht, weil man sich für arm hält. Und doch quält jeder, der sie hat, sich mit der schmerzhaften Vorstellung von ihrem Verlust. All das ist nichts anderes als schieres Leiden.

Wir sind auf der Suche nach Glück und tun alles, um Befriedigung zu erlangen. Wir setzen unsere Wünsche in die Tat um, um einen Zustand der Zufriedenheit zu erlangen. Doch da wir nie »genug« haben, könnten wir alle Schätze der Welt besitzen und wären doch nie glücklich. Unsere ewige Unzufriedenheit ist also eine Form des Leidens.

Die dritte Art des Leidens ist Leid, das »die bedingte Welt durchzieht«. Spricht man vom Leiden der »Bedingtheit«, so bedeutet dies, dass – da die Geburt ihrerseits von Karma und negativen Emotionen abhängig ist – nichts und niemand auf dieser Welt nicht aus Leid entsteht und wieder in Leiden vergeht.

Im Grunde gibt es kein absolutes wahres Glück.

Da der Buddha dies erkannte, lehrte er die Vier Edlen Wahrheiten mit ihren 16 Unterarten. Die Wahrheit vom Leiden beispielsweise beruht auf vier Punkten: der Vergänglichkeit, dem leidvollen Charakter, der wesensmäßigen Substanzlosigkeit und Leerheit aller Dinge.

Die Vergänglichkeit, von der der Buddha sprach, ist also nicht nur ein Aspekt des Alltagslebens, den wir ständig beobachten können. Sie hat noch viel subtilere Ebenen, denn Vergänglichkeit geschieht in jedem Augenblick der Existenz. Jeder Moment verlischt im folgenden. Er stirbt darin. Es geht nicht nur darum, dass er nicht weiter besteht: Er existiert, während er andauert, nur sterbenderweise. Was aber hat ihn hervorgebracht und hält ihn am Leben? Der Augenblick erlischt nicht, wenn er andauert, noch erlischt er, wenn er auf Grund des Erscheinens des nächsten Augenblicks aufgehört hat zu sein. Die Ursache seines Entstehens ist vielmehr gleichzeitig die Ursache seines Vergehens. Seine Ursache bringt ihn also als selbstzerstörerische Einheit hervor, der ein Überleben unmöglich ist. Auf diese Weise existiert er. Der Augenblick ist also von einer Ursache abhängig, die mit ihm nicht identisch ist.

Von den zwölf Gliedern des abhängigen Entstehens gehen elf auf die grundlegende Unwissenheit zurück. Sie sind also von dieser abhängig. Wenn man von der »grundlegenden Unwissenheit« spricht, wenn man also annimmt, die Unwissenheit komme zuerst und alle anderen Glieder bauten auf ihr auf, dann bedeutet dies, dass jedes dieser Glieder notwendige Bedingung für das nächste Element ist. Damit ist jedoch nicht gesagt, dass die einzelnen Elemente aufhören, wenn die folgenden beginnen. Die vorangehenden Elemente bringen die folgenden hervor, die also von all ihren Vorgängern abhängig sind.

Aus diesem Grund kann man sagen, dass der Kreis der Existenzen, Samsara, vollständig von der grundlegenden Unwissenheit abhängt. Die Unwissenheit ist eine der negativen Emotionen. Sie bezieht sich auf jede Bewusstseinsform, die bei einem bestimmten Individuum eine negative Emotion, ein Unwohlsein, ein unangenehmes Gefühl auszulösen vermag.

Schenkt man Shantidevas *Eintritt in das Leben zur Erleuchtung* Glauben, dann ist unser wahrer Feind in den »negativen Emotionen« zu suchen. Einen gewöhnlichen Feind kann man sich zum Freund machen, beim inneren Feind, den »negativen Emotionen« also, gelingt dies nicht. Daher finde ich, dass das Leben durchaus leidvoll ist, ist es doch ständig den Einwirkungen dieser Emotionen ausgesetzt, die uns letztlich nur schaden.

Im System der Vier Edlen Wahrheiten, wie sie vom Buddha gelehrt wurden, ist die Wahrheit vom Leiden die Wirkung, während die Wahrheit vom Ursprung des Leidens die Ursache darstellt. Aber habe ich nicht vorher erläutert, dass die ursprüngliche Ursache jene Unwissenheit ist, die sich in einer realistischen Weltsicht äußert, und dass diese das Leid von Geburt, Alter, Krankheit und Tod bewirkt? Und dieses Faktum bezeichnet man als Wahrheit vom Leiden. Habe ich also die Ordnung der Dinge durcheinander gebracht?

Der Buddha lehrte, dass wir uns zunächst unserer Krankheit bewusst werden müssten, bevor wir ihre Ursache ausmachen und beseitigen könnten. Auf diese Weise sollten wir über das Leiden im Allgemeinen nachdenken: Wenn man über das Leiden nachdenkt, möchte man, dass es verschwindet. Und wenn man das Leiden loswerden will, versucht man, die Ursache auszumerzen. Aus diesem Grund lehrte der Buddha zuerst die Wahrheit vom Leiden und danach die Wahrheit vom Ursprung des Leidens.

Wenn man so über das Leiden denkt, empfindet man die eigene Abhängigkeit von negativen Emotionen als Übel. Erst dann beginnt man, an den »Ausstieg aus dem Kreislauf« zu denken – was in den Sutren als »Gang in die Hauslosigkeit« bezeichnet wird. Der Großteil der Menschen weiß, dass es möglich ist, diese negativen Gemütszustände von Anhaftung und Abneigung zu mindern. Doch ist es auch möglich, ihre Wurzel dauerhaft zu zerstören? Dies ist eine weitere Überlegung wert. Und damit wären wir bei der Wahrheit von der Beendigung des Leidens.

Die Wahrheit von der Beendigung des Leidens verweist auf die Möglichkeit, mit Hilfe eines Gegenmittels aus dem Kreislauf auszuscheren. Die »Beendigung« macht mit Hilfe eines Gegenmittels Leid und negative Emotionen so weit unschädlich, dass beides in dem Betreffenden auch ohne Zuhilfenahme des Mittels nicht mehr auftaucht. Doch was erschöpft sich mit der »Beendigung«? Das Leiden und seine Ursachen. Und wie geschieht dies?

Mit Hilfe eines Gegenmittels. Es gibt also für jede Leidensursache ein Gegenmittel. Dieses verhindert, dass das Leid sich fortsetzt, und verwandelt es in etwas, das sich nicht weiter ausbreiten kann. Mit »Beendigung« ist also die Anwendung des Gegenmittels gemeint.

Wie wir bereits gesehen haben, ist der Geist – unter einem bestimmten Blickwinkel betrachtet – klares Licht. Wenn wir sagen, dass das inhärente klare Licht des Geistes »neutral« ist, dann bedeutet dies, dass die erkennende und klare Natur des Geistes auf immer unbefleckt bleibt. Es gibt jedoch Augenblicke, in denen das klare Licht von Verdunkelungen getrübt wird. Da es also in bestimmten Fällen solche Trübungen gibt, sprechen wir davon, dass die Verdunkelungen noch nicht vollständig beseitigt wurden. Doch solange das klare Licht sich manifestiert, können die negativen Emotionen nicht in Erscheinung treten. Sprechen wir also vom verwirrten oder verblendeten Bewusstsein, bedeutet dies, dass dem klaren Licht des Geistes etwas *hinzugefügt* wurde: die grundlegende Unwissenheit, in der die negativen Emotionen verwurzelt sind. Eine derartig verzerrte Sicht kann für sich keines der Kriterien der wahren Erkenntnis in Anspruch nehmen.

Wenn Asanga in seiner Abhandlung über das *Unübertreffliche Kontinuum* schreibt, dass die Trübungen »vergänglich« sind, dann bedeutet das nicht, dass sie aus dem Nichts entstehen. Sie sind »vergänglich«, weil sie zwar seit anfangsloser Zeit existieren, es aber trotzdem möglich ist, sich von ihnen zu lösen. Es liegt in der Natur des Geistes, dass er die Kraft besitzt, Objekte zu erkennen, Verwirklichung zu erlangen und alle anderen Qualitäten zu erwerben, auch wenn er selbst keine Eigenschaften aufweist, wie Asanga schreibt. Sein Potenzial, Eigenschaften hervorzubringen, rührt nicht von irgendwelchen Bedingungen her, sondern ist ihm zutiefst eigen. Weil es gegen die Bedingungen – die vergänglich sind, weil wir uns jederzeit von ihnen lösen können – wirksame Gegenmittel gibt und weil folglich die Verdunkelungen ebenso vergänglich sind, das Potenzial des Geistes aber unvergänglich, das ihm eigen ist, ist das Erwachen, und damit die Wahrheit von der Beendigung des Leidens, überhaupt erst möglich.

Wenn man die Wahrheit von der Beendigung des Leidens in die Tat umsetzt, bedeutet dies, dass das Glück kein Ende mehr nimmt. Und damit meine ich nicht das angenehme Gefühl, das uns hin und wieder beseelt, sondern ein dauerhaftes, unzerstörbares Glück.

Wo also ist die Wahrheit von der Beendigung des Leidens wirksam? Im Geist. Über die Bedeutung dieser Wahrheit gibt es in den vier buddhistischen Schulen unterschiedliche Auffassungen. Die Prasangika-Schule geht davon aus, dass die Wahrheit von der Beendigung des Leidens die absolute Wahrheit ist. Auch viele tibetische Gelehrte haben sich zu diesem Thema widersprüchlich geäußert. Folgt man den Schriften Nagarjunas, ist die Wahrheit von der Beendigung des Leidens nicht nur die absolute Wahrheit. Wenn man sie auf die Natur des Geistes bezieht, steht sie gleichzeitig für das höchste Glück.

Aus diesem Grund schreibt Nagarjuna in seiner *Grundlegenden Abhandlung*[16], dass die »Befreiung dann eintritt, wenn Karma und negative Emotionen sich erschöpft haben«. Befreiung heißt für ihn folglich die Beendigung von Karma und negativen Emotionen mit Hilfe wirksamer Mittel.

Was also kann man tun, um Karma und negative Emotionen dauerhaft zu beenden?

Karma entsteht aus negativen Emotionen. Die negativen Emotionen sind Frucht eines inkorrekten Denkens. Die Gedanken, die ein verblendeter Geist denkt, entstehen, wie Nagarjuna sagt, aus den falschen Ideen der realistischen Weltsicht:

> Befreiung tritt ein, wenn Karma und negative
> Emotionen sich erschöpfen;
> Karma und negative Emotionen sind die Früchte des
> begrifflichen Denkens.
> Diese entstehen aus konstruierten Gedankengebäuden …[17]

Karma und negative Emotionen entstehen also aus irrigem Denken. Und das »begriffliche Denken« entsteht aus »konstruierten Gedankengebäuden«: Dieses begriffliche Denken ist Frucht einer falschen Sichtweise, der konstruierten Gedankengebäude des realistischen Denkens:

> Aber die konstruierten Gedankengebäude
> stürzen in der Leerheit in sich zusammen.[18]

Anders gesagt: Die konzeptuellen Vorstellungen des naiven Realitätsglaubens finden ein Ende, wenn wir direkten Einblick in die Leerheit gewinnen.

Dieser Vers weist im Sanskritoriginal eine Besonderheit auf, die es zu beachten gilt. Das dort verwendete Wort[19] hat zwei Bedeutungen: Es kann heißen »dank der Leerheit« und »in der Leerheit«. Wenn die direkte Erkenntnis der Leerheit die Gedankengebäude des Realitätsglaubens einstürzen lässt, hören die konzeptuellen Vorstellungen *dank* der Leerheit auf zu existieren. Wenn aber die Verdunkelungen in der direkten Erkenntnis der Leerheit gereinigt werden? Dann lösen sie sich *in* der Leerheit (oder *in* die Leerheit hinein) auf. Es sind also zwei Lesarten möglich.

Wenn das natürliche klare Licht des Geistes von den diskursiven Gedanken des naiven Wirklichkeitsglaubens verdunkelt wird, von jenem Denken also, das die Leerheit nur verzerrt zu erkennen vermag, wird das klare Licht zum Grund, auf dem sich der Kreislauf von Samsara dreht. Hat der Geist jedoch seine wahre Natur, die Leerheit, erkannt und sich diese Sichtweise zur Gewohnheit gemacht, verschwindet der Realitätsglaube[20] mit seiner verzerrten Wahrnehmung der tatsächlichen Seinsweise und wird in der absoluten Dimension des Geistes selbst gereinigt.

Folglich ist das, was mit Hilfe der auf die verschiedenen negativen Emotionen abgestimmten Gegenmittel die Befreiung ermöglicht, die Verwirklichung des absoluten Körpers der Buddhaschaft, was vom hindernisfreien Weg der vollkommenen Sicht, dem direkten Gegenmittel gegen alle negativen Emotionen, zum vollkommenen Weisheitskörper der Buddhaschaft führt, das ist die Edle Wahrheit vom Pfad[21].

Die Befreiung selbst reicht von der Freiheit von einigen negativen Emotionen bis zum Weisheitskörper des Buddha, der für die Freiheit von sämtlichen negativen Gefühlen steht. All diese Formen der Befreiung stehen für die Wahrheit von der Beendigung des Leidens. Doch das, was uns dorthin führt, ist die Wahrheit vom Pfad. So gesehen, stellen die Wahrheit vom Pfad und von der Beendigung des Leidens die wahre Verkörperung des kostbaren Juwels des Dharma dar.

Menschen, welche das Potenzial zur Befreiung in sich tragen, aber sich noch darin üben müssen, nennen wir die »Gemeinschaft der Lernenden«.

Dagegen sind mit der »Gemeinschaft derer, die das Lernen hinter sich gelassen haben«, die Buddhas gemeint, all jene, welche die höchsten Qualitäten erlangt haben, die keinem Weg mehr folgen müssen, die alles, was es zu beseitigen galt, beseitigt und die höchste Verwirklichung erfahren haben.

Alle zusammen bilden sie die Drei Juwelen bzw. die Drei Kostbarkeiten, zu denen wir Zuflucht nehmen.

Wie aber können wir Zuflucht nehmen in Buddha, Dharma und Sangha? Wir können uns mit den Einzelheiten der Zuflucht zu den Drei Kostbarkeiten beschäftigen, in Wahrheit aber ist dies nicht unbedingt nötig. Buddha, Dharma und Sangha gewinnen nichts durch gelehrte Einführungen. Jeder, der Zuflucht nehmen will, kann dies auf viele verschiedene Arten tun, wie wir im nächsten Kapitel sehen werden.

VERTIEFENDE BETRACHTUNG EINZELNER ASPEKTE

Stimmt es, dass man nicht unbedingt an die Wiedergeburt glauben muss, um Buddhist zu sein?

Wo liegt der Unterschied zwischen einem Buddhisten und einem Nicht-Buddhisten? Der eine hat Zuflucht[22] genommen, der andere nicht. Wie ich bereits angedeutet habe, gibt es verschiedene Wege der Zufluchtnahme. Nehmen wir zum Beispiel einen Menschen wie mich, der Vertrauen in die Drei Kostbarkeiten hat. Wie sieht meine Erfahrung aus? Ich habe seit frühester Jugend an Buddha geglaubt. Wie ich bereits erklärt habe, habe ich ausgiebig über den Pfad der Befreiung nachgedacht. Dieses Nachdenken hat in mir die Überzeugung erweckt, dass mein Glaube an Buddha gerechtfertigt ist. Aus diesem Grund hat er sich auch ständig vertieft.

Solange man intellektuell keine klare Vorstellung von der Leerheit hat, ist »Befreiung« nicht mehr als ein Wort. Daher ist es schwierig, sich auch nur annähernd einen stimmigen Begriff von der Befreiung zu machen. Und noch viel schwieriger ist es, sich vorzustellen, was mit »Erleuchtung« gemeint sein könnte. Daher ist es wirklich nötig, dass jemand, der sich für die Erleuchtung interessiert oder – anders ausgedrückt – seine Zuflucht zur Erleuchtung nimmt, sich auf intellektuellem Weg Einsicht in die Leerheit verschafft.

Will man der Sicht der Prasangika-Tradition glauben, so haben einige der niederen Schulen buddhistischen Denkens, auch die Svatantrikas, die doch ebenfalls Madhyamika-Schüler sind, die Leerheit nie vollkommen geistig durchdrungen. Die Vaibhashikas zum Beispiel glauben, dass die Madhyamika-Schüler einer nihilistischen Sichtweise anhängen. Sie weisen die Madhyamika-Sicht nicht nur für sich zurück, sondern halten sie allgemein für falsch.

Alle Buddhisten jedoch sind sich einig, dass der Buddha ein Denker ohnegleichen ist, weil er die Leerheit vor dem Hintergrund des abhängigen Entstehens[23] erläutert hat. Man ist also auf jeden Fall kein Buddhist, wenn man die Leerheit und die wechselseitige Abhängigkeit der Dinge für Unfug hält. Meine Meinung ist vielleicht nicht entscheidend, doch ich würde meinen, dass es für jemanden, der nicht an Wiedergeburt glaubt, schwierig wird, die allumfassende Bewusstheit zu begreifen, die einen Buddha auszeichnet. Doch es gibt Menschen, die Zuflucht zum Buddha nehmen, ohne an die Wiedergeburt zu glauben. Für diese Menschen war der historische Buddha einfach ein großer Meister des gewaltlosen Denkens, der vollkommenes Mitgefühl verwirklicht hat. Natürlich denken die Buddhisten genauso, aber für einen Buddhisten ist das noch längst nicht alles. Meiner Ansicht nach ist die Unfähigkeit, sich mit der Vorstellung von der Abfolge der Lebenszeiten anzufreunden, gleich bedeutend mit der Unfähigkeit, die Leerheit und das abhängige Entstehen zu begreifen[24].

Kann man sich allein durch analytische Meditation von der Anhaftung befreien? Oder ist sie nicht vielmehr Quelle endloser Frustrationen?

Um Gewissheit zu erlangen, müssen wir die Dinge analysieren. Daher ist analytische Meditation unabdingbar. Am Ende der analytischen Meditation jedoch, wenn sich in unserem Geist eine Veränderung vollzogen hat, sollten wir die erlangte Gewissheit festhalten und uns dann vollkommen entspannen. Dies geht erst, wenn der analytische Geist eine bestimmte Kraft erlangt hat. Dann aber sollten wir zur kontemplativen Meditation fortschreiten.

Chandrakirti meint, dass nichts eine wirkliche Existenz hat, weil nichts aus sich selbst heraus existiert, noch aus einer anderen Ursache entsteht, aber auch nicht gleichzeitig aus sich selbst und aus anderen Ursachen bzw. ohne jede Ursache. Wenn dies der Fall ist, dann gibt es auch die Ursachen nicht wirklich. Wie funktioniert dann die Verkettung von Ursache und Wirkung?

Wenn man sagt, dass etwas auf der Ebene der absoluten Wahrheit nicht existiere, dann steht »absolute Wahrheit« für zwei Dinge: eine absolute Wahrheit für die Vernunft, die die letztendliche Seinsweise dieses oder jenes Objektes untersucht; und eine absolute Wahrheit im Hinblick auf das, was es abzulehnen gilt, hier die reale Existenz des untersuchten Objekts. In der absoluten Wahrheit des analysierenden Geistes existieren die relativen Phänomene, wenn ihre Existenz absolut, d.h. endgültig ist.

Um nun die beiden Aspekte der absoluten Wahrheit wieder aufzunehmen: Unter dem Blickwinkel des ersten Aspekts haben die relativen Erscheinungen keine reale Existenz, der zweite Aspekt sagt uns, dass sie nicht über eine endgültige Existenz verfügen. Die absolute Wahrheit jedoch, die Leerheit, existiert ihrerseits ebenfalls nicht wirklich. Sie hat also keine wirkliche (inhärente) Existenz, die so geartet ist wie jene, die abzulehnen ist. Die Abwesenheit dieser Seinsweise ist der zweite Aspekt der absoluten Wahrheit. Da die Leerheit aber keine wirkliche Existenz aufweist, existiert sie natürlich auch nicht, wenn man sie unter dem zweiten Gesichtspunkt betrachtet. Nimmt man sie jedoch als das, was der Geist entdeckt, wenn er die letztendliche Seinsweise eines bestimmten Objekts untersucht, dann existiert sie auf der Ebene des ersten Aspekts tatsächlich[25].

Sagt man also, dass etwas »nicht aus sich selbst heraus« oder »wesensmäßig« existiere bzw. dass die Selbst-Existenz nicht »in der Natur« des Objekts liegt, dann spricht man damit zwei Dinge an: die Natur der nicht untersuchten Phänomene sowie die Natur der Phänomene jenseits ihrer offensichtlichen Erscheinungsform. Bislang haben wir uns nur mit der offenkundigen Natur der Erscheinungen beschäftigt: mit den Blumen, dem Ich, dem Individuum. Doch von einem Individuum kann man nur an der Oberfläche der Dinge sprechen[26]. Auch vom Buddha oder vom Dharma. Man spricht von Entstehen und Vergehen, die sich ständig abwechseln. Ist man jedoch von der gewöhnlichen Art der Wahrnehmung nicht befriedigt, kann man sich fragen, ob es tatsächlich ein unabhängiges Ich gibt. Die Antwort ist Nein. Gibt es dann aber einen unabhängigen Buddha? Ebenso wenig. Oder ein abhängiges Entstehen? Auch nicht. Angesichts dieser Tatsache erklärte Nagarjuna in seiner *Grundlegenden Abhandlung*, dass die Phänomene, da sie nicht aus sich selbst heraus existieren, nichts weiter seien als »abhängige Benennungen«.

Was heißt es also, wenn man behauptet, dass ein Ding nicht »seiner Natur nach« existiere? Auch darauf weiß Nagarjuna eine Antwort: »Man findet es nicht, wenn man danach sucht.« Das bedeutet ja nicht, dass das, was man nicht findet, wenn man es sucht, *gar nicht* existiert. Es existiert. Aber auf welche Weise? Als abhängige Zuschreibung.

Wenn Nagarjuna also sagt, dass die Dinge nicht ihrer Natur nach existieren, weil sie nur abhängige Benennungen sind, bedeutet dies, dass das, was existiert, dies auf abhängige Weise tut, dass es also nicht seiner Natur noch oder *an sich* existiert. Es geht also nicht darum, die Existenz zu leugnen. Wäre dies der Fall, so ließe sich nichts finden, wenn man danach sucht. Dann hieße es auch in den Schriften, dass »nichts« zu finden sei. Daher ist es sehr wichtig, dass wir genau unterscheiden zwischen »existieren« und »wirklich existieren« sowie zwischen »gar nicht existieren« bzw. »nicht wirklich existieren«.

Die Blumen, die ich hier schon mehrfach erwähnt habe, existieren zum Beispiel ganz eindeutig, aber sie tun dies nicht *an sich*. Aus diesem Grund aber werden die Madhyamika-Anhänger meist als Nihilisten bezeichnet. Asanga selbst schreibt in seiner *Sammlung der objektiven Grundlagen*[27] bzw. in den *Zehn Erden*[28], dass die Madhyamika-Sicht nihilistisch sei. Betrachtet man jedoch die Leerheit einfach unter dem Gesichtspunkt des abhängigen Entstehens, dann riskiert man nicht, in Nihilismus abzugleiten. Man ist von all diesen Problemen frei. Nihilistisch wäre eine Sicht, welche die Leerheit mechanisch sieht: Etwas existiert, weil es leer ist. Weil es leer ist, existiert es.[29] Heißt es nicht im *Sutra von der Transzendenten Weisheit*: »Form ist Leerheit. Leerheit ist Form«?[31]

In den ersten Tagen des Menschengeschlechts gab es höchstens ein paar Hundert menschliche Wesen auf der Erde. Bis heute haben sie sich so vervielfacht, dass es mittlerweile mehr als sechs Milliarden sind. Wie ist das vor dem Hintergrund der Wiedergeburt möglich? Wie kann die Anzahl der inkarnierten Wesen steigen, wenn doch einige sich gar nicht mehr inkarnieren, weil sie ins Nirvana eingegangen sind? Dann müsste die Bevölkerungszahl doch eigentlich abnehmen. Wo kommen also all die Wesen her?

Das Universum hat keine Grenzen. Es gibt Wesen, die von anderen Welten kommen; andererseits gibt es auch Wesen, die unser Universum verlassen, um in einem anderen geboren zu werden. Scheinbar gibt es unzählige Galaxien. Habe ich je gesagt, dass die individuelle Einheit, die wir Ich nennen, wirklich existiert? Da es unendlich viele Wesen gibt, können sie auch nie gezählt werden. Ihre Anzahl nimmt also weder ab noch zu. Jedes neu geborene Geschöpf entsteht aus vergänglichen Ursachen auf Grund vergänglicher Bedingungen. Diese Wesen haben also durchaus einen »Anfang« bzw. Ursprung.

Was kann man tun, um vergangene Erfahrungen, die einem Leid bereiten, zu vergessen bzw. zu verzeihen?

Wir sollten verzeihen, aber nicht vergessen. Menschen buddhistischen Glaubens hilft es meist, wenn sie sich sagen, dass sie das Leid auf Grund individuell angesammelten Karmas erfahren[32]. Wenn man vor diesem Hintergrund all die Leiden betrachtet, die man bereits durchlebt hat, kann man sich nur freuen, dass man Gelegenheit erhielt, so viel negatives Karma abzutragen. Es scheint, als würden die Meditation über den Austausch zwischen dem Selbst und den anderen[33] sowie das Akzeptieren der leidvollen Erfahrung[34] den Menschen zu großer Seelenstärke und innerer Freude verhelfen. Menschen, die sich nicht für den Dharma interessieren und daher das Positive an ihrem Leiden nicht so leicht erkennen können, sollten sich ebenfalls um einen anderen Blickwinkel bemühen.

Kann das Karma des Vaters bzw. der Mutter ein Kind beeinflussen? Kann es auf das Kind übertragen werden? Gibt es da eine mögliche Verbindung?

Bereits gespeichertes Karma entzieht sich unserem Einfluss. Übt man jedoch auf einen Menschen einen Einfluss aus, so kann dies sein früher angesammeltes Karma schwächen und sein gegenwärtiges stärken. Ob das angesammelte Karma dann tatsächlich verändert wird, vermag ich nicht zu sagen.

Welchen Weg muss man gehen, um in einer Welt, die voller Waffen ist, in der Mord und andere Grausamkeiten an der Tagesordnung sind, die negativen Emotionen abzustellen und den Zorn in die Lichtnatur des Geistes zu verwandeln?

Zu diesem Zweck sollte man das Kapitel »Behütung der Bewusstheit« in Shantidevas Werk *Eintritt in das Leben zur Erleuchtung* studieren[35]. Im Wesentlichen gibt Shantideva darin folgendes Beispiel: Da die ganze Erde von spitzen Steinchen bedeckt ist, die unsere Fußsohlen verletzen, wir aber niemals genug Leder finden können, um den Boden damit abzudecken, sollten wir uns einfach Sohlen für unsere Füße zurechtschneiden, wenn es nötig ist. Dann werden wir das Gefühl haben, dass die ganze Erde damit bedeckt ist.

Die Welt voll Zorn erregender Wesen ist,
ihre Zahl übersteigt meine Kraft um ein Vielfaches.
Wer aber zum Meister des eigenen Zorns sich aufschwingt,
hat all seine Feinde besiegt.[36]

DIE GRUNDLAGEN DER PRAXIS – ANSAMMLUNG

Bislang habe ich die Vier Edlen Wahrheiten vor dem Hintergrund der zwei grundlegenden Wahrheiten erläutert. Nun möchte ich auf ihren Zusammenhang mit der Dreifachen Zuflucht eingehen. Alle Religionen bieten uns eine spezifische Form der Zuflucht. Wie ist nun die Dreifache Zuflucht des Buddhismus beschaffen? Sobald der Meditierende die Wahrheit vom Pfad erkannt und einen Blick auf das kostbare Juwel des Dharma getan hat, wird er Teil der erhabenen Gemeinschaft der Praktizierenden. Da er unablässig fortfährt, sein psychisches Kontinuum zu reinigen, wird er irgendwann Mitglied der Höchsten Gemeinschaft derer, die das Lernen hinter sich gelassen haben, der Gemeinschaft der Buddhas. Am Anfang stehen also Dharma und Sangha. Erst wenn der Praktizierende die Bedeutung der Lehre und der Gemeinschaft erkannt hat, erreicht er die Ebene der dritten »Kostbarkeit«, des Buddha.

Wo aber kommen die Lehren her? Zuerst erscheint ein Buddha. Dieser Buddha verkündet die Lehren, die von der Überlieferungslinie weitergegeben werden. Durch die Verkündung der Lehren wird also das kostbare Juwel des Dharma, das auf die Wahrheit von der Beendigung des Leidens und die Wahrheit vom Pfad zurückgeht, im psychischen Kontinuum der Schüler verankert. Diese bilden damit das kostbare Juwel der Gemeinschaft. Der Buddha war aber nicht von Anfang an Buddha. Auch er musste die vorbereitenden Übungen des Wegs der Lernenden (Praktizierenden) gehen. Dann aber war er allein der Buddha.

Wer aber ist Shakyamuni, der historische Buddha, von dem hier so viel die Rede ist? Folgt man der *Abhandlung über das Unübertreffliche Kontinuum*, einem Text aus der Tradition des Großen Fahrzeugs, trägt der absolute Körper des Buddha, der in der Soheit verweilt, ohne je davon abzuweichen, den Namen »absoluter Körper zur Verwirklichung des eigenen Wohls«. Unter »Soheit« wird hier jene Dimension verstanden, die – frei von allen Verdunkelungen – nie von der absoluten Wahrheit getrennt ist und in der sich folglich alle konzepthaften Vorstellungen auflösen.

Welche unabdingbare Voraussetzung hat der »absolute Körper zur Verwirklichung des eigenen Wohls«? Man verwirklicht diesen Körper, wenn man sich gänzlich für das Wohl der anderen einsetzt. Durch diese Absicht entsteht aus dem absoluten Körper spontan und ohne Anstrengung der »Formkörper zur Verwirklichung des Wohles anderer Wesen«, der vollständig auf die spirituellen Bedürfnisse der anderen Wesen ausgerichtet ist und sich in der Form manifestiert, die den Umständen entspricht. Ohne den Formkörper kann man nicht zum Wohl der anderen Wesen wirken.

Der »Formkörper zur Verwirklichung des Wohls anderer Wesen« existiert wiederum in zwei Formen: Einerseits gibt es den »Körper der vollkommenen Freude«, der sehr langlebig und mit den fünf Gewissheiten[1] ausgestattet ist: Normalerweise wird dieser Körper nur von den höchsten Bodhisattvas wahrgenommen. Gewöhnliche Wesen können ihn nicht erfassen. Aus diesem Grund heißt er auch »Körper, in dem alle Freuden zur Vollendung gelangen«. Und dann gibt es noch den so genannten »Erscheinungskörper« (auch: Ausstrahlungskörper), der so heißt, weil er sich in der Welt der Erscheinungen manifestiert, also auch in den Bereichen, die noch nicht vom Körper der vollkommenen Freude gereinigt wurden. Er erscheint gewöhnlichen Wesen, deren Karma bereits entsprechend gereinigt ist.

So sind die 1001 Buddhas, welche dieses Gute Zeitalter[2] mit ihrer Anwesenheit ehren, durchweg »Körper der vollkommenen

Erscheinung«. Der Sieger Shakyamuni ist der Vierte der angekündigten Buddhas. Der Beschützer Maitreya ist der künftige Buddha und somit der Fünfte in der Reihe. Viele Menschen glauben, Maitreya sei bereits hier. Ich glaube das nicht. Die Texte sagen nur, dass Maitreya erscheinen wird, nachdem die Lehren des Buddha mit dem Namen »Löwe der Shakya« schon lange Zeit erloschen sind. Sie schreiben nicht, dass er sein Versteck bereits verlassen habe und sich nun langsam in unserer Welt zeige.

Doch kehren wir zu den vier Körpern zurück. Was versteht man nun genau darunter? Der absolute Körper teilt sich in den absoluten Weisheitskörper und den essenziellen Körper.

Der absolute Weisheitskörper ist nichts anderes als die Weisheit, die direkt die Natur der Phänomene erkennt, welche die zwei Ebenen der Wahrheit begründen. Wie entsteht diese Weisheit? Hat man die Qualitäten der Befreiung realisiert, die aus der endgültigen Beseitigung des Schleiers der Unwissenheit entstehen, der uns an der gleichzeitigen Wahrnehmung beider Ebenen hindert, erlangt man allumfassende Bewusstheit bzw. Weisheit. Aus diesem Grund wird auch der Weisheitskörper des Buddha von seinem essenziellen Körper unterschieden.

Auch der essenzielle Körper hat zwei Aspekte: den klaren Körper des spontanen Gewahrseins und den grundlegend klaren Körper. Der klare Körper des spontanen Gewahrseins steht für die unmittelbare Erkenntnisfähigkeit eines Menschen, der all seine Verdunkelungen beseitigt hat und sich nun der Klarheit des Geistes bewusst wird. Die Klarheit, die dadurch unmittelbar einsichtig wird, ist jedoch nur eine Folge der grundlegenden Klarheit des Geistes. Daher weist der essenzielle Körper des Buddha zwei Aspekte auf. Da man diese jedoch zu einem zusammenfasst, können wir von den vier Körpern des Buddha sprechen: dem essenziellen Körper, dem absoluten Körper, dem Körper der vollkommenen Freude und dem Erscheinungskörper (die zusammen den Formkörper ergeben). In den Texten der Tantra-Schulen werden unzählige Feinheiten in der genauen Definition der vier Buddhakörper genannt, die uns hier nicht weiter beschäftigen sollen.

Die Vaibhashika-Schule geht jedoch davon aus, dass der Buddha zuerst das vollkommene Nirvana erlangt hat und dass sich damit sein Bewusstseinsstrom erschöpft habe. Sein Kontinuum ging zu Ende wie das Licht einer Kerze, die ausgeblasen wird. Das System der vier Körper hingegen nimmt an, dass die Erscheinungskörper des Buddha aus dem Körper der vollkommenen Freude hervorgehen. Der Körper der Freude sendet also die verschiedenen Erscheinungsformen des Buddha aus und nimmt sie wieder in sich auf.

Die Sutren des Großen Fahrzeugs wurden nicht vom historischen Buddha persönlich gelehrt. Es handelt sich dabei um Belehrungen für jene, deren Karma schon weit genug gereinigt ist, in besonderem Maße dort, wo es um die Belehrungen des Geheimen Mantrafahrzeugs geht, die sich an eine noch kleinere Zahl von Praktizierenden wenden.

Als der Buddha die Lehren vom Körper der vollkommenen Freude und vom Erscheinungskörper gab, tat er dies nicht in seiner Form als historischer Buddha, sondern nach dessen Lebenszeit in einer anderen Erscheinungsform.

Ob die mystischen Visionen der spirituellen Meister unserer Generation tatsächlich glaubwürdig sind, ist unmöglich festzustellen. Damit ein solches Erlebnis als vertrauenswürdig und authentisch eingestuft werden kann, muss die zu Grunde liegende Vision vollkommen klar sein und von einer Erscheinungsform der Drei Wurzeln[3] kommen. Sie muss so lebendig sein, als begegneten zwei Wesen sich tatsächlich. Auf diese Weise erscheinen Meister wie Shakyamuni und Nagarjuna auch heute noch Schülern, deren Karma rein genug ist. So eine Vision ist kein innerer Dialog oder Produkt der eigenen Vorstellungskraft. Sie stellt vielmehr tatsächlich eine Begegnung dar, bei der der Schüler Belehrungen erhält oder Fragen stellt, um seine Zweifel beizulegen.

Taklung Shapdrung Rinpoche[4] erzählte mir dazu eine interessante Geschichte. Eines Tages gab er Dilgo Khyentse Rinpoche[5] Belehrungen in Nepal. In dem Augenblick, in dem Khyentse Rinpoche die Übertragung eines bestimmten Lehrzyklus erhielt, erblickte er auf den Deckenbalken des Raumes seine wichtigsten Lehrer zusammen mit den Meistern, die jenen Lehrzyklus überliefert hatten. Taklung Shapdrung Rinpoche ist ein wahrer Lama alter Schule. Er hat viele Jahre in chinesischen Gefängnissen verbracht. Er hat alle Erwartungen und allen Ehrgeiz längst hinter sich gelassen und würde daher niemals lügen.

Diese Art Belehrungen zu erhalten, wird immer eine außergewöhnliche Erfahrung sein, wie dies bei Khyentse Rinpoche der Fall war. Das System der vier Körper vermag, gewisse Dinge zu erklären, die sich nicht erklären lassen, wenn man die Vorstellung von den vier Körpern des Buddha ablehnt.

Inwiefern können uns die Drei Kostbarkeiten als »Zuflucht« dienen und wie können wir tatsächlich zu ihnen unsere Zuflucht nehmen? Wir nehmen Zuflucht zu Buddha, Dharma und Sangha, wenn wir in sie unsere ganze Hoffnung setzen. Wer dies tut, wird automatisch zum Mitglied des Sangha. Dies wiederum bringt in seinem psychischen Kontinuum das kostbare Juwel des Dharma hervor, das die Wahrheit von der Beendigung des Leidens und die Wahrheit vom Weg umfasst.

Darüber hinaus nimmt man Zuflucht, wenn man gelobt, alles zu tun, um die höchste Erleuchtung zu erlangen. Von diesen beiden Methoden ist letztere die bessere. Aber ist es denn tatsächlich möglich, die Ebene der Drei Kostbarkeiten wirklich zu erreichen und in sich die Buddhaschaft zu verwirklichen, wenn man den festen Vorsatz fasst, sie zu erlangen? Die Antwort auf diese Frage liegt in dem, was wir »Buddhanatur« oder das »erleuchtete Potenzial« nennen.

Auch die Chittamatra-Schule nimmt die Existenz dreier Fahrzeuge an. In ihrer Sicht kann derjenige, der beispielsweise die Verwirklichung des Hörers erlangt hat, über diese Stufe nicht mehr hinaus gelangen. Auch ein »einsam Verwirklichter« ist auf die »Buddhaschaft des einsam Verwirklichten« festgelegt. Die Chittamatrins glauben also, dass einige »Familien« von Wesen die Buddhaschaft erlangen können, andere nicht[6]. Es gibt Buddhisten, die diese Aufteilung in drei verschiedene Fahrzeuge der Verwirklichung für richtig halten.

Der Mittlere Weg geht jedoch davon aus, dass – selbst wenn die Einteilung in diese drei Verwirklichungsstufen durchaus als gültig anerkannt wird – jeder, der zu diesen »drei Familien«[7] gehört, auch vollkommene Buddhaschaft erlangen kann. Daher erkennen die Anhänger des Mittleren Weges letztlich auch nur ein einziges Fahrzeug[8] an.

Wird dies als richtig erkannt, wie kann man sich dann im Pfad üben? Diejenige der Vier Edlen Wahrheiten, die sich mit dem Pfad beschäftigt, bezieht sich auf den Hauptpfad, den Erhabenen Pfad. Doch wenn wir die Qualitäten des Erhabenen Pfades verwirklichen wollen, müssen wir uns zuerst einen Weg suchen, der auf unserem Niveau beginnt.

Der Erhabene Pfad bringt zwei Arten von Qualitäten hervor: einmal die Qualitäten, die aus dem Aufgeben entstehen, und dann die Qualitäten, die auf der Verwirklichung beruhen.

Wir können vielleicht nicht sofort alles aufgeben, was nötig wäre, doch wir können zumindest anfangen, uns von diesen Dingen fern zu halten. Genauso wenig werden wir sofort die Qualitäten genießen können, welche die Verwirklichung der höchsten Weisheit mit sich bringt, doch wir können zumindest beginnen, einige Eigenschaften zu entwickeln, die in diese Richtung zielen. Es ist also Übung auf drei Ebenen vonnöten: Disziplin, Sammlung und Erkenntnis.

Aryadeva[9] schreibt in seinen *Vierhundert Strophen*[10]:

> Zuerst halte inne im Nicht-Verdienstvollen.
> Danach weise die Vorstellung eines Ich zurück.
> Schließlich löse alle Meinungen auf:
> Wer dies vermag, ist ein Weiser.

Anders formuliert, sollen wir zuerst jene Handlungen unterlassen, die kein Verdienst mit sich bringen und uns in die drei niederen Bereiche zurückfallen lassen[11]. Dann hören wir tunlichst auf, an ein Ich zu glauben. Und schließlich sollten wir unsere ärgerliche Tendenz, uns immer neue Meinungen zu bilden, ablegen.

Atisha Dipamkara[12] spricht in seiner *Leuchte auf dem Weg*[13] von kleinen, mittleren und großen Wesen. Es gibt nämlich verschiedene Arten zu erklären, was Aryadeva mit »die Vorstellung eines Ich zurückweisen« und »alle Meinungen auflösen« meint, doch die Lehre von den drei Arten von Wesen kann uns das Verständnis hier erleichtern.

Wenn wir auf dem Pfad voranschreiten wollen, müssen wir zuerst das erwerben, was man »Kenntnis durch Hören«[14] nennt. Als Nächstes müssen wir über das, was wir von anderen erfahren haben, nachdenken. Hier ist jeder auf sich allein gestellt. Zu diesem Zweck setzen wir die analytische Meditation ebenso wie die kontemplative Übung ein, bis wir die Gewissheit erlangen, das gefunden zu haben, wonach wir suchten. Auf diese Weise entsteht die zweite Erkenntnis, die »Erkenntnis durch Reflexion«. Im nächsten Schritt versuchen wir uns in Konzentrationsübungen[15], bis wir aus unserer Gewissheit eine authentische Erfahrung gemacht haben. Dies ist dann die »Erkenntnis durch Meditation«.

Wenn wir wirklich innere Gewissheit über ein Thema erlangen wollen, müssen wir uns zuerst von den Vorurteilen befreien, die wir diesbezüglich haben. Wir müssen lernen, unsere gewöhnliche Sicht in Frage zu stellen. Gehen wir auf gedanklicher Ebene dann noch einen Schritt weiter, gelangen wir zunächst zu einem rein verstandesmäßigen Begreifen. Wir sagen uns, dass wir möglicherweise gefunden haben, was wir suchten. Denken wir dann weiter nach, kommen wir zu einem sicheren Ergebnis, einer tiefen inneren Sicherheit. Unsere Schlussfolgerungen über das Thema haben uns eine fest begründete rationale Erkenntnis geschenkt. Hat man sich also durch eifriges Bemühen von der Wahrheit einer Sache überzeugt, sodass man einen dauerhaft klaren Blick auf das Objekt der Meditation hat, dann haben wir das Stadium der »effektiven Gewöhnung« erreicht.

Wollen wir also die irrigen Vorstellungen loswerden, die aus dem festen Glauben an eines der Extreme resultieren, müssen wir Zuflucht zu der Methodik des *prasanga*[16] nehmen, wollen wir hingegen zu irrtumsfreien Schlussfolgerungen gelangen, brauchen wir die Mittel der Logik. Auf den ersten Blick kann es scheinen, als übten wir uns in *prasanga*, wenn wir sagen: »Dieses Objekt existiert nicht.« Behaupten wir mit fester Stimme: »Dies ist jenes«, dann klingt das sehr nach logischer Schlussfolgerung. Dass es so einfach nicht ist, belegen die Meister Dingnaga[17] und Dharmakirti[18], die viel über diese Herangehensweise geschrieben haben. Beide Schritte sind ganz wesentlich in der buddhistischen Erkenntnispraxis. Trotzdem dienen weder *prasanga* noch logisches Folgern der Debatte mit anderen. Letztlich wurden diese Methoden entwickelt, um den Übenden bei seiner Arbeit mit irrigen Anschauungen zu unterstützen bzw. ihm zu korrekten Einsichten zu verhelfen. Ansatzweise kann man diese Methode im Abschnitt über *Austausch von Selbst und Anderem* im Kapitel »Vollkommenheit der Versenkung« im *Eintritt in das Leben zur Erleuchtung* von Shantideva sehen.

Zur individuellen Praxis gehört also das »innere Streitgespräch« ebenso wie die Reflexion. Unser »Gegner« wird immer wieder seine Gründe vorbringen. Er wird uns erklären, dass etwas so und nicht anders ist, dass er etwas anderes nicht glauben könne, weil es ja nicht logisch sei, und daher müsse man dem widersprechen. In diesem Stadium ist die »Erkenntnis durch Hören«, welche den ersten Schritt auf dem Weg zur Kenntnis der Lehren darstellt, durch eine lebenswichtige Regel geprägt: Wir müssen alles, was uns irgendwie von den Lehren unseres Meisters abbringt, vermeiden.

Die »erklärenden Erläuterungen« bestehen im Wesentlichen aus verschiedenen Ansätzen, die uns helfen sollen, unsere fehlerhaften Ansichten zu korrigieren. Hat der Praktizierende dieses Stadium überwunden, stimmt der Meister seine Erläuterungen auf die Fortschritte des Übenden ab. Dann spricht man von »Erläuterungen über die Praxis«.

Es kann auch vorkommen, dass der Meister dem Schüler einführende Instruktionen gibt, die für eine bestimmte Meditation von Nutzen sind, und ihn dann meditieren lässt. Das kann ein oder zwei Jahre dauern. Erlangt der Schüler während dieser Zeit die Verwirklichung der Lehren, erhält er daraufhin die Belehrungen der aufbauenden Phase. Macht der Schüler hingegen keine Fortschritte, erhält er diese Belehrungen nicht. Ist es jedoch zu einem entsprechenden Erlebnis gekommen, nennt man die darauf folgenden Belehrungen »Erläuterungen über die Erfahrung«.

Gelingt es uns nicht, die Fackel des Hörens zu entzünden, werden wir die Schleier der Unwissenheit nie durchtrennen können.

Und was noch schlimmer ist: Schaffen wir es nicht, durch die »Erkenntnis des Hörens« unsere falschen Ansichten zu beseitigen, bleibt unsere Meditation konfus. Wenn wir nicht selbst zu bestimmten Überzeugungen gelangen, werden wir uns immer fragen, ob dieser Recht hat oder nicht doch eher jener ... Man läuft also Gefahr, wie ein Papagei alles nachzuplappern und auf der Stufe der Imitation stehen zu bleiben.

Studiert man jedoch, ohne zu praktizieren, dann nährt man mit Hilfe des Dharma nur seinen Hochmut und wird zum Besserwisser: Tritt dieser Fall ein, hat das, was eigentlich als Arznei dienen sollte, sich in Gift verwandelt.

Jene aber, die meinen, das Wesentliche sei die Praxis und Belehrungen zu hören gar nicht nötig, jene, die sich der Praxis widmen, ohne die Wichtigkeit des Studiums zu erkennen, berauben sich der Möglichkeit, ihre falschen Vorstellungen zu korrigieren, die sie für Meditation halten. Diese Menschen leben in der Illusion, die Drei Kostbarkeiten gefunden zu haben, doch letztlich halten sie keine gültige Erkenntnis in Händen.

In diesem Sinne ist der Gelehrte nicht mehr wert als der Praktiker und umgekehrt. Das Studium der Lehren sowie die innere Verwirklichung in der Praxis sind beide nötig. Werden aber beide Qualitäten nicht durch Güte gekrönt, wird man nur um sein eigenes Wohl besorgt sein, was vollkommen nutzlos ist.

Allgemein betrachtet, ist es sinnvoll, wenn jemand sich die Lehre durch Lesen zu erarbeiten sucht. Zentral aber ist, dass dieser Mensch das, was er liest, auch in die Praxis umsetzt. Und dabei ist ein spiritueller Lehrer unbedingt vonnöten. Als der Buddha die Vier Arten, die Wesen anzuziehen, lehrte, hatte er das Wohl der anderen Wesen im Auge. Die Sechs Transzendenten Tugenden hingegen zielen in erster Linie auf das eigene Wohl ab. Die Vier Arten, die Wesen anzuziehen, sind: materielle Großzügigkeit, ansprechende Ausdrucksweise, Eingehen auf die Bedürfnisse des Gegenübers sowie die praktische Umsetzung der Lehre[19].

Die beiden letzten Punkte bedeuten, dass der Lehrer sich so verhält, wie es dem Schüler angenehm ist, aber auch, dass der Schüler jene Lehren umsetzt, die auf ihn persönlich zugeschnitten wurden. Und das ist ein ganz wesentlicher Punkt.

Nehmen wir einmal die vier Körper des Buddha als Beispiel. Hier hat die vollendete Buddhaschaft sich in einem Erhabenen Erscheinungskörper niedergeschlagen. Sechs Jahre lang widmet sich der Buddha zu unserem Wohl den Übungen der Askese. Trotzdem möchte ich hier anmerken, dass wir uns täuschen, wenn wir glauben, den Dharma ohne Mühen praktizieren und die wirklich harten Sachen dem Buddha überlassen zu können. Um Christ zu sein, genügt es schließlich auch nicht, nur das

Kreuzzeichen zu machen. Die Nachfolge Jesu verlangt sehr viel mehr.

Der Meister ist die Gestalt, die uns zeigt, wohin der Weg führt. Er selbst dient als lebendiges Beispiel. Das gilt für Jesus Christus, für Mohammed und alle großen Meister, die ihren Schülern auf dem Weg vorangegangen sind. Schon daraus ersehen wir, wie wichtig der spirituelle Meister ist.

Wir sollten also all unsere Aufmerksamkeit auf den Meister konzentrieren, der sich als so bedeutsam erweist. Daher sollten wir den Meister auch gründlich prüfen. Der Buddha hat uns ausreichend über die nötigen Merkmale eines spirituellen Meisters unterrichtet, ob er nun die Regeln klösterlichen Zusammenlebens klären oder als Vajrameister Einweihungen geben soll.

Möchten wir also einem Meister folgen, sollten wir zuerst überprüfen, ob er alle nötigen Kennzeichen eines authentischen Meisters hat. Treffen wir auf jemanden, der den Dharma »predigt«, dann können wir ihm vielleicht zuhören, wir sollten ihn jedoch nicht als unseren Lehrer akzeptieren.

Man sollte – am besten jahrelang – darauf achten, ob der Lehrer sich entsprechend seinen eigenen Lehren verhält. Journalisten sage ich immer wieder, dass man einfach eine gute Spürnase braucht. Man spricht immer vom »Privatleben«? Kann es denn so etwas wie ein Privatleben überhaupt geben? Nein, so etwas ist eigentlich nicht in Ordnung. Man sollte vor der Öffentlichkeit dieselben Grundsätze vertreten wie im privaten Bereich. Wenn man nach außen anders handelt, als man dies unter Ausschluss der Öffentlichkeit tun würde, dann ist dies eine Lüge. Daher ist es so wichtig, den Meister gründlich zu überprüfen. Sonst fällt man vielleicht auf irgendeine Form von Persönlichkeitskult herein. Man ist nicht gegen solche Dinge gefeit, nur weil man Buddhist ist.

Weil der Buddha dies wusste, lehrte er die Kennzeichen eines verlässlichen spirituellen Lehrers und empfahl uns, darauf zu achten, damit wir nicht irgendeinem Starkult aufsitzen. In der

Regel des Heiligen Dharma lesen wir zum Beispiel, dass man Lehrer, welche uns zu Dingen anhalten, die nicht dem Dharma entsprechen, ablehnen sollte. In den Sutras des Großen Fahrzeugs sagt der Buddha vom »spirituellen Freund«[20], dass sein Handeln im Einklang mit den Tugenden stehen müsse und nicht zum Gegenteil anregen dürfe. In den *Fünfzig Versen über den spirituellen Meister*[21], welche uns lehren, wie man einem Meister des Höchsten Tantra folgen sollte, steht zu lesen:

Was der Vernunft nicht zuwiderläuft,
sollte praktiziert werden.

Wenn man also – nachdem man die Gründe für eine Anweisung des Meisters untersucht hat – auch nur das kleinste Unbehagen im Hinblick auf die Lehren des Buddha empfindet, sollte man die Anweisung nicht ausführen. Aber das allein genügt noch nicht. Die Schriften sagen uns, wir sollten uns um das korrekte Verständnis bemühen, weshalb es nicht angemessen wäre, diese Anweisung des Meisters auszuführen, und dazu die Überlieferungslinie der Lehren heranziehen.

Ich mache mir manchmal Sorgen um die Schüler, deren Geist einfach nicht zur Ruhe kommt. Sie sind sehr leicht beeinflussbar und glauben, wenn jemand nur viele Schüler hat, dann muss er ja ein wahrer Meister sein. Und schon werfen sie sich diesen Menschen zu Füßen. Genau das Gegenteil sollten sie tun. Seien Sie auf der Hut, wenn Sie einen spirituellen Meister auswählen.

Bevor man einem Meister folgt, sollte man sich in Büchern ausreichend informieren und versuchen, das Gelesene zu begreifen. Danach sollten wir uns einen Lehrer suchen, jedoch nicht ohne ihn genau zu überprüfen. Wenn wir nach der Prüfung feststellen, dass er ein wirklicher spiritueller Meister ist, dann können wir ihn zu unserem Lehrer erwählen.

Wenn diese Prüfung nicht stattgefunden hat, ergeben sich später bei der Übung zur Vereinigung mit dem Geist des Meisters[22] die größten Schwierigkeiten. Sich blind in irgendein Abenteuer zu stürzen ist niemals von Nutzen, schon gar nicht, wenn es sich um die Auswahl eines spirituellen Meisters handelt. Man sollte sein spirituelles Schicksal nicht dem Zufall überlassen, sondern gründlich prüfen, wem man sich anvertraut.

Wenden wir uns in einem nächsten Schritt der Praxis zu, dann müssen wir zunächst unser Verhalten ändern. Alle Buddhisten, ob sie nun ein entsprechendes Gelübde abgelegt haben oder nicht, versuchen gewöhnlich, die zehn unheilsamen Handlungen[23] zu vermeiden. Dies ist ihre erste Übung. Dabei halten sie sich zunächst aus Gründen der intellektuellen Einsicht von den zehn schädlichen Handlungen fern. Danach lernen sie, sich dieser Handlungen zu enthalten. Damit legen sie die Grundlagen, die ihnen später erlauben, die Wahrheit von der Beendigung des Leidens umzusetzen.

Wenn man sich diese Haltung gegenüber den zehn unheilsamen Handlungen zur Gewohnheit gemacht hat, beginnt man, über die Wirkungen dieser Handlungen[24] nachzudenken. Bei diesen Überlegungen kommt man zu dem Ergebnis, dass der Eindruck, den eine heilsame Handlung hinterlässt, gewöhnlich Glück nach sich zieht. Der Eindruck jedoch, den eine schädliche Handlung hinterlässt, vermehrt nur das Leiden. So erfahren wir die Beziehung zwischen Ursache und Wirkung.

Um sich die Wirkungen der unheilsamen Handlungen vor Augen zu führen, müssen wir die drei niederen Existenzbereiche[25] kennen lernen, damit wir erkennen, wie das Leben dort vonstatten geht. Und wenn wir über die Leiden in diesen Bereichen nachdenken, sollten wir uns vor Augen führen, dass eine Wiedergeburt dort uns keineswegs erst »in ferner Zukunft« treffen könnte. Die Todeszeit ist ungewiss[26]. Wenn wir also karmische Eindrücke geschaffen haben, die zu einer Wiedergeburt in diesen drei Bereichen führen könnten, dann bedeutet das, dass diese uns möglicherweise näher ist, als wir wahrhaben wollen.

Wir sollten daher gründlich über die »Vier Punkte, die den Geist vom Samsara abwenden« nachdenken. Dies schafft die Grundlage, damit wir unseren Geist dem Dharma zuwenden können. Auf dieser Basis können wir aufbauen. Sonst bleiben die Lehren für uns auf ewig nur schöne Worte.

Dass wir uns angesichts der Schwierigkeit des Unterfangens entmutigen lassen, ist ebenfalls ein gravierender Fehler. Ganz egal, ob wir nun praktizierende Buddhisten sind oder mit unserem Leben etwas anderes vorhaben: Es ist immer falsch, sich entmutigen zu lassen. Daher sollten wir uns vor Augen führen, über welch unglaublich günstige Umstände wir verfügen. Im Buddhismus bezeichnet man dies als »Freiheiten und Reichtümer«[27]. Es genügt nämlich nicht, dass wir das Potenzial zur Buddhaschaft innehaben. Wir benötigen zur Praxis auch noch einen »kostbaren Menschenkörper«. Doch eben weil wir das Potenzial eines Buddha haben, ist dieser Körper so wichtig für uns: Wir sollten diese Gelegenheit freudig nutzen. So jedenfalls würde ich Aryadevas Hinweis auf das Vermeiden des Nicht-Verdienstvollen interpretieren.

Was verspricht der Dharma den Übenden? Befreiung. Was uns am meisten an der Befreiung hindert, sind zweifellos die negativen Emotionen. Denn was verstehen wir unter »Befreiung« letztlich? Den Sieg über die Emotionen, die uns Schaden zufügen. Daher sind sie unser Hauptfeind. Sie quälen uns in einem fort. Wenn wir also wissen wollen, ob eine Lehre wirklich dem Buddhismus entspricht, müssen wir uns nur fragen, ob sie das Ablegen der schädlichen Emotionen zum Ziel hat. Dann ist sie in jedem Fall als buddhistisch anzusehen. Andernfalls nicht. Dienen übernatürliche Kenntnisse und magische Fähigkeiten letztlich nicht dazu, die negativen Emotionen auszulöschen, haben sie nichts mit buddhistischer Lehre zu tun.

Wir können das, was wir hören, also beständig am Kriterium der negativen Emotionen messen, wie wir das mit uns selbst ja auch tun. Anfangs, wenn wir ihnen noch vollkommen unterworfen sind, müssen wir die schädlichen Reaktionen vermeiden lernen, welche die negativen Emotionen meist hervorrufen. Dann schwächen wir sie, indem wir sie mit ihrem direkten Gegenmittel konfrontieren. Und schließlich zerstören wir die gewohnheitsmäßigen Muster, die die negativen Emotionen in uns eingeschliffen haben.

VERTIEFENDE BETRACHTUNG EINZELNER ASPEKTE

Wie kann man einem Sterbenden helfen? Können ihm positive Gedanken nützen? Es heißt doch, man bleibe drei Tage im klaren Licht. Wie ist vor diesem Hintergrund die Organspende zu betrachten? Oder die Verbrennung der Leiche, die ja manchmal unmittelbar nach dem Tod stattfindet?

Das Wichtigste ist, dass der Sterbende diese Welt entspannt verlässt – mit einem friedlichen Geist. Ob er nun ein religiöser Mensch war oder nicht – entscheidend ist, dass er sich keine Sorgen macht. Ist er religiös, sollte man die entsprechenden Riten durchführen. Nach der Erfahrung des klaren Lichts kehrt man nicht mehr ins Leben zurück. Daher ist es eine gute Idee, wenn man die Organe des alten Körpers anderen Menschen schenkt. Soll der Körper des Verstorbenen verbrannt werden, dann achte man darauf, dass er noch ein wenig in Ruhe liegen bleibt, zumindest bis er zu riechen anfängt oder andere Zeichen der Zersetzung zeigt.

Wie steht der Buddhismus zu Selbstmord?

Es ist immer besser, es nicht zu tun. Nehmen wir einmal die Bewusstseinsübertragung[28] als Beispiel. Wenn man eine lebensbedrohliche Krankheit hat und keine Möglichkeit mehr besteht, das Leben aufrechtzuerhalten, dann muss die Bewusstseinsübertragung stattfinden, obwohl man noch nicht die dafür nötige Befähigung angesammelt hat, bevor die Elemente des Körpers sich im Sterbeprozess aufzulösen beginnen. Bei der Bewusstseinsübertragung zum falschen Zeitpunkt besteht die Gefahr, dass die Bardogottheiten getötet werden. Der richtige Augenblick für die Bewusstseinsübertragung ist der, wenn die Zeichen des nahenden Todes sich zeigen und man sicher ist, dass keine Wende mehr eintritt. Das Leben muss sich seinem Ende zuneigen, gleichzeitig sollten wir abwarten, bis die Elemente des Körpers schwächer werden, ohne sich schon völlig aufgelöst zu haben. Auch dies ist eine Art Selbstmord. Wenn es noch Hoffnung auf Überleben gibt, ist die Bewusstseinsübertragung wie ein Selbstmord. In diesem Fall sollte man nichts unternehmen.

Was genau sind eigentlich »Gegenmittel«?

Das Gegenmittel für den Hass ist die Meditation über die Liebe. Begehren und Anhaftung erfordern das Gegenmittel der Meditation über die unreinen Dinge. Das Gegenmittel gegen Stolz besteht darin, die zahllosen Phänomene zu studieren, sich mit so unterschiedlichen Themen wie den Aggregaten, den Elementen, den Sinnesorganen auseinander zu setzen, um festzustellen, dass man eigentlich gar nichts weiß. Dann verliert man seinen Hochmut recht schnell. Ich zum Beispiel neige dazu, mich für sehr intelligent zu halten. Daraus ziehe ich einen gewissen Stolz. Wenn das geschieht, rufe ich ein geistiges Bild hervor, das mich vor einem Computer sitzend zeigt. Ich verstehe überhaupt nichts davon und mache dann keinen sehr schlauen Eindruck.

Das Gegenmittel gegen Unwissenheit ist natürlich die Weisheit selbst. Alle anderen Gegenmittel arbeiten irgendwie mit den negativen Gefühlen, deren Intensität sie verringern, ohne sie jedoch komplett auflösen zu können. Das absolute Gegenmittel jedoch, das sie vollkommen zerstören könnte, das direkteste aller Gegenmittel, das all das auflöst, was es aufzulösen gilt, ist die direkte Einsicht in die Leerheit. Doch das Bewusstsein, welches die Leerheit erkannt hat, zeitigt nicht sofort Wirkung. Wir müssen es erst stabilisieren. Entsteht aber daraus die Weisheit, welche in der Einheit von Geistesruhe und höchster Sicht die Leerheit erblickt, dann wirkt diese Weisheit als direktes Gegenmittel gegen alles, was es abzulegen gilt.

Können auch Tiere Erleuchtung erlangen?
Irgendwann einmal sicher. Wie wir bereits gesehen haben, besitzen alle Wesen die Fähigkeit, zum erleuchteten Buddha zu werden. Bei den Tieren ist diese Fähigkeit allerdings in gewisser Weise blockiert, denn damit dieses Potenzial sich verwirklichen kann, müssen wir praktizieren. Ohne menschliches Einsichts- und Reflexionsvermögen allerdings ist eine spirituelle Praxis schwierig ins Werk zu setzen.

Die grundlegende Unwissenheit ist eine subtile Form der Anhaftung, die aus dem Kontinuum des klaren Lichts hervorgeht. Wie und warum kommt es zu dieser subtilen Anhaftung?
Das liegt in der Natur der Dinge. Es ist ja nicht so, dass die vorgängig existierende natürliche Weisheit allmählich immer mehr von der Unwissenheit befleckt wird. Sie existiert vielmehr seit anfangsloser Zeit. In einigen Texten heißt es, Samantabhadra[29], der Beschützer und Urbuddha, habe sogar schon vor der »Aufspaltung« der Welt in Samsara und Nirvana existiert. Damit muss der Geist eines Individuums gemeint sein, das eben gestorben ist. Nur in diesem Fall ist die ursprüngliche inhärente Dimension des klaren Lichts von keiner Befleckung getrübt. Es kann nicht sein, dass zuerst Samantabhadra erscheint, der ursprüngliche Beschützer, und dass sich danach Samsara und Nirvana aufspalten und immer mehr auseinander driften.

Wenn man vom klaren Licht des Bewusstseins spricht, das ohne Anfang, ohne Ende, ohne Ursachen und ohne Bedingungen ist, ist das letztlich nicht das, was andere Traditionen »Gott« oder »Selbst« nennen?

Das klare Licht ist in gewisser Weise natürlich schöpferisch, aber nur in gewisser Weise. Der Buddhismus geht letztlich vom Konzept der Selbstschöpfung[30] aus, der »Entstehung aus sich selbst«. Sehen wir uns also diesen Schöpfungsprozess einmal im Hinblick auf das klare Licht an. *Mein* klares Licht hat mit Sicherheit nur *meine* Lebenszeiten hervorgebracht, nicht die von anderen Wesen. Mein klares Licht ist nur Teil des Schöpfungsprozesses, dem die Welt und wir alle unterliegen. Wenn die Aggregate der anderen existieren, so liegt das nicht daran, dass mein klares Licht sie geschaffen hat.

Was die Vorstellung vom »Selbst«, vom *atman* angeht, so geht es dabei um eine unteilbare, dauerhaft vorhandene Einheit. Da das klare Licht ein ununterbrochenes Kontinuum darstellt, eignet ihm zum einen die Dauerhaftigkeit des Kontinuums, zum anderen der bruchstückhafte Charakter der Augenblicke, aus denen dieses Kontinuum sich zusammensetzt. Ich sage nicht, dass das klare Licht mit dem Individuum identisch ist. Das inhärente klare Licht des Ursprungs ist nicht das Selbst. Es ist auch nicht der Referent der Bezeichnung »Selbst«, es ist nicht *atman*. Um mit den Worten des Guhyamaja-Tantra zu sprechen, gibt es ein sehr subtiles Bewusstsein und einen sehr subtilen Körper. Daher spricht man auf der Basis des grobstofflichen Körpers und der gröberen Formen des Bewusstseins vom »gröberen Selbst«, wohingegen man bei den sehr subtilen Körpern und Geistformen auch von einem »sehr subtilen Bewusstsein« spricht.

Gibt es eine relative Wahrheit ohne Konzepte?

Für die Chittamatra-Schule stellen Form und alle äußeren Phänomene nur den Erscheinungsaspekt des inneren Geistes dar. Ihre innerste Natur ist der Geist. Daher gibt es letztlich keine wirklich voneinander verschiedenen Dinge. Das läuft vor allem auf eines hinaus: Welches Phänomen man auch immer ins Auge fasst, es existiert nur so lange wie das Bewusstsein, das sich seiner gewahr wird. Erlischt dieses Bewusstsein, dann erlischt damit auch das Phänomen.

Das gilt für das Bewusstsein, welches sich innerhalb meines Kontinuums eines Blumenstraußes bewusst wird. Was jedoch nicht heißt, dass diese Blumen verschwinden, sobald ich mich entferne. Aber sind die Blumen, die ich sehe, dieselben wie jene, die mein Gegenüber sieht? Hier ist keine befriedigende Antwort möglich. Besitzen diese Blumen dieselbe Natur wie mein Bewusstsein bzw. wie das Bewusstsein meines Gegenübers? Das ist schwer zu sagen. Dies stellt ein echtes Problem dar. Für einen Chittamatrin gilt ein Objekt als existent, weil es simultan mit dem wahrnehmenden Bewusstsein[31] existiert. Die Blumen existieren, wenn das Gewahrsein der Blumen existiert, sie hören auf zu sein, wenn dieses Gewahrsein erlischt. Ich allerdings habe mit diesem Standpunkt so meine Probleme.

Tatsächlich geht es ja nur darum, unsere geistigen Konstrukte wieder zu re-absorbieren. Nehmen wir das Seh-Bewusstsein, das einen Strauß Blumen wahrnimmt, einmal als Beispiel. Wenn ich diese Blumen betrachte, mich dabei aber gleichzeitig auf die Vergänglichkeit oder auf Liebe und Mitgefühl im Erleuchtungsgeist konzentriere, dann habe ich meinen Geist von der Konstruktion »Blume« zurückgeholt. Was jedoch nicht bedeutet, dass es den Blumenstrauß mit einem Mal nicht mehr gibt. Sie verschwinden nicht einfach, weil wir uns im Zustand nicht-diskursiver Weisheit befinden oder weil wir in die absolute Dimension eintauchen, wo alle geistigen Konstrukte sich auflösen. Der Geist aller Buddhas und Bodhisattvas ist ausschließlich begriffsfreie Weisheit. Doch wenn wir von der »Befriedung aller diskursiven Gedanken« sprechen, dann geht es dabei um das Funktionieren des individuellen Denkens, nicht um das Verschwinden von Objekten.

Wie kann man im Alltagsleben seine Achtsamkeit steigern?

Dies kann nur geschehen, wenn wir Achtsamkeit zu etwas Alltäglichem machen. Die thailändischen Schüler der Vipassana-Meditation sind besonders geschickt darin. Wenn sie einen Schritt tun, dann denken sie: »Jetzt hebe ich den rechten Fuß.« Beim nächsten Schritt dann: »Nun hebe ich den linken Fuß.« Sie halten in jedem Moment des Lebens ihre Achtsamkeit aufrecht, und so entwickeln sie die Gewohnheit, alles voller Achtsamkeit zu tun. Das ist natürlich wunderbar.

Eine andere Möglichkeit ist es, in der Wohnung kleine Schilder aufzuhängen, auf denen »Achtsamkeit« steht. Man kann die Schilder überall verteilen, sogar auf der Toilette. Und man kann »Achtsamkeit« auf seine Hände schreiben. Dann hat man immer, wenn der Blick auf dieses Wort fällt, die Möglichkeit, sich darin zu üben. Diese Methode wird vor allem von den Anhängern des Traum-Yoga genutzt. Sie schreiben auf alles, worauf ihr Blick im Laufe des Tages fällt, das Wort »Traum«. Wenn sie sich auf diese Weise immer wieder an den Sinn dieses Wortes erinnern, fällt es ihnen am Ende leicht zu erkennen, dass alles wie ein Traum ist.

Es heißt, jedes geistige Kontinuum klaren Lichts sei individuell und bleibe dies auch, wenn ein Individuum die Buddhaschaft erlange. Wie passt das zu der Aussage, dass alle Buddhas dieselbe Natur haben, dass sie also dem Wesen nach eins sind?

Ich und mein Gegenüber haben dieselbe Natur. Wir sind dem Wesen nach Buddhas, beide. Beide sind wir Menschen. Wir haben also gewisse Gemeinsamkeiten. Das bedeutet aber nicht, dass wir ein und dieselbe Person sind. Die »Natur« der Buddhas ist eins. Das heißt, dass alle Buddhas Gleichheit im Ausmaß ihrer Befreiung bzw. Verwirklichung aufweisen. Was der Buddhismus mit »von gleichem Geschmack« meint, lässt sich ohnehin nur im Hinblick auf mindestens zwei verschiedene Wesen sagen. Man kann nicht von Gleichheit sprechen, wenn es nur um »eine« Sache geht. Sind zwei Dinge »eins«, kann man nicht von »gleichem Geschmack« sprechen.

Es heißt, dass auf der Ebene der absoluten Wirklichkeit alles den »gleichen Geschmack« aufweise. Im weiten Raum der Leerheit hat alles den gleichen Geschmack. Das gilt für Samsara wie für Nirvana, für Gut und Böse. Auch die Konstrukte unseres Geistes haben in ihrer absoluten Dimension denselben Geschmack. Im Raum, der frei von Konstrukten ist, haben Konstrukte denselben Geschmack. Das heißt aber noch lange nicht, dass die geistigen Konstrukte sich nicht voneinander unterscheiden.

Haben Männer und Frauen dasselbe Potenzial, Buddhaschaft zu erlangen?

Natürlich. Im *Abhidharma* steht, dass jemand, der Karma ansammelt, das am Ende zu den »größeren Merkmalen eines Buddha«[32] reift, zunächst einmal während dreier großer Kalpas Verdienste ansammeln muss. Am Ende folgt die Ansammlung jener Verdienste, die zu den größeren und kleineren Merkmalen eines Buddha führen. Diese werden in 100 aufeinander folgenden Kalpas angesammelt, während derer der Praktizierende einen männlichen Körper besitzt. Dies ist die Sicht der Vaibhashikas.

Auch in den Sutras heißt es, man brauche einen männlichen Körper, um die Große Erleuchtung zu erlangen.

In den Höchsten Yogatantras aber gibt es Frauen, die im Frauenkörper Buddhaschaft erreichen. Die verehrungswürdige Tara[33] zum Beispiel wurde als Frau zum Buddha. Als sie zum ersten Mal den Erleuchtungsgeist in sich erweckte[34], tat sie dies als Frau. Damals gab es mehr Männer, die Buddhaschaft erlangten, als Frauen. Also sagte sich Tara: Möge ich von dem Moment an, in dem zum ersten Mal der Erleuchtungsgeist in mir entstand, über die unzähligen Zeitalter der Ansammlung (von Verdienst und Weisheit) hinweg einzig als Frau wiedergeboren werden, bis ich allerhöchste Erleuchtung erlangt habe. Ich werde als Frau zur Buddhaschaft erwachen – im Körper einer Frau.

Tara war also die konsequenteste aller Feministinnen.

DIE GRUNDLAGEN DER PRAXIS – MEDITATION

Wollen wir nach dem Rat Aryadevas auf dem Weg der Praxis fortschreiten, so folgt nach dem Innehalten im Nicht-Verdienstvollen die Zurückweisung der Vorstellung eines Ich.

Das bedeutet, dass wir über die gröberen Aspekte der Substanzlosigkeit meditieren, die Leerheit von einem individuellen Selbst. Diese Übung vermag zwar die Wurzel der negativen Emotionen nicht zu durchschneiden, wird sie aber mit Sicherheit erheblich schwächen. Die dritte und letzte Phase der Praxis besteht darin, »alle Meinungen aufzulösen«.

Während der zweiten Phase, wenn wir also die Vorstellung von einem Ich zurückweisen, machen wir uns mit allen Aspekten der Substanzlosigkeit eines Ich vertraut. Doch erst wenn wir den subtilen Aspekt der Substanzlosigkeit des Individuums direkt erkannt haben, können wir die negativen Emotionen wirklich abschneiden. Wie auch immer: Beide Phasen bringen uns auf dem Weg zur Erleuchtung voran.

In der religiösen Tradition des alten Indien gab es Weise, welche an die Abfolge mehrere Leben glaubten, und andere, die das nicht taten. Unter denen, die daran glaubten, gab es solche, die von einer möglichen Befreiung aus dem Daseinskreislauf überzeugt waren, andere, die dies in Abrede stellten. Und von denen, welche an die Befreiung glaubten, gab es nicht wenige, die diese als den Eintritt in ein reines Land, ein Paradies, beschrieben. In den heiligen Texten der Nackten Asketen[1] heißt es, dass die »Befreiung« ein Ort sei, der ähnlich beschrieben wird wie ein umgedrehter weißer Sonnenschirm.

Für den Buddhismus ist die Befreiung untrennbar mit der Entwicklung spiritueller Qualitäten verbunden. Solange man sich unter dem Einfluss negativer Emotionen befindet, wird man keinen Augenblick des Glücks erleben. Daher bedeutet Befreiung vor allem die Befreiung von emotionalen Fesseln.

Um die negativen Emotionen in die Schranken zu weisen, ist die Meditation der Geistesruhe[2] sinnvoll. Sie wirkt den gröberen, manifesten Emotionen entgegen, die auf anderem Wege häufig gar nicht mehr beherrscht werden können. Wollen wir die Emotionen jedoch mit der Wurzel ausreißen, müssen wir Weisheit entwickeln. Von den drei Arten der Weisheit, die wir bereits bei der Behandlung des direkten Gegenmittels zu den negativen Emotionen angeschnitten haben, geht es hier um die Weisheit, welche die Leerheit unmittelbar erkennt.

Es gibt also verschiedene Formen der Weisheit: die direkte Einsicht in die Vergänglichkeit, die direkte Einsicht in die Leerheit der individuellen Existenz von Unabhängigkeit und Substanzhaftigkeit und so weiter. Was das direkte Gegenmittel zu den negativen Emotionen angeht, so ist damit die Weisheit gemeint, welche in der unmittelbaren Einsicht in die subtile Leerheit besteht, die subtile Substanzlosigkeit. Damit sich in der meditativen Sammlung Geistesruhe und Höchste Sicht[3] vereinen, müssen wir die Faktoren der Geistesruhe entwickeln. Wenn wir unsere Achtsamkeit[4] steigern, stellt sich langsam vollkommene Geistesruhe ein. Wie wir dies bewerkstelligen, ist nicht weiter von Bedeutung, wenn das Ziel, die »stille Konzentration«, nur erreicht wird.

Die Achtsamkeitsübung beginnt zunächst mit der Entwicklung von Disziplin, die unterschiedlich aufgefasst wird. Es gibt eine Disziplin, die zur individuellen Befreiung führt, eine Disziplin, die den Erleuchtungsgeist hervorbringt, und eine Disziplin auf tantrischer Ebene. Die individuelle Befreiung ist das Ziel von Laien und Ordensmitgliedern gleichermaßen. Die Regeln für Laien umfassen solche, die es ständig zu beachten gilt, und solche, die nur an bestimmten Tagen zu befolgen sind.

Um sie in die Praxis umzusetzen, muss man sich ständig befragen, ob man bei einer bestimmten Handlung gegen diese Regeln verstößt oder nicht. Man konzentriert sich also auf diese Frage, und wenn man feststellt, dass man gerade dabei ist, eine negative Handlung des Körpers bzw. der Rede zu begehen, erinnert man sich daran, dass es nicht sinnvoll ist, die Zügel schießen zu lassen. Wenn man sich dergestalt erinnert, dass diese bzw. jene Handlung nicht erlaubt ist, fragt man sich mit Hilfe der achtsamen Beobachtungsgabe, ob man die Elemente, aus denen eine negative Handlung besteht, nicht schon versammelt hat. Dann macht man sich bewusst, dass diese Handlung unwürdig ist, weshalb sie eine echte Gefahr darstellt. Die Achtsamkeit vermindert das Risiko negativer Handlungen ganz enorm. So können wir sie vermeiden. Auf diese Weise versuchen wir mit Hilfe von Achtsamkeit, Wachsamkeit und der Berücksichtigung unserer Interessen den Regeln der Disziplin Genüge zu tun.

Die Disziplin, die zur individuellen Befreiung führt[5], besteht im Wesentlichen darin, die negativen Handlungen von Körper und Rede zu vermeiden. Sie hat vor allem die Erlangung der persönlichen Erleuchtung zum Ziel. Die Disziplin der Bodhisattvas konzentriert sich hingegen auf die Kontrolle der negativen Handlungen des Geistes: Man verbietet sich einfach die Überzeugung, dass das Eigeninteresse vor dem Interesse der anderen kommt. Daher zielt diese Disziplin auf die Erlangung des Erleuchtungsgeistes ab. Was die tantrische Disziplin anbelangt, so kann ich hier nicht sämtliche Regeln aufführen. Es sind einfach zu viele.

Wie aber kommen wir zur meditativen Sammlung, die in einer Haltung der Achtsamkeit gipfelt? Die Geistesruhe ist eine der zentralen meditativen Übungen des Buddhismus. Doch die Übung der meditativen Sammlung existierte schon lange, bevor der Buddha sie lehrte. Dasselbe gilt für die Einteilung des Daseins in gröbere und subtilere Aspekte.

Doch beides war vor dem Erscheinen des Buddha nicht mit der höchsten Sicht verbunden, welche darin besteht, die Substanzlosigkeit aller Erscheinungen direkt und korrekt wahrzunehmen. Daher kann man durchaus sagen, dass der Buddhismus bei den zeitgenössischen indischen Meistern so manche Anleihe genommen hat. Es könnte sogar geschehen, dass der Dharma sich an anderen mystischen Traditionen inspiriert. Aber natürlich können andere Religionen auch Anleihen beim Buddhismus nehmen.

Die Geistesruhe ist für sich genommen völlig neutral. Entspringt sie aus einer Haltung der Weltabwendung, dann wird sie zur Ursache der persönlichen Befreiung. Ist sie vom Erleuchtungsgeist motiviert, dann führt sie zur allumfassenden Bewusstheit. Ist sie jedoch an die Vorstellung von einem Ich gebunden, handelt es sich nicht um Geistesruhe buddhistischer Prägung. Allgemein gesprochen, geht es bei der Geistesruhe um eine kontemplative Meditationsmethode, während die höchste Sicht[6] eine Form der analytischen Meditation ist. Die Höchsten Yogatantras hingegen sehen die Übung der Geistesruhe eingebettet in die höchste Sicht, welche die direkte Erkenntnis der Leerheit ist. Daher empfehlen die Höchsten Tantras, über die Untrennbarkeit von Geistesruhe und höchster Sicht zu meditieren.

Wollen wir Geistesruhe erlangen, müssen wir zuerst verstehen, was mit »Geistesruhe«, die wir auf Tibetisch *shine* nennen, gemeint ist. Wörtlich bedeutet der Begriff »Zustand des Friedens«. »Frieden« steht hier für die Befriedung des diskursiven Denkens, wenn die geistigen Projektionen, die von all jenen Gedanken hervorgerufen werden, die nicht auf das Meditationsobjekt gerichtet sind, einfach aufhören. Dieser innere Friede bewirkt, dass der Praktizierende in einem gleichmäßigen »Zustand« vollständiger Konzentration verharrt: Daher spricht man in diesem Stadium von stiller Konzentration.

Wenn man auf diese Weise in der Meditation verharrt und die vollkommene Sammlung der Konzentration übt, lernen Körper und Geist mit der Zeit die »Freude der Geschmeidigkeit«[7] kennen: Nur auf diese Weise kehrt vollkommene Sammlung ein.

Im buddhistischen Weltbild gibt es drei Welten und neun Ebenen[8], von denen die vier Dhyanas oder Versenkungsstufen Ebene zwei bis fünf einnehmen.

Die erste Stufe der Versenkung besteht aus der eigentlichen Versenkung sowie aus den zwei »vorbereitenden Sammlungen«. So erreicht man die Versenkungsstufe, die den Namen trägt: »Vorbereitung, mit Hilfe derer alles möglich ist«[9]. Auf dieser Stufe legt man die Grundlage für die Verwirklichung der Qualitäten der Sammlung in den höheren Welten[10]. Eben diesen Zustand bezeichnet man als Geistesruhe. Hat man die vorbereitende Übung zur ersten Versenkungsstufe gemeistert (und Geistesruhe entwickelt), kann man mit der analytischen Meditation beginnen.

Bei der analytischen Meditation richtet man sein Augenmerk zunächst auf das korrekte Verständnis der Natur der höheren und niederen Existenzbereiche, dann schreitet man zu den anderen fünf Achtsamkeitsübungen fort[11]. Danach folgt die Verwirklichung der »vier Sphären der unendlichen Wahrnehmung«, die auf den vorherigen Übungen aufbauen[12]. Diese beginnen mit der ersten Sphärenstufe, auf welche die zweite folgt, dann die dritte und die vierte. Damit ist gemeint: 1. Die Wahrnehmung des grenzenlosen Raumes der Formlosen Welt, die Wahrnehmung des unendlichen Bewusstseins, des Nichts sowie der Sphäre jenseits von »bewusst« und »unbewusst« bis zum Gipfel des Werdens[13]. Die Sammlung wird also immer tief greifender und immer subtiler.

Betrachten wir nun einmal die Objekte der Sammlung bei der Entwicklung der Geistesruhe. Es heißt in den Schriften, es gebe drei Arten von Objekten: das allgemeine Objekt, Objekte, welche die negativen Handlungen reinigen – auch Objekte der Gelehrsamkeit genannt[14] – und Objekte, welche die negativen Emotionen reinigen.

Das allgemeine Objekt[15] ist sowohl Objekt der Übung der Geistesruhe als auch der Übung zur Erlangung der höheren Sicht. Für all jene, die während früherer Lebenszeiten, aber auch bis zu dem Moment, in dem man mit der Meditation beginnt, unter dem ungehinderten Einfluss der negativen Emotionen gestanden haben, gibt es – je nach persönlichem Bedarf – bestimmte Objekte der Konzentration. Diese nennt man »Objekte, welche die negativen Handlungen reinigen«. Welches dieser Objekte konkret angewandt wird, hängt von der Stärke der individuellen Neigung zu Anhaftung und Ablehnung ab. Unter »Objekten, welche die negativen Emotionen reinigen«, versteht man dagegen verschiedene Methoden der Konzentration, die direkt auf bestimmte Emotionen zugeschnitten sind.

Wir können zum Beispiel als Objekt unserer meditativen Konzentration ein Bild des Buddha nehmen. Ein Christ konzentriert sich auf ein Bild Jesu oder der Jungfrau Maria. Ja, sogar Blumen stellen ein geeignetes Objekt dar. Man nennt dieses Objekt auch »Stütze«. Ist die Stütze eine Blume, dann sollten wir uns nicht auf die äußere Erscheinungsform der Blume konzentrieren, sondern auf das Bild der Blume, wie es in unserem Geist erscheint. Wir nennen dies die »Widerspiegelung, die der Sammlung dient«. Damit ist das mentale Objekt gemeint, das die Blume in unserem Geist repräsentiert. Dies ist das Objekt unserer Sammlung. Anfangs jedoch ist es besser, als Objekt der meditativen Konzentration ein Wesen wie den Buddha zu nehmen. Auf diese Weise gewöhnen wir uns an die Übung und lassen uns nicht so leicht ablenken.

Für die Meditation ist die Körperhaltung von entscheidender Bedeutung.

Man kreuzt die Beine und sitzt in Lotus- oder Halblotus-Position[16]. Wer an diese Stellung nicht gewöhnt ist und deshalb Schmerzen in den Beinen empfindet, kann ruhig eine andere Position einnehmen. Wichtig ist nur, dass man gerade sitzt. Die Wirbelsäule ist aufgerichtet wie ein Pfeil. Die Schultern hängen locker nach unten. Das Kinn wird ganz leicht eingezogen, was die Halswirbelsäule ein klein wenig dehnt. Wenn man in dieser Stellung einschläft, schnarcht man weniger und macht nicht so viel Lärm.

Dann legt man die Hände mit geöffneten Handflächen ineinander. Die rechte Hand liegt auf der linken. Die Spitzen der Daumen liegen aufeinander. Die Ellbogen hängen entspannt herab, ohne am Körper zu kleben. Kiefer und Lippen bleiben so natürlich wie möglich. Dann drücken wir die Zungenspitze gegen den Gaumen und richten die Augen auf unsere Nasenspitze, ohne uns dabei anzustrengen.

Im Dzogchen[17] spricht man von den »drei Unbeweglichen«, und das erste »Unbewegliche« ist der Blick, der den grenzenlosen Raum kontempliert. Für den Augenblick allerdings konzentrieren wir uns auf die Nasenspitze. Wenn jemand eine lange Nase hat, ist er ganz entscheidend im Vorteil. Hat man eine eher kurz geratene Nase, schmerzen schnell die Augen, wenn man den Blick auf die Nasenspitze richtet. Gewöhnlich heißt es, dass sich die Nase dann genau über dem Bauchnabel befindet. Anders gesagt: Fiele jetzt ein Kieselsteinchen von unserer Nase herab, so landete es direkt im Bauchnabel. Was natürlich wieder nicht stimmt, wenn man Speck ansetzt, wie mir das in letzter Zeit passiert ist.

Auch für die Atmung gibt es genaue Anweisungen. Wir sollten sanft und gleichmäßig atmen, ohne das Ein- bzw. Ausströmen zu forcieren.

Es gibt zum Beispiel eine Übung, die den Namen trägt: »In neun Zügen die Kadaver des Atems verjagen«[18]. Sie heißt auch schlicht »die neun Atemzüge der Reinigung«, weil man dabei die Atemorgane von jedem Rest der vorherigen Atemzüge befreit. In den tantrischen Methoden wie bei den Sechs Yogas von Naropa[19] ist die Atemübung von bestimmten Körperhaltungen begleitet, sodass man nicht zu zählen braucht.

Zuerst hält man sich die linke Nasenöffnung mit dem rechten Zeigefinger zu. Auch dafür gibt es ganz ausgefeilte Regeln, auf die ich im Moment aber nicht näher eingehen möchte. Verschließen Sie einfach die linke Nasenöffnung mit dem Nagel des rechten Zeigefingers. Atmen Sie ein und dann ganz langsam wieder aus. Dann wiederholen Sie dasselbe mit der anderen Seite. Sie halten die rechte Nasenöffnung mit dem Nagel des linken Zeigefingers zu und atmen zuerst ein, dann langsam wieder aus. Am Ende atmen Sie durch beide Nasenlöcher einmal ein und wieder aus.

In den tantrischen Übungen gibt es dazu noch Anweisungen, welche die Kanäle und die Chakren[20] berücksichtigen. Auch darüber gibt es bereits Bücher. Worauf also sollen Sie achten?

Wichtig ist, dass die verschiedenen Gedanken sich »ausgleichen«. Sobald der Geist sich fest auf etwas richtet, lassen wir uns von unserer Konzentration auf das Einatmen bzw. Ausatmen nicht ablenken. Beim Einatmen denken wir: »Einatmen«. Beim Ausatmen: »Ausatmen«. Wir achten darauf, dass wir an nichts anderes denken. Wenn wir dann auch noch den Gedanken an das Ein- bzw. Ausatmen loslassen und je drei Mal mit der oben beschriebenen Methode den Restatem ausstoßen, dann lässt die Intensität unseres geistigen Tohuwabohus nach.

Wir nehmen die eben beschriebene Meditationshaltung ein. Wollen wir das Meditationsobjekt außerhalb des Körpers visualisieren, sollte es sich auf der Höhe unserer Augen, etwa vier Ellen (circa zwei Meter) von uns entfernt befinden. Natürlich können wir das Meditationsobjekt auch im Innern unseres Körpers visualisieren. Dafür eignen sich die »besonderen Orte« des Körpers[21].

Wie immer unser Meditationsobjekt auch aussieht, wir sollten es uns nicht an einem Tag groß, am anderen klein vorstellen. Es muss regelmäßig dieselbe Größe aufweisen. Zuerst stellt man sich das Meditationsobjekt geistig vor. Das geistige Objekt wird mit Hilfe des »Gedächtnisses der Achtsamkeit« erzeugt und von unserer Wachsamkeit geschützt. Sie achtet darauf, dass der Geist sich nicht von seinem Meditationsobjekt ablenken lässt und nicht wieder der Verwirrung anheim fällt.

Welche Qualitäten muss der Geist entwickeln, um einen bestimmten Grad der Sammlung zu erlangen? Der Geist muss bei seinem Meditationsobjekt bleiben können, doch das ist noch lange nicht alles. Er muss dies auch auf wache, klare, transparente Weise tun. Was den Geist daran hindert, auf seinem Objekt zu ruhen, ist die Kraft der Ablenkung.

Doch auch wenn der Geist bei seinem Objekt verharrt, kann die wache, klare und exakte Art der nicht-abgelenkten Konzentration einer gewissen Benommenheit weichen. Manchmal hegt man nicht den geringsten Gedanken und trotzdem tauchen »Schleier« im Geist auf, die uns das Gefühl von Benommenheit vermitteln. Diese wiederum ist die Ursache für geistige Schwerfälligkeit und Stumpfheit.

Beide Störungen, die Benommenheit sowie die Ablenkung, zeigen sich auf verschiedenen Ebenen: der groben, der subtilen und der sehr subtilen Ebene. Auf der groben Ebene ist beides leicht zu identifizieren und mit dem entsprechenden Gegenmittel zu behandeln. Doch je subtiler beides wird, desto schwieriger ist es, die Störungen zu erkennen und sie zu beseitigen.

Ist der Geist zu lebhaft und zu beweglich, laufen wir Gefahr, abgelenkt zu werden. Hier müssen wir die Gedanken »herunterholen« zu ihrem Ursprung, nach innen. Ist der Geist jedoch schwerfällig und träge, liegt der Geist sozusagen schon am Boden. Wenn wir jedoch total abgelenkt sind, sollten wir auf jeden Fall den Geist bremsen. Ist er weniger beweglich, weniger lebhaft, riskieren wir, in unserer Trägheit zu verharren. All das ist in den Texten genauestens beschrieben. Entscheidend allerdings ist die Erfahrung.

Konzentriert man sich beispielsweise zu stark, dann wird man leicht schläfrig. In diesem Fall denkt man an etwas Freudvolles. Ist man jedoch mit analytischer Meditation beschäftigt, gewinnt der Geist sofort an »Höhe«. Daher müssen wir immer sehr genau beobachten, was geschieht. Wir müssen uns unserer eigenen Erfahrung annehmen und versuchen, unseren Geist auf der richtigen Höhe zu halten.

Gießt man Wasser auf einen Sandhaufen, läuft das Wasser rechts und links ab, ohne in den Sand zu dringen. Welchen Weg es auch wählt, wir müssen versuchen, es aufzuhalten. Von welchem Pol die Störung auch ausgehen mag – Trägheit oder Ablenkung –, wir müssen nur die richtigen Gegenmittel anwenden. Es geht also nicht nur darum, dass der Geist bei seinem Objekt bleibt. Er sollte dabei auch klar, lebendig und präzise bleiben. Auf diese Weise sollten wir meditieren.

Anfangs werden wir genug Mühe haben, den Geist überhaupt bei seinem Meditationsobjekt zu halten. Wenn es uns dann gelingt, die Augenblicke, in denen der Geist ruhig beim Objekt verweilt, zu verlängern, achten wir darauf, dass er sich dabei nicht verkrampft. Wir holen also immer wieder den Geist zu seinem Objekt zurück, den Geist, dessen innere Ruhe sich mit blitzartiger Schnelligkeit verflüchtigt. Den Geist ausrichten, den Geist dauerhaft ausrichten, den Geist erneut ausrichten, den Geist vollkommen ausrichten, den Geist zähmen, ihn befrieden, ihn vollkommen befrieden, den Geist »einsgerichtet« werden lassen, im meditativen Gleichgewicht ruhen. Dies sind die neun Stadien der Geistesruhe[22]. Der Aspekt des Ruhens auf dem Meditationsgegenstand vertieft sich dabei immer mehr.

Wenn Stumpfheit und geistige Erregung nachlassen und man sich von beidem befreit hat, ist kaum noch Anstrengung nötig. Das gilt vor allem für dic letzte Stufe. Dann fassen wir vor der Meditationssitzung den festen Entschluss, die vollkommene Sammlung anzustreben: Bei dieser Sitzung werden wir uns weder von Stumpfheit noch von Erregung ablenken lassen. Die Kraft der Entscheidung trägt uns ohne die geringste Mühe durch die neun Stufen[23], so einfach, als würden wir unsere Gebete rezitieren.

Wenn man lange Zeit von Benommenheit und Erregung frei ist, wenn man sich vollkommen auf das Meditationsobjekt konzentrieren kann, stellen sich allmählich sowohl Geschmeidigkeit des Körpers als auch des Geistes ein. Auf ihnen aufbauend kommt es zur Entwicklung der zwei Formen des Glücks, die von den beiden »Geschmeidigkeiten« abhängen.

Was man wiederum mit »Widerstand«[24] des Körpers und des Geistes meint, ist das, was uns daran hindert, beides zum Guten zu nutzen, auch wenn wir dies wollen. »Widerstand« heißt nicht, dass wir nicht die Absicht haben, das Gute zu tun. Schließlich haben wir alle die Absicht, Gutes zu tun, und doch gibt es etwas in unserer physischen und psychischen Verfassung, das uns daran hindert, dies mit Leichtigkeit zu bewerkstelligen. Hat man sich von den Widerständen des Körpers und des Geistes Stück für Stück befreit, kann man diese Energie sogar zum Guten einsetzen.

Ist man auf dieser Stufe der meditativen Sammlung angekommen, ist der Geist extrem klar und stabil. Die Kraft von Anhaftung und Ablehnung auf der groben Ebene sowie die Gefühle, die durch diese Kräfte verursacht werden, sind sehr viel schwächer geworden. Unter den Tibetern, die nach Indien gekommen sind, gibt es zwar nicht viele, doch einige scheinen diese besondere Erfahrung zu kennen.

Selbstverständlich kann man auch den Geist selbst als Objekt der Meditation auswählen. Mit »Geist« ist hier das Bewusstsein gemeint, das sich unaufhörlich fortsetzt. Die meiste Zeit ist unser Denken nach außen gewandt. Da wir also den Geist keineswegs ständig beobachten, können wir, wenn es um eine Definition eben jenes Geistes geht, eigentlich nur sagen, dass der Geist bzw. das Bewusstsein eine Erfahrung von Klarheit und Erkenntnis ist.

Es ist sehr schwierig, sich innerhalb der Erfahrung die klare, erkennende, ja »erfahrende« Natur des Geistes vorzustellen. Meist haben wir nicht die geringste Vorstellung davon. Daher müssen wir immer und immer wieder versuchen, uns die Qualitäten der Klarheit und Erkenntnisfähigkeit, die dem Geist eigen sind, bewusst zu machen.

Der Geist lehnt sich eng an die äußeren Objekte an: an die Formen, Töne, Gerüche, Geschmäcker und Strukturen, die wir mit dem Tastsinn erfassen. Daher gibt es ein Seh-Bewusstsein, das dazu da ist, die Formen wahrzunehmen. Der Gedanke, der für die Form steht, scheint selbst eine Form zu haben. Wenn dies der Fall ist, wird die klare und erkennende Natur des Geistes durch die Form überlagert bzw. getrübt. Daher müssen wir auf alle Inhalte unseres Gedächtnisspeichers verzichten, auf alle Gedanken, die Erinnerungen wachrufen. Wir müssen sie blockieren, sodass sie nicht aufsteigen können. Auf dieselbe Weise blockieren wir auch alle Befürchtungen oder Hoffnungen, die sich auf die Zukunft richten.

Nehmen wir einen Fluss als Beispiel. Während er dahinströmt, können wir das Flussbett nicht sehen. Bringen wir das Dahinfließen für einen Augenblick zum Innehalten, hört das Fließen auf. Wenn das bereits geflossene Wasser verschwunden ist, erkennen wir den Grund, das Flussbett. Dasselbe geschieht, wenn wir den ununterbrochenen Fluss der Gedanken stoppen. Wenn wir die dauerhafte Brandung geteilt haben, wird eine Form der Leere sichtbar. Dabei handelt es sich jedoch nicht um die Leere der Leerheit, sondern um jene Form der Leere, die sich zeigt, wenn wir sagen: »Dieser Tempel ist leer von Mönchen.«

Die Leere, die sich ergibt, wenn das, was das innere Gespräch ständig mit Stoff versorgt, plötzlich keinen Nachschub mehr bekommt. Wenn wir jedoch diese Leere ein wenig ausdehnen können, von einem Moment zum nächsten, dann erfahren wir die Eigenschaften der Klarheit und des Erkenntnisvermögens, welche das Bewusstsein auszeichnen.

Bei geschlossenen Augen sieht man in diesem Moment mitunter ein unangenehmes Rot. Öffnet man die Augen, dann können sich im eigenen Blickfeld seltsame, lebendige Farbspiele ergeben, was durchaus beunruhigend wirken mag. Sieht man jedoch keine Farbspiele und erlebt vielleicht sogar die Abwesenheit jeglicher visuellen Wahrnehmung, dann ist die Erfahrung äußerst nützlich. Sie hilft uns, allmählich zu begreifen, was mit »einfache Erfahrung von Klarheit und Erkenntnis« gemeint ist.

Auch die Leerheit kann uns als »Stütze« dienen. In diesem Fall nehmen wir den Geist selbst als Objekt. Wir können uns auf eine seiner Besonderheiten konzentrieren oder auf ein Phänomen, das eine Form besitzt. Auch das Ich-Gefühl ist hier geeignet. All dies sind ausgezeichnete Objekte für die Meditation über die Leerheit.

Haben wir also das passende Objekt ausgewählt, sollten wir darauf unsere Analyse konzentrieren. Wir analysieren es im Hinblick auf seine reale Existenz und stellen am Ende fest, dass es keinen substanzhaften Wesenskern hat. Dies ist eine Leere, die sich als Abwesenheit zeigt und der analytischen Verneinung der Substanzhaftigkeit folgt. Sind wir zu dem intellektuellen Schluss gelangt, dass das Objekt in jeder Hinsicht leer ist, und wird uns diese Erkenntnis zur Gewissheit, dann konzentrieren wir uns künftig auf eben jene Gewissheit. Die ist die »Suche mit Hilfe der Meditation«.

Zuerst praktiziert man mit Hilfe eines Meditationsobjektes Geistesruhe. Hat man diese zur stabilen Erfahrung gemacht, folgt die »Suche mit Hilfe der Sicht«, also die Analyse der Situation in einem Zustand tiefer meditativer Versenkung. Hier kommt die Meditation über die Sutras ins Spiel.

Auf den niederen Tantraebenen praktiziert man sodann *samadhi*[25] auf der Stufe des »Yoga mit Zeichen«[26]. Hat man die Geistesruhe noch nicht verwirklicht, dann wird sie sich während des Yoga mit Zeichen einstellen. Spätestens dann, wenn man auf der Stufe des »Yoga ohne Zeichen«[27] in der Meditation Geistesruhe und höhere Sicht in der direkten Einsicht in die Leerheit vereint. In den Höchsten Yogatantras übt man Geistesruhe während der Entwicklungsstufe[28], wenn man sie nicht bereits auf anderem Wege erreicht hat.

So viel also zur Geistesruhe. Was für ein Ziel verfolgen wir mit der Übung zur Geistesruhe? Buddhisten, die nach Befreiung streben, üben sich in der Befriedung des Geistes, weil sie die höchste Sicht anstreben, welche uns erlaubt, die Dinge als das zu erkennen, was sie sind. Damit diese direkte Vision der Leerheit entstehen kann, brauchen wir ein Verständnis für die Natur der direkten Einsicht in die Leerheit[29]. Ohne dieses Verständnis kann sich die höchste Vision der direkten Erkenntnis der Natur einer Sache, die auf die Phase der begrifflichen Auslöschung derselben folgt, gar nicht einstellen.

Wenn wir also von Leerheit sprechen, welche Art der Leerheit ist damit gemeint? Wovon ist die Natur der Dinge leer? Allgemein gesprochen, von einer eigenständigen Existenz, einer Existenz an sich, die in der analytischen Meditation das Objekt der Verneinung ist. Was diese Objekte der Verneinung angeht, so gibt es solche, die man mit Hilfe der Praxis verneint, und solche, die man mit Hilfe der Vernunft verneint. Die Ersteren werden mit Hilfe der Meditation über den Pfad verneint, die Letzteren fallen der logischen Überlegung zum Opfer. Auf diese Weise gelangen wir zu einem Verständnis der Leerheit.

Wie aber können wir hier die Kraft der logischen Verneinung einsetzen? Sie ist es, welche uns den Mangel an eigenständiger Existenz im Objekt der Verneinung zeigt. Dieses Objekt hat nie existiert. Aber wenn es nie existiert hat, wird man einwenden, dann ist es doch auch nicht nötig, es zu verneinen. Aus einem Missverständnis heraus glauben wir also an etwas, das gar nicht existiert. Und dieser Glaube wiederum lässt Ablehnung und Anhaftung in uns aufkeimen, die beide die Macht haben, Leid in uns zu erwecken. Die erzeugende Ursache des Leidens sind also Anhaftung und Ablehnung, die ihrerseits wiederum in der grundlegenden Unwissenheit des Glaubens an eine eigenständige Existenz wurzeln. Wollen wir diesen Glauben ausrotten, müssen wir die mit irrigen Anschauungen behafteten Bewusstseinsmomente ausschalten. Dies jedoch geht nur, wenn wir sie als schädlich zurückweisen.

Wenn man nämlich Gefahr läuft, von einem Übel wollenden Individuum überfallen zu werden, das sich im Dunkeln verbirgt, ist es sinnvoll, sich in Acht zu nehmen. In dieser Situation wäre es kontraproduktiv, würde man sich ständig sagen, dass alles gut ist und keinerlei Gefahr droht. Sobald man nämlich überprüft hat, ob Gefahr droht, und feststellen konnte, dass das nicht der Fall ist, verschwindet die Furcht, die man angesichts der Unsicherheit empfand, von selbst.

Wollen wir uns also vom Glauben an eine eigenständige Existenz lösen, der eine von irrigen Ansichten getrübte Form des Bewusstseins darstellt, müssen wir sicher sein, dass das Objekt vor uns nicht in der Form existiert, wie der naive Realitätsglaube uns dies suggeriert. Dann verliert diese Vorstellung automatisch an Kraft und verschwindet in dem Ausmaß, in dem unsere Meditation voranschreitet. Und das ist dann weit mehr als nur Frucht der logischen Zurückweisung.

Nur die Macht der Gewohnheit ist schuld daran, dass wir an das substanzhafte Vorhandensein der Phänomene glauben. Und genau das lässt uns leiden. Haben wir jedoch die innere Gewissheit entwickelt, dass nichts an sich existiert, können wir der zerstörerischen Macht dieser Überzeugung wirksam entgegentreten.

Das bedeutet nicht, dass das Objekt der Verneinung nicht wirklich vorhanden ist. Die Verneinung ist nur so lange nötig, bis sich die Vorstellung von diesem Objekt als eigenständigem, wirklichem Gegenstand aufgelöst hat[30]. Man verneint die substanzhafte Existenz des Objekts und macht sich bewusst, welche negativen Auswirkungen dieser feste Glaube hatte. Dann wird man vollkommen klar erkennen, dass das Objekt der Verneinung niemals wirklich existiert hat.

Dass etwas nicht an sich existiert, ist doch der beste Beweis für die Tatsache, dass die Existenz des Objekts nicht jene Wirklichkeit besitzt, die wir ihm zubilligen[31].

Wenn das klare Licht des Bewusstseins aus vergänglichen Momenten besteht, wieso kann man sich dann an die Vergangenheit erinnern?

Auch auf der Ebene des gröberen Bewusstseins setzt dieser Strom sich aus einzelnen Momenten zusammen. Das Bewusstsein von gestern ist nicht dasselbe wie das von heute. Was gestern passiert ist, ist heute nicht mehr als eine Erinnerung im Strom eines Kontinuums.

Es heißt doch, dass jeder Augenblick vergänglich ist. Wenn also im Augenblick des Todes, nachdem alles sich aufgelöst hat, nur das klare Licht übrig bleibt, dann würde dies doch bedeuten, dass dieses Träger vergangener Neigungen und karmischer Eindrücke ist?

Wie wir bereits gesehen haben, gibt es einen »Bereich«, in dem sich kurzfristige Tendenzen halten, und einen anderen, der für die Bewahrung langfristiger Neigungen zuständig ist. Letztere sind im grundlegenden Ich-Gefühl verankert. Daher müssen wir uns mit diesem grundlegenden Ich-Gefühl auseinander setzen. Wenn das inhärente ursprüngliche klare Licht des Bewusstseins sich als Weisheit manifestiert, welche direkten Einblick in die Natur des Geistes hat, ist darin natürlich kein Platz für karmische Tendenzen. Daher lagern diese sich gewissermaßen an das grundlegende Ich-Gefühl an. Mache ich mich jedoch auf die analytische Suche nach dem Ich, kann ich es nicht finden. Aber ich kann auch das klare Licht nicht finden, da dieses seinen Namen auf Grund seiner Eigenschaften trägt.

In der *Erkenntnis der Mitte und des Randes*[32], einer Abhandlung von Asanga, heißt es, dass es drei Ebenen des Absoluten gebe: das faktische Absolute, das Absolute, das man erlangt, und das Absolute, das man vollendet. In den Tantras ordnet man das klare Licht der »Vollendungsstufe der absoluten Wahrheit«[33] zu. Im Kapitel XVIII seiner *Schatzkammer des magischen Juwels* stellt

Longchen Rabjampa[34] mehrere Kategorien vor, mit Hilfe derer die zwei grundlegenden Wahrheiten besser erfasst werden können: Als »ursprünglich« oder »inhärent« bezeichnet man die absolute Ebene, während man die relative als »augenblickshaft« klassifiziert. Für Longchen Rabjampa gibt es also die absolute Wahrheit des ursprünglichen, inhärenten Zustands, der frei von flüchtigen Erscheinungen ist. Somit gibt es auch die absolute Wahrheit des ursprünglichen, inhärenten klaren Lichts. Wenn man also die nachfolgenden Texte vor diesem Hintergrund vergleicht, wird man feststellen, dass der Sutraweg eine bestimmte Art des Absoluten sieht, der Tantraweg aber eine andere.

Und was bedeutet Leerheit in einem Tantratext, wie ihn beispielsweise das *Rad der Zeit*[35] darstellt? Jeder dieser Texte hat eine bestimmte Bedeutung. Diese sollten nach Möglichkeit nicht vermischt werden. Sobald man die Worte »absolut« und »Leerheit« ausspricht, meint man, von der immer gleichen »Sache« zu sprechen, nämlich vom Absoluten. Spricht man jedoch von der Leerheit und lässt dabei auch nur einen dieser Begriffe weg, dann ist das Chaos perfekt. Ich erkläre diese Dinge, weil sonst viele Menschen denken mögen, dass das ursprüngliche, inhärente klare Licht auf der Ebene der absoluten Wahrheit wirklich existiert.

Was halten Sie von vegetarischer Ernährung?

Das ist wirklich das Beste. Vegetarische Ernährung sollte wirklich gefördert werden. Auch wenn wir selbst es mit dem Vegetarismus nicht immer allzu genau nehmen, so sollten wir doch, wenn wir Gäste haben, nur Vegetarisches auftischen. Es gibt natürlich auch Menschen, die sich Vegetarier nennen und Fisch oder andere Lebewesen behandeln, als wären sie Pflanzen. Doch wenn man sich wirklich vegetarisch ernähren möchte, dann zählen Krabben, Muscheln und andere »Meeresfrüchte« auch zum »Fleisch«. Ein Vegetarier isst nun einmal per definitionem »nur Vegetarisches«, d.h. Getreide und Gemüse. Wenn die Vegetarier von heute ein Restaurant betreten, haben die Austern und Krebse allen Grund zur Panik.

Kann Hingabe ein Weg sein? Und ist sie für bestimmte Schüler nicht der Weg schlechthin?

Um eine bestimmte Verwirklichung zu erlangen, ist Hingabe ein wesentlicher Punkt. Doch vollständiges Erwachen nur allein mit Hingabe zu erreichen ist sehr schwierig. Es ist besser, über verschiedene Themen zu meditieren.

Kann Zorn einen positiven Aspekt haben, wenn es darum geht, eine negative Situation zu ändern?

Prinzipiell ist ein durch Mitgefühl motivierter Zorn akzeptabel. Die ursächliche Motivation des Handelns ist dann das Mitgefühl, die zeitweise Motivation der Zorn. In den Tantratexten werden Wege erläutert, wie man den Zorn in den Pfad zur Erleuchtung umwandelt. In diesem Fall kann Zorn durchaus Positives bewirken. In den Mahayana-Texten, wo es um den Weg des Bodhisattvas geht, heißt es allerdings, dass man sich niemals vom Zorn überwältigen lassen dürfe. Aber diese Art von Fragen stellt man mir häufig. Offenkundig steckt ein echtes Problem dahinter. Ich will es einmal so ausdrücken: Hat man gerade einen richtigen Schrecken erlitten, sollte man das auch ausdrücken, und sei es durch einen Wutschrei. Im Allgemeinen aber wird Wut, die nicht mit einem Gegenmittel bekämpft wird, ungehindert anwachsen. Und das ist etwas, das nicht sein sollte, ein Problem. Erkennt man, wie sinnlos das ist, verliert der Zorn seine Macht über uns.

Es heißt, dass die Absicht das Karma bestimmt. Ist die Absicht aber nicht ihrerseits wieder vom Karma bedingt?

Warum nicht? Ist zum Beispiel die Tatsache, dass es im Geist negative Emotionen gibt, auf unser Karma zurückzuführen? Vielleicht. Nehmen wir einmal den Fall eines Mannes, der in seinem früheren Leben getötet hat und in seinem jetzigen Leben als Kind Lust am Töten empfindet. Dieser Drang zu töten entsteht aus Prägungen, die sich durch seine gewohnheitsmäßigen Handlungen im früheren Leben gebildet haben.

Wenn die Anzahl der Bewusstseins-Ströme, welche die Gesamtzahl der Wesen ausmachen, weder zu- noch abnimmt, bedeutet das, dass ihre Anzahl von vornherein festgelegt ist oder dass sie unendlich ist, sodass sie gar nicht erst gezählt werden können?
Man kann sie nicht zählen.

Ist Karma nicht nur bei »Bewusstseinsträgern«, also fühlenden Wesen, möglich? Wie können dann Form und Farbe einer Blume vom Karma abhängen, wo eine Blume doch gar kein Bewusstsein aufweist?
Wer vielfarbige Blumen liebt und deshalb viele in seinem Garten hat, projiziert damit sein Karma in die Welt. Die Blume hat keine Empfindungen, die ihr aus ihrer Form oder ihrer Farbe zuwachsen. Doch der Mensch, der sich an der Blume erfreut, bzw. das Insekt, das sie bestäubt, haben Empfindungen, die von Ursachen und Bedingungen hervorgerufen werden. Diese erlauben ihnen, sich an der Blume zu erfreuen, und die wiederum hat Einfluss auf das Karma des empfindenden Wesens.

Deshalb hat – allgemein gesprochen – der Zustand der Welt durchaus mit dem Karma der Wesen zu tun, die darin leben. Daher gibt es auch eine karmische Beziehung der Menschen zu den zusammengesetzten Phänomenen ihrer Umwelt: Wäldern, Blumen, Wüsten. Welcher Art aber ist diese Beziehung? Das lässt sich leider nicht feststellen. Ich denke, dass die Welt im Großen und Ganzen aus den vier Elementen besteht. Auch die fünf inneren Elemente[36] lassen sich in grobe und subtile Aspekte aufteilen. Die tiefgründigste und subtilste Ebene der Elemente hängt mit dem klaren Licht zusammen. Auf dieser Ebene gibt es also auf jeden Fall eine klare Verbindung. Darum geht es unter anderem im *Großen Kommentar zum Rad der Zeit* von Mipham Rinpoche[37]. Abgesehen von dieser Verbindung sind die anderen Zusammenhänge keineswegs klar.

Die Welt, die uns umgibt, ist also eine Projektion universellen Karmas. Ich persönlich glaube, dass ihre subtilen Details den Naturgesetzen der Biologie und Chemie gehorchen. Mittlerweile unterscheidet man ja zwischen Belebtem und Unbelebtem. Eine Blume ist kein menschlicher Körper. Da gibt es entscheidende Unterschiede. Wenn man bis zu den Teilchen zurückgeht, die während des Urknalls entstanden, findet man allerdings kein Teilchen, das man als »Muskelmasse« hätte bezeichnen können. Auch kein Blumen- oder Felsteilchen. Im *Tantra vom Rad der Zeit* spricht man von Raumteilchen, die – meiner Meinung nach – im Augenblick des Urknalls existiert haben. Ich glaube, dass diese Raumteilchen sich im Laufe der Evolution immer stärker differenziert haben, sodass wir am Ende Teilchen hatten, aus denen unter dem Einfluss von Karma Felsen, Blumen und menschliche Körper entstehen konnten. Auch die Physiker gehen davon aus, dass die Teilchen am Beginn der Welt sehr subtil und wenig differenziert waren. Ich weiß nicht, wie diese Teilchen genau genannt werden, doch es handelt sich bei diesen Fragen um Probleme sehr subtiler und abstrakter Natur.

Wenn die Unwissenheit dem Bewusstseinskontinuum eigen ist und dieses keinen Anfang hat, dann kann doch die Unwissenheit kein Ende haben, da das Kontinuum kein Ende erfährt?

Man kann zwar die Unwissenheit am Fortdauern hindern, aber nicht das Bewusstseinskontinuum. Auch das Individuum ist einfach da. Das Gegenmittel der Unwissenheit ist Weisheit. Die Unwissenheit hat keine logische Stütze, die Weisheit hingegen schon. Am Ende dieses einzelnen Lebens ist unser Bewusstsein immer noch da, wenn wir jedoch als Gegenbeispiel die Wut nehmen, stellen wir fest, dass sie kommt und wieder vergeht. Wenn wir viel über mitfühlende Liebe meditieren, die das Gegenteil von Wut ist, wird unser Zorn mehr und mehr seine Macht verlieren. Im Augenblick des Todes vergeht nur das Bewusstsein dieses Lebens. Den Hass kann man abstellen, das Bewusstsein nicht.

Es ist im Buddhismus viel von den fünf Aggregaten die Rede? Was ist damit gemeint?

Form, Empfindung, Wahrnehmung, Geistes-Verknüpfungen[38] und Bewusstseinsformen.

Welcher Unterschied besteht zwischen dem Kontinuum des klaren Lichts und den Raumteilchen?

Die Raumteilchen haben eine Form, eine subtile zwar, aber es ist doch eine Form. Das klare Licht ist reines Bewusstsein. Die Raumteilchen haben keinen Anfang, und ich weiß nicht, ob sie ein Ende haben. Vielleicht haben sie kein Ende. Warum? Nun, es gibt zahllose fühlende Wesen. Wenn sie nicht irgendwie aufhören, wird das immer so weitergehen. Wenn ihre Wünsche nicht aufhören, dann kommt ihr Bewusstseinsstrom niemals zu einem Ende. Unendlichkeit, Grenzenlosigkeit: Es ist sehr schwer, ein Ende zu sehen.

Wenn alle Menschen Buddhas geworden sind, was geschieht dann?

Wir machen eine Riesenparty.

Ist angesichts der dauerhaften Gewalt auf dieser Welt Gewaltlosigkeit wirklich das richtige Mittel?

Ich bin davon überzeugt. Gewalt ruft immer Gegengewalt hervor. Auf diese Weise gelangen wir nie zu einem Ende. Meiner Ansicht nach ist dies das Jahrhundert der Gewalt. Doch wenn wir alle uns Gewaltlosigkeit zum Ziel setzen, kann das kommende Jahrhundert ein Zeitalter des Dialogs werden.

DIE WURZEL DER UNWISSENHEIT DURCHTRENNEN

Von den Vier Edlen Wahrheiten und den zwei grundlegenden Ebenen der Wahrheit sind wir zur Zuflucht gekommen. Nun bleibt uns noch zu erfahren, wie die Zuflucht uns zur letztendlichen umfassenden Bewusstheit führt und die Würde des Siegreichen[1] verleiht. Der Weg dorthin führt über drei Stationen. Die Erste ist es, nicht-verdienstvolle Handlungen zu unterlassen. Auf der zweiten Stufe müssen wir die negativen Emotionen überwinden. Mit der dritten Stufe löschen wir alle negativen Prägungen, welche die negativen Emotionen in der Vergangenheit bei uns hinterlassen haben.

Da wir uns mit Punkt eins bereits beschäftigt haben, fahren wir mit der zweiten Stufe fort. Um die negativen Emotionen zu beseitigen, müssen wir über die transzendente Weisheit meditieren, und zwar auf der Basis von Disziplin und Geistesruhe. Auf diese Weise gelangen wir zur direkten Einsicht in das Wesen der Substanzlosigkeit. Wir müssen also einen Sinn für die Nicht-Substanzhaftigkeit entwickeln.

Alle buddhistischen Denker sind sich einig, dass es die grundlegende Unwissenheit ist, die uns immer wieder in den Kreislauf von Tod und Wiedergeburt zurückholt. Warum aber muss unbedingt die Unwissenheit der Übeltäter sein?

Niemand möchte leiden. Wir alle wollen eigentlich letztlich nur eines: glücklich sein. Andererseits scheinen wir schier mit Vorsatz die Ursachen für gegenwärtiges und künftiges Leid zu schaffen. Dies aber kann nur aus einer fundamentalen Verwirrtheit heraus geschehen. Hätten wir eine klare Sicht der Dinge, würden wir doch die Ursachen für das Glück schaffen, das wir anstreben. So wünschen wir uns zwar Glück, doch auf Grund unserer Verwirrung handeln wir so, dass das Gegenteil eintrifft. Daher ist unsere Existenz den Leiden von Samsara unterworfen und unsere Unwissenheit erweist sich als Ursache des Kreislaufs der Wiedergeburten. Aus diesem Grund hat die Unwissenheit die Macht, Samsara ins Leben zu rufen.

Wenn es nun darum geht, die Natur dieser Unwissenheit zu erkunden, müssen wir feststellen, dass es zu diesem Thema genauso viele und ebenso subtile Erklärungen gibt wie zur Natur der Substanzlosigkeit. Wollen wir der Unwissenheit ein Ende setzen, dann ist es nötig, dies aus einem Geisteszustand heraus zu unternehmen, der ihrer Natur entgegengesetzt ist. Ein Geisteszustand, der der Natur der Unwissenheit nicht entgegengesetzt ist, würde sie nur angreifen, sie jedoch nicht wirklich treffen.

Daher schreibt beispielsweise Chandrakirti: »Da die Liebe der Verwirrung nicht entgegenwirkt, kann sie negatives Handeln auch nicht abstellen.«

Mit anderen Worten: Da Liebe und Mitgefühl nicht dazu führen, die Dinge auf eine Weise zu sehen, die der Unwissenheit widerspricht, können sie das Problem nicht an der Wurzel beseitigen. In seinen *Vierhundert Strophen* schreibt Aryadeva:

Der Keim der Zukunft ist das Bewusstsein.
Sein Aktionsraum sind die Erscheinungen des Bewusstseins.
Erkennt man erst, dass diese Erscheinungen
ohne Substanz sind,
wird der Keim der Zukunft an seiner Entfaltung gehindert.

Setzt man nun das Bewusstsein, welches den Keim der Zukunft bildet, mit dem Bewusstsein im Allgemeinen gleich, dann hieße das, der Zyklus von Tod und Wiedergeburt würde bestehen bleiben, solange es Bewusstsein gibt. Samsara könnte nur dann enden, wenn es kein Bewusstsein mehr gäbe. Doch dies widerspräche nicht nur den Ausführungen Nagarjunas, sondern auch den Fakten.

Das Bewusstsein, das von der grundlegenden Unwissenheit getrübt ist und uns im Zyklus der Existenzen hält, kann also nicht mit dem Bewusstsein im Allgemeinen identisch sein, sondern stellt eine Sonderform dar. Um uns von der grundlegenden Unwissenheit zu befreien, die den Keim zukünftiger Existenzen in sich trägt, müssen wir also die Substanzlosigkeit der Erscheinungen erkennen, die wir bislang als eigenständig existent wahrnehmen, eben weil wir von der Unwissenheit geblendet sind: Dann wird auch das Bewusstsein, das die Keime zukünftiger Existenzen in sich trägt, sein Ende finden.

Wenn wir den Erscheinungen also keine Substanzhaftigkeit zubilligen können, wie sollte denn dann diese unabhängige Existenz beschaffen sein, die ihnen offenkundig mangelt? Wieder gibt uns Aryadeva in seinen *Vierhundert Strophen* Antwort:

Was abhängig existiert,
kann nicht unabhängig sein.
Da alles abhängig existiert,
ist alles ohne eigene Existenz.

Jede Erscheinung, die in Abhängigkeit existiert, ist keine unabhängige Einheit. Da alle Erscheinungen, die sich im Ich bzw. in den Aggregaten spiegeln, nicht unabhängig existieren, sagt man, sie seien frei von substanzieller, eigenständiger Existenz. Wir weisen hier also generell die Vorstellung von einer unabhängigen Existenz zurück. Hierin stimmen alle Madhyamika-Schulen überein: Das unabhängige Sein gilt ihnen als etwas, das zurückzuweisen ist.

Geht man jedoch näher auf die Details ein, als wir das bislang getan haben, stellt man fest, dass alle drei Begründer der verschiedenen Madhyamika-Traditionen, angefangen bei Buddhapalita, sich dazu ganz präzise geäußert haben. Der Kommentar von Buddhapalita zur *Grundlegenden Abhandlung* Nagarjunas wurde von Bhavaviveka kritisiert. Auf diese Kritik antwortete wiederum Chandrakirti, indem er einige Punkte klarstellte.

Welche eindeutigen Schlüsse kann man also aus dem ziehen, was diese drei Meister zurückgewiesen, akzeptiert, eingewandt und widerlegt haben? Bhavaviveka und seine Schüler zeigten, dass von einem bestimmten Blickwinkel des Mittleren Weges aus betrachtet alles, was wir aktuell als Formen bzw. Phänomene wahrnehmen, was also unabhängig erscheint, auf der konventionellen Ebene tatsächlich existiert, so als habe es eine objektive Existenz.

Die Natur dieser Erscheinungen bezeichnen sie als »unabhängige Realität« und fassen sie als Realität auf, die existiert. Der Geist, der diese unabhängigen Erscheinungen wahrnimmt, befindet sich ihrer Ansicht nach nicht im Irrtum, was diese wesensmäßig realen Phänomene betrifft. Was aber bedeutet das? Dass die »unabhängige Realität« auf der Ebene der konventionellen Wahrheit tatsächlich existiert.

Buddhapalita und Chandrakirti hingegen gehen davon aus, dass auch diese Realität keine wahre Existenz aufweist. Wenn wir sie also als solche wahrnehmen, unterliegen wir einem Irrtum. Dabei ist bei dem einen Meister von wahrer Erkenntnis die Rede, wohingegen der andere von irriger Anschauung spricht. Darin ist bereits angedeutet, welches Konzept sie genau als »Objekt der Verneinung« betrachten, worin sich wieder gewisse Unterschiede im Grad der Subtilität jedes Systems erkennen lassen.

Innerhalb des Mittleren Weges der Madhyamika-Tradition gibt es also Schulen, welche eine unabhängige Realität auf der konventionellen Ebene akzeptieren, und andere, die das nicht tun. Es wäre jedoch besser, wenn hinsichtlich der Auffassung, die ich Ihnen hier präsentiere, keinerlei logische Zweifel mehr blieben. Diese Auffassung akzeptiert keine Form der unabhängigen Existenz, nicht einmal auf dem Niveau der konventionellen Wahrheit. Und wie sehr wir diese Auffassung auch logisch auf den Kopf stellen mögen, so werden wir doch keine unzulässigen Schlussfolgerungen finden, wenn es darum geht, dass es keine unabhängige Realität gibt, nicht einmal auf der konventionellen Ebene. Und wir können sogar nachweisen, dass diese Auffassung bereits bei Nagarjuna und seinem Schüler Buddhapalita angelegt ist.

Hat man durch logische Folgerungen die Existenz einer unabhängigen Wirklichkeit, und sei es nur auf konventioneller Ebene, gültig zurückgewiesen, besteht die Gefahr, in Nihilismus zu verfallen, wenn man darüber nachdenkt, was nun noch »übrig« bleibt. In der *Grundlegenden Abhandlung* von Nagarjuna findet man auch genau diese Kritik der »Realisten« an der Madhyamika-Schule. Ihr Hauptargument ist im Wesentlichen folgendes: Ihr behauptet, dass alles seiner Natur nach leer ist, zumindest leer von einer Existenz an sich. Wenn alle Phänomene jedoch ihrer Natur nach leer sind, jedes seinem Wesen nach leer ist, könnte nichts mehr existieren. Kein Phänomen hätte noch eine Natur, ein Wesen und bestimmte Attribute. Daher ist eure Philosophie nichts anderes als Nihilismus.

So lauten die Einwände der Anhänger des Kleinen Fahrzeugs, die an eine Existenz der Phänomene glauben. Und sie fahren fort: Ihr lehnt beispielsweise die vier Arten des Entstehens[2] ab. Ihr behauptet, dass die Wirklichkeit weder ist noch nicht ist. Dass sie frei ist von begrifflichen Konstrukten, die mit Sein oder Nicht-Sein zu tun haben[3]. Dann aber lauft ihr Gefahr, euch mit dem schieren Nichts zu befassen.

Nagarjuna antwortete darauf wie folgt: Da die Ansicht der Madhyamikas auf der letztendlichen Intention des Siegreichen beruht, meinen sie mit »Nicht-Existenz an sich« die Tatsache, dass alle Dinge in wechselseitiger Abhängigkeit entstehen und also nicht für sich und an sich existieren. Die Madhyamikas behaupten nicht, dass – da die Dinge auf der absoluten Ebene nicht existieren – jegliche Form der Existenz mit ihrem Wesen unvereinbar sei.

In der *Grundlegenden Abhandlung* steht zu lesen, dass alles, was in wechselseitiger Abhängigkeit entsteht, nicht aus sich selbst heraus existieren kann. Alles, was nicht aus sich selbst heraus existieren kann, hat also keine wesensmäßige Eigenexistenz. Was jedoch auf diese Weise frei von Substanzhaftigkeit ist, wird leer genannt, und zwar seiner Natur nach leer.

Folglich ist alles, was nicht substanzhaft existiert, seinem Wesen nach abhängig. Im Ausdruck »abhängige Zuschreibung« bedeutet »abhängig«, dass etwas nicht autonom, aus eigener Kraft, existiert: Was von anderem abhängt, existiert per se nicht autonom. So fällt die Grenze zum Sein an sich. Da ein Objekt nicht unabhängig entstehen kann, ist das, was man für das Objekt hält, nichts weiter als eine »Zuschreibung« oder »Beifügung«, womit die begriffliche Existenz gemeint ist. Von allem, was als Begriff existiert, kann man aber nicht behaupten, es existiere überhaupt nicht.

Andererseits existiert ein Begriff ja nicht auf der realen Ebene. Es geht also um eine Einheit, die zwar nicht an sich existiert, jedoch auch nicht vollkommen inexistent ist. Solch eine Einheit kann durchaus dem Gesetz von Ursache und Wirkung unterliegen und positive oder negative Eindrücke hervorbringen. Was nur als Begriff existiert, ist eine abhängige Erscheinung, auch wenn das nicht heißt, dass es keine echten Wirkungen haben kann.

So sehen die Madhyamikas, die Schüler des Mittleren Weges, die Dinge. Diese Sicht geht auf Chandrakirtis *Einführung in den Mittleren Weg* zurück. Dieser war der Auffassung, dass es unmöglich sei, die Substanzlosigkeit des Individuums vollkommen zu erfahren, wenn man nicht gleichzeitig die Substanzlosigkeit der Phänomene erkannt habe und noch Gedanken anhänge, welche diesen eine wie auch immer geartete Realität zubilligen.

Was bedeutet dies nun? Die Vernunft eines Menschen, der die wesensmäßige Substanzlosigkeit des Individuums voll erfasst hat, wird sich der Einsicht, dass auch der Glaube an eine Substanzhaftigkeit der Phänomene nur Anhaftung ist, nicht verschließen können. Diese Einsicht ergibt sich aber erst, wenn der Vorgang der Verneinung (der substanziellen Existenz eines Ich) in der analytischen Meditation zu einem Ende gelangt ist. Denn – wie es in den Texten heißt – die Substanzlosigkeit des Individuums und die der Phänomene hängen eng zusammen. In der *Juwelenkette*[4] heißt es:

> Solange der Glaube an die Realität der Aggregate besteht,
> existiert auch der Glaube an die Realität des Ich.

Mit anderen Worten: Solange man nicht die Fähigkeit erworben hat, die Objekte des Anhaftens zurückzuweisen, an die der naive Glaube an die wahre Existenz der Aggregate sich klammert, bleibt auch die Vorstellung von der wahren Existenz eines Ich wirksam. Das individuelle Ich, von dem die Svatantrikas und die niederen Fahrzeuge überzeugt sind, ist jedoch nichts weiter als der grobe Aspekt des Ich-Glaubens. Mit der Substanzlosigkeit des individuellen Ich ist die Tatsache gemeint, dass es kein absolut unabhängiges individuelles Ich gibt. Die Substanzlosigkeit der Phänomene hingegen bezieht sich auf die Tatsache, dass die Aggregate (hier als Beispiel für alle Erscheinungen) keine wirkliche Existenz aufweisen.

Die direkte Erkenntnis der Substanzlosigkeit des Ich sowie die direkte Erfahrung der Substanzlosigkeit der Phänomene stellen zusammen einen Frontalangriff auf den Realitätsglauben dar. Damit wiederum ist der »Realismus« gemeint, der sich an das Ich klammert, als wäre es selbst-existent, aber auch jener »Realismus«, der die Aggregate bzw. die Welt für selbst-existent hält.

In welcher Ordnung tauchen die beiden Formen des Realitätsglaubens nun auf? Die grundlegende Unwissenheit, die darin besteht, dass den Aggregaten eine wahrhafte Existenz zugesprochen wird, ist die Basis für die Ausbildung der Unwissenheit, die an die Realität des Individuums glaubt.

Wenn das »Ich« sich dem Geist präsentiert, fungieren die Aggregate einerseits als Grundlage der Begriffsbildung und stellen sich andererseits dem Geist als dessen Objekte dar. Fühlen wir uns nicht genau in diesem Augenblick als »ich«? Ich bin mir nicht sicher, ob dies für alle direkten Formen der Erkenntnis der Substanzlosigkeit gilt, doch gewöhnlich ist die Substanzlosigkeit des Ich leichter zu erfassen, weil es ein Substrat[5] hat, das analysiert werden kann. Daher beginnt man mit der Analyse der Substanzlosigkeit des Ich und wendet sich der wesensmäßigen Nicht-Existenz der Phänomene erst später zu.

Wird während der analytischen Meditation nun die Existenz einer äußeren Form bzw. aller anderen Phänomene zurückgewiesen? Nein, keineswegs. Es geht vielmehr darum, dass die äußere Form bzw. alle anderen Phänomene keine Existenz aus sich selbst heraus besitzen. Und doch hören für einen Menschen, der die Natur der äußeren Form bzw. der anderen Erscheinungen erkannt und die Leerheit vollkommen realisiert hat, diese Dinge auf zu sein. Sie erscheinen nicht mehr als solche, d.h. in dieser Existenzform.

Der Geist, der die äußere Form und die anderen Phänomene der Erscheinungswelt analysiert, sucht nur nach ihrer Natur und nach nichts anderem. Der Geist, der die wahre Seinsweise der Form und der anderen Phänomene sucht, wird nicht fündig. Die Dinge, die dem oberflächlichen Blick »formhaft« erscheinen, existieren nicht auf diese Weise. Und das gilt für alle Phänomene. Für den Geist, der sich auf die Suche nach ihrer wahren Seinsweise begibt und diese zu seiner inneren Gewissheit gemacht hat, erscheinen sie nicht mehr. Das ist alles. Und es bedeutet nicht, dass die äußeren Formen bzw. andere Phänomene der Erscheinungswelt tatsächlich aufhören oder plötzlich nicht mehr existieren.

Das Seh-Bewusstsein zum Beispiel nimmt keine Töne auf. Wir können also die Existenz eines Tones nicht deshalb in Frage stellen, weil das Seh-Bewusstsein ihn nicht wahrgenommen hat. Das Seh-Bewusstsein ist auf die Wahrnehmung von Formen ausgelegt. Es eignet sich nicht zur Wahrnehmung von Tönen. Wir können also nicht sagen, dass es den Ton nicht gebe, weil wir ihn nicht sehen können. Der Ton ist das dem Hör-Bewusstsein zugeordnete Objekt, das auf die Wahrnehmung dieser Art von Objekten ausgerichtet ist. Er kann nicht zum Objekt des Seh-Bewusstseins werden.

Ebenso kann der Geist, der sich auf die reale Existenz der Dinge konzentriert, alles, was auf diese Weise existiert, nicht finden, wenn er danach sucht. Doch die Tatsache, dass er sie nicht sieht, bedeutet nicht, dass es sie nicht gibt. Er erfasst sie ja nur deshalb nicht, weil er nicht darauf ausgerichtet ist. Der Verstand, der nach der realen Seinsweise der Formen, Empfindungen und der anderen Phänomene sucht, kann sie also nicht finden. Das bedeutet aber nicht, dass er sie als inexistent erkennt oder die Tatsache ihrer Existenz mit gültigen Argumenten zurückweisen kann.

Wenn alle konzepthaften Vorstellungen sich während der Meditation im Raum dieser vollkommenen Geistesruhe auflösen, dann werden sie einfach nicht mehr wahrgenommen. Aus diesem Grund erscheinen sie in dieser Dimension nicht mehr. Das ist alles. Das bedeutet aber nicht, dass die Welt der konzepthaften Wahrnehmungen nicht existiert.

Im *Eintritt in das Leben zur Erleuchtung*[6] von Shantideva steht zu lesen, dass weder Formen, Töne oder andere Phänomene der Wahrnehmung noch das Bewusstsein, das sie wahrnimmt, je gültig widerlegt werden können. Es ist der Inhalt des Gedankens, meint Shantideva, die Vorstellung, welche diesen Phänomenen eine wahre Existenz zubilligt, sie ihnen also »beifügt«. Dies ist die Ursache des Leidens, die zurückgewiesen werden muss, nicht die Objekte des Bewusstseins und das Bewusstsein selbst, in dem sie auftauchen.

Was also ist Objekt der Zurückweisung? Der Glaube an eine reale Existenz, der zur Ursache des Leidens wird – ihn widerlegen wir. Daher ist es so wichtig, zwischen »Existenz« und »wahrhafter Existenz« zu unterscheiden.

Was aber ist »Existenz«? »Existenz« ist nichts weiter als ein Begriff. Und was ist dann »wahrhafte Existenz«? Dies ist die »objektive«[7] Existenz. Wenn wir mit einem Objekt konfrontiert sind, dann nehmen wir zunächst nicht seine begriffliche Existenz wahr, sondern seine objektive Natur.

Wenn der Geist diese Objekte wahrnimmt, dann können wir denken, dass sie so existieren, wie sie erscheinen, oder wir können das nicht tun. Man kann sie sogar wahrnehmen in dem Glauben, sie seien so, wie sie uns erscheinen. Solange man sie nicht gründlich analysiert hat, scheinen sie objektiv zu existieren.

Nehmen wir zum Beispiel weiße Lilien. Man kann von ihnen denken, dass sie weiß sind. In diesem Fall denkt man nur einfach, dass sie weiß sind. Man denkt nicht, dass sie tatsächlich so sind, wie sie aussehen. Es gibt eine Erscheinung »Blume«, und die simple Tatsache des Erscheinens scheint ihr eine objektive Existenz zu verleihen. Tatsächlich nehmen wir sie als Basis für die Begriffsbildung wahr, als Objekt. Aber wenn wir einmal von der direkten und unmittelbaren Wahrnehmung der Leerheit absehen, sind alle Wahrnehmungen illusorisch.

Was meine ich damit? Dass alle Bewusstseinsformen oder Geisteszustände, in denen die Objekte als objektiv existierend aufscheinen, in Wirklichkeit nichts als Gedanken sind, von irrigen Anschauungen getrübtes Bewusstsein. Ausgenommen das Bewusstsein, das die Leerheit direkt erfährt. Daher heißt es in den Texten, dass alle Anschauung fehlgeleitet sei.

Man kann die Blumen nun schön finden und eine gewisse Anhaftung daran entwickeln: Man beschließt im Geist, dass sie objektiv schön sind, und in diesem Augenblick entsteht der Glaube an die »reale Schönheit« dieser Blumen. Der Geist, der diese Blumen wahrnimmt, ist vom Gedanken an sie ausgefüllt, da sie ihm wie eine objektive Realität vorkommen. Wenn man aber glaubt, dass etwas eine objektive Realität besitzt, dass es so ist, wie es erscheint, und sein Erscheinen daher von anderen Faktoren unabhängig ist, dann ist man dem »naiven Realismus« erlegen.

Vor all dem jedoch gibt es einen Augenblick, in dem nicht zwischen real und irreal unterschieden wird, in dem einfach nur die Bewusstheit dieser Blume besteht. Danach verspürt man eine leichte Anziehung im Hinblick auf die Blumen. Man denkt, dass da ein unabhängig existierendes Objekt da ist, das wir haben möchten, und weil es unabhängig von uns ist, scheint dieser Wunsch auch gerechtfertigt. In diesem Augenblick billigen wir der Blume eine Existenz zu, die sie nicht hat: Das ist unser naiver Glaube an die Realität dieser Blume.

Wer jedoch ein gutes Verständnis der Tatsache entwickelt hat, dass die Phänomene nicht real existieren, nimmt die Blumen, wenn sie ihm erscheinen, als objektiv existierend wahr. Doch da sie nur auf der Ebene des bloßen Auftauchens im Bewusstsein objektiv existieren, denkt er, dass die Blumen, auch wenn sie objektiv zu existieren scheinen, dies doch nicht tun. Auf diese Weise nimmt man die Blumen wahr, ohne ihnen eine reale Existenz zuzuschreiben.

Man kann Blumen also auf drei verschiedene Arten wahrnehmen: 1. ohne ihnen eine reale bzw. irreale Existenz zuzuschreiben; 2. ihnen eine reale Existenz zuschreibend; 3. sie vom Standpunkt der Leerheit betrachten und ihre Irrealität erkennen, was nur jenen möglich ist, welche die direkte Einsicht in die Leerheit verwirklicht haben.

Tatsächlich ist das Sein rein begrifflich. Nichts besaß je eine objektive Existenz. Doch da jede Existenz gute und schlechte Auswirkungen haben kann, muss etwas da sein, was diese Auswirkungen verursacht. Allerdings ist es unmöglich, dieses »etwas« zu identifizieren. Es ist tatsächlich nicht zu finden. Es kann nicht das Nichts sein. Es kann aber auch nichts sein, das objektiv existiert. Das ist absolut unmöglich. Daher sagt man, dass die Dinge nur auf der Ebene der Begriffe existieren, auch wenn der Begriff mit dem Ding gar nichts zu schaffen hat.

Das Wort »rein« im Ausdruck »rein begrifflich« bedeutet nicht, dass die einzig wirkliche Realität die Begriffe sind. Damit soll nicht gesagt werden, dass es nur Namen gibt und keine Objekte. Denn zu jedem Namen muss ein Objekt gehören. Ein Name bzw. Begriff kann nämlich auch falsch sein. Gäbe es nur Begriffe und nichts sonst, dann hätte es wohl keinen Sinn, wenn man überprüfte, ob ein Name bzw. ein Begriff »stimmt«, d.h. seinem Objekt entspricht. Es gibt also Objekte, die keine Namen sind, und trotzdem kann man nichts über sie aussagen. Wenn ein Objekt einem bestimmten Begriff entspricht, dann existiert es zwar, aber worin besteht seine Natur? Nur im Begriff. So ist dies also ein benennbares Objekt, dessen Sein von seinem Namen abhängt: Es hat keine unabhängige, objektive Existenz.

Diese Seinsweise, die nicht nur simple Nicht-Existenz des Objektes ist, ist eine Existenz, die von seiner Bezeichnung abhängt, von der Benennung auf der konventionellen Ebene. Sie entsteht also durch die Macht des Namens und hat keine objektive Existenz. Wenn man jedoch wissen will, von welchem Objekt man spricht, wenn man von einer realen Existenz spricht, dann lässt sich dieses Objekt nicht finden. Dies sollte man begriffen haben, wenn man sagt, dass die Dinge nicht ihrer Natur nach existieren.

Für die Madhyamika-Svatantrikas jedoch gibt es eine objektive Existenz. Auch für sie ist die Existenz nichts weiter als ein Begriff, doch sie bezeichnet in ihren Augen nicht – wie ich dies gerade vorgestellt habe – eine rein begriffliche Existenz ohne objektive Grundlage. Ihrer Ansicht nach existiert das, was erscheint, für das gesunde – also nicht durch vergängliche Ursachen des Irrtums[8] getrübte – Bewusstsein als unabhängige, objektive Realität. Was erscheint, existiert auf der Ebene der Konvention als objektive Realität. Da diese Erscheinung die Wahrnehmung eines »gesunden« Bewusstseins ist, sehen die Nicht-Prasangikas darin etwas, das objektiv und unabhängig von seiner Bezeichnung existiert.

Kurz zusammengefasst: Wenn die Dinge ihrer Natur nach existieren würden, müssten wir annehmen, dass zum Beispiel ein realer Matthieu existiert, der dem Namen »Matthieu« zugeordnet wird. Stellen wir uns also ein unabhängiges reales Wesen namens Matthieu vor. Danach könnten wir den Gedanken hegen: »Der Mönch Matthieu ist dort.« Dieser Gedanke würde dem Objekt entsprechen. Wäre dieser Name nun nicht durch einen Benennungsvorgang an »Matthieu« gebunden und würde das Wort »Matthieu« auch nicht existieren, weil es einem gesunden Bewusstsein erscheint, sondern besäße irgendeine außergewöhnliche Form der Existenz[9], würde es ja genügen, dass jemand die physische Erscheinung »Matthieu« wahrnimmt, um seinen Namen zu kennen. Dies ist jedoch nicht der Fall. Vielmehr erscheint etwas so, als würde es objektiv und seiner Natur nach existieren. Dieser Erscheinung wird dann ein Name zugeordnet. Diese Allianz von Methode und Erkenntnis ermöglicht uns, die Erscheinung als etwas wirklich Existierendes wahrzunehmen. Auf diese Weise existieren die Phänomene für die Svatantrikas[10].

Für die Prasangikas liegen die Dinge anders. Für sie ist die Existenz etwas rein Begriffliches. Ihr eignet unter keinen Umständen eine objektive Komponente. Die Texte des Mittleren Weges geben hier sehr häufig das Beispiel von Seil und Schlange. Im Halbdunkel eines Raumes liegt zusammengerollt ein gesprenkeltes Seil. Jemand könnte dieses Seil für eine Schlange halten, doch in diesem Fall würde die gedachte Schlange in der Wirklichkeit nicht existieren, auch wenn die entsprechende Person sie deutlich wahrnimmt. Doch das gefleckte Seil besaß niemals die Natur einer Schlange. Dasselbe gilt für die Aggregate, denen wir die Bezeichnung »Ich« zuordnen.

Wenn man den Aggregaten diesen Gedanken, der das Ich begründet, überstülpt, existiert in diesem Objekt, dem man den Gedanken »Das bin ich« oder »Hier ist ein Ich« quasi umhängt, nicht der Hauch einer Möglichkeit, tatsächlich dieses »Ich« zu sein. Ebenso wie das gefleckte Seil nie ein Element enthielt, das zu einer »Schlange« gehört, auf dieselbe Weise hat das »Ich« keine Möglichkeit, »ich« zu sein, auch wenn die Vorstellung vom Individuum, die sich auf der Basis der Aggregate bildet, sich vollkommen mit dem Objekt deckt und daher auf der relativen Ebene eine gültige Wahrheit darstellt. Die offenkundige Inexistenz der Schlange kommt der offenkundigen Inexistenz des Ich in den Aggregaten gleich.

Der Gedanke jedoch, der eine Schlange sieht, wo sich nur ein Seil befindet, ist auch auf der relativen Ebene eine verkehrte Wahrnehmung. Die Vorstellung, dass die Aggregate der »Ort« des Individuums sind, hingegen nicht. Worin also liegt der Unterschied? Man kann nicht behaupten, dort, wo das Seil sei, befinde sich eine Schlange. Genauso wenig, wie man behaupten kann, dass sich dort, wo die Aggregate sind, ein Ich befinde. Und zwar einfach aus dem Grund, weil die Wahrnehmung der Schlange von einer anderen Wahrnehmung auf der konventionellen Ebene, nämlich der des Seils, widerlegt werden könnte. Sobald man den Raum entsprechend erhellt, tritt die Wahrheit der Vorstellung, dass es sich bei dem Gefleckten um ein Seil handelt und nicht um eine Schlange, auf der konventionellen Ebene klar zu Tage. Wenn man die Hand ausstreckt, wird man ein Seil berühren und keine Schlange. Die Offenkundigkeit dieser Tatsache auf der konventionellen Ebene widerlegt die falsche Anschauung. Deshalb ist diese Art der Erkenntnis auch nicht fehlerhaft.

Die Vorstellung aber, dass dort, wo die Aggregate sind, ein Individuum zu finden ist, kann auf der konventionellen Ebene nicht widerlegt werden. Im Hinblick auf ein anderes Individuum ist dieses sicher vorhanden. Von den Buddhas bis zu uns, den gewöhnlichen Wesen, nimmt man Individuen wahr, und zwar keine Individuen, die in irgendeiner Weise von den Aggregaten getrennt sind. Daher ist es nicht völlig falsch zu denken, es gebe ein Individuum, das irgendwie mit den Aggregaten zusammenhängt. Wenn also der Gedanke, dass das Individuum irgendwie mit den Aggregaten zusammenhängt, nicht vollkommen falsch ist, dann ist es auch nicht völlig verkehrt zu behaupten, dass sich dort, wo die Aggregate sind, ein Ich befindet. Auch wenn die Aussage, dass dort, wo das Seil ist, eine Schlange ist, verfehlt ist.

Wo liegt also der Unterschied? Vom Standpunkt des Individuums aus betrachtet, von dessen Bewusstsein, widerlegt die gültige Erkenntnis einer anderen Person die Vorstellung von der Schlange, die an Stelle des Seils im Halbdunkel liegt. Der Gedanke jedoch, der ein Individuum mit den Aggregaten in Verbindung bringt, kann durch keine gültige konventionelle Erkenntnis einer anderen Person widerlegt werden. Unter diesem Blickwinkel betrachtet, handelt es sich also bei dieser Vorstellung um eine nicht irrige Ansicht, die mit ihrem Objekt übereinstimmt. Im Hinblick auf die Inexistenz beider auf der objektiven Ebene gibt es jedoch keinen Unterschied.

Die »fehlerhafte Ansicht« zeigt sich unter einem anderen Blickwinkel. Aus der Tatsache nämlich, dass die Vorstellung »Hier ist ein Ich« für absolut real gehalten wird, was eine fehlerhafte Annahme ist. Trotzdem ist die Wahrnehmung dieses Bewusstseins noch nicht vom naiven Realismus getrübt. Es handelt sich einfach nur um die Wahrnehmung, dass da ein Ich ist. Das Objekt dieser Wahrnehmung ist das Ich. Keine andere Erkenntnis auf konventioneller Ebene kann die Tatsache, dass da ein Ich ist, widerlegen. Das Bewusstsein täuscht sich selbst, indem es eine reale Existenz wahrnimmt. Das Objekt des wahrnehmenden Bewusstseins ist das Ich, und insofern liegt es völlig richtig. Die eigentlich irrige Anschauung besteht darin, diesem Ich eine absolute Existenz zuzubilligen.

Zusammengefasst lässt sich also sagen: Ein Bewusstsein, das ein Seil für eine Schlange hält, gilt als getrübt. Diese Wahrnehmung beruht auf Illusion. Die Wahrnehmung, dass auf der Grundlage der Aggregate ein Ich existiert, ist zwar auch ein Irrtum, doch sie deckt sich wenigstens mit ihrem Objekt. Wenn man diesen Unterschied nicht versteht, läuft man Gefahr zu glauben, für einen Prasangika-Schüler seien gute und schlechte Taten eins, weil sie ja keine positiven bzw. negativen Konsequenzen hervorrufen können, wenn es keine gültige konventionelle Realität gibt. Die Prasangikas machen also sehr wohl einen Unterschied zwischen einem Mann, den man im Traum sieht, und einem, dem man in der Wirklichkeit begegnet.

Die Prasangikas gehen davon aus, dass man auf jeden Fall auf der konventionellen Ebene beurteilen muss, was authentisch ist oder nicht, was eine gültige Erkenntnis darstellt oder nicht. Doch ein Kriterium für eine gültige Erkenntnis lässt sich nicht nur mit Hilfe der Objekte bestimmen. Daher nimmt man Zuflucht zum gesunden Menschenverstand, wenn man sich fragt, ob etwas auf der konventionellen Ebene richtig oder falsch ist. Ebenso müssen wir uns auf ihn verlassen, wenn wir wissen wollen, ob auf der konventionellen Ebene etwas existiert oder nicht. Ein Prasangika glaubt, dass alle Phänomene nur auf Grund begrifflicher Zuschreibung existieren und dass begriffliche Zuschreibungen nichts weiter sind als eben begriffliche Zuschreibungen.

Was sind denn nun begriffliche Zuschreibungen? Meine eigenen Gedanken etwa? Oder die Gedanken meines Nachbarn? Oder die Gedanken aller lebenden Wesen auf der Erde? Das lässt sich nicht mit Sicherheit feststellen. Denn sogar die Vorstellung, dass alles nur begriffliche Zuschreibungen sind, ist selbst schon wieder so ein begriffliches Konstrukt. Es gibt also keinen Ausweg. Alles, was »einfach da ist«, ist dies in unseren Gedanken und ist daher nichts weiter als eine Vorstellung. Wir geben uns also mit den Erscheinungen zufrieden und ordnen alle Phänomene von Samsara und Nirvana nach ihrer Erscheinung begrifflich ein. Wenn Sie eine Definition brauchen, dann würde ich sagen, dass die Phänomene für den gesunden Menschenverstand auf Grund ihrer Benennung existieren.

Wenn uns die bloße Erscheinungswelt jedoch nicht befriedigt und wir die wahre Seinsweise der Phänomene untersuchen, dann begeben wir uns auf den analytischen Pfad zu ihrer absoluten Wahrheit. Und dort werden wir nichts finden. Sogar die moderne Physik meint, man könne nichts Substanzielles mehr finden, wenn man sich auf der Suche nach der Realität auf bestimmte, sehr subtile Ebenen begibt. Gibt es da nicht gewisse Ähnlichkeiten mit der buddhistischen Vorstellung von der absoluten Wahrheit der Phänomene?

Einige Wissenschaftler können keine materielle Existenz finden, wenn sie Objekte ohne äußere Form untersuchen, und nehmen daher an, dass diese Objekte nur als Erscheinung im Geist existieren. Ähnelt dies nicht der Sicht der Chittamatrins? Andere Wissenschaftler wieder glauben, dass dem Geist eine reale Existenz zukommt, dass er etwas sehr Konkretes ist. Auch das klingt sehr nach Chittamatra-Schule.

Die Haltung der Prasangikas zeigt sich sehr schön im *Eintritt in das Leben zur Erleuchtung*: Sowohl die äußeren Objekte als auch das erfahrende Subjekt scheinen keine reale Existenz zu haben, sondern nur auf der konventionellen Ebene zu existieren.

Was die Irrealität des Ich angeht, so möchte ich hier die *Juwelengirlande* zitieren:

Der Mensch ist weder Erde, noch Wasser,
Weder Feuer, noch Luft, weder Raum,
Noch Bewusstsein. Wenn er all das nicht ist
Und ist etwas anderes, was ist dann der Mensch?

Wäre der Mensch die Vereinigung der sechs Elemente,
Wäre er kein Mensch. Auch wenn er
Für die Vereinigung der Elemente steht,
So existiert er doch nicht wirklich.

Um die mangelnde Substanzhaftigkeit der Phänomene darzulegen, lassen Sie uns doch einmal annehmen, es gäbe Dinge, die ihrer Natur nach existieren. Damit etwas existieren kann, muss es aus Ursachen entstehen, muss Auswirkungen nach sich ziehen und muss eine Natur besitzen, die seinen Eigenschaften und Qualitäten entspricht.

Will man beweisen, dass etwas keine Eigennatur besitzt, wird man belegen müssen, dass es aus einer Ursache entstanden ist und nicht aus sich selbst, denn alles, was aus einer Ursache entstanden ist, ist nicht aus sich selbst entstanden. Wenn etwas abhängig Entstandenes wirklich existieren soll, muss es aus sich selbst heraus, aus einer anderen Ursache heraus, aus beidem oder aus keinem von beiden entstanden sein. Eine fünfte Möglichkeit gibt es nicht.

Dass die Dinge aus sich selbst entstehen – aus dem Selbst also –, ist die Lehre der Sankhya-Schule. Das Gedankengut der Sankhyas besagt, dass die Natur aller Ursachen und Wirkungen *pradhana*[11] ist. Alle Erscheinungen sind Ausdruck bzw. Manifestation von *pradhana*. Wie auch immer die Natur einer Wirkung aussehen mag, sie ist auf jeden Fall identisch mit der Natur der Ursache. Will man die identische Natur von Ursache und Wirkung genauer untersuchen, unterscheidet man manifeste und nichtmanifeste Wirkungen. Sobald die Ursache auftritt, hat die Wirkung sozusagen all ihre Attribute entfaltet. In diesem Fall würde – zumindest was das Objekt in der Phase der Entstehung der Wirkung angeht – eben jene Wirkung bereits in dem Moment existieren, in dem ihre Ursache auftritt. Wenn die Wirkung also ein weiteres Mal entsteht, dann ist dieses Entstehen kein echtes, was absurd ist.

»Entstehen« heißt: als etwas Neues erscheinen. Etwas, das es vorher nicht gab, bildet sich auf Grund von bestimmten Ursachen und Bedingungen heraus. Wenn etwas bereits existiert, wenn seine Ursache es hervorbringt, ist ein »Entstehen« unnötig. Es kommt also zu einer völlig sinnlosen Schöpfung. Wenn etwas, was bereits entstanden ist, noch einmal geschaffen wird, wird dieser sinnlose Prozess niemals aufhören. Dieser Gedankengang ist also auch deshalb falsch, weil er eine unaufhörliche Schöpfung in Gang setzen würde.

Fahren wir fort mit der Vorstellung einer »Entstehung aus einer anderen Ursache«. Für Bhavaviveka zum Beispiel entstehen die Dinge nicht nur auf der absoluten Ebene aus anderen Ursachen als sich selbst, sondern bilden sich auch auf der konventionellen Ebene aus Ursachen heraus, die nicht mit ihnen identisch sind.

Die Prasangikas sprechen von den »vier Möglichkeiten der Entstehung«, wenn es darum geht, die reale Dimension des Entstehens zu beweisen. Wenn man von etwas »anderem« spricht, kann dies nur bedeuten, dass dieses »Anderssein« reine Abstraktion ist. Man stellt sich also etwas »anderes« vor, das vollkommen unabhängig ist. Doch wenn eine Wirkung aus einer anderen Ursache, real und unabhängig existierend, entsteht, dann ist im Augenblick, in dem das Samenkorn da ist, der Trieb noch nicht vorhanden.

Glaubt man also an etwas unabhängiges anderes, wenn man den Trieb als etwas vom Samenkorn wesensmäßig Verschiedenes einstuft, hat man plötzlich zwei unabhängige, real existierende Phänomene, die sich voneinander unterscheiden. Man kann sie als verschieden einstufen, wenn man der Reihenfolge ihrer Entstehung folgt. Doch tatsächlich können wir diese Scheidung in etwas der Vergangenheit bzw. der Zukunft Zugehöriges nur in unseren Gedanken vornehmen. Anders ist es also nur im Denken. In diesem Fall allerdings existiert der Unterschied nur auf der begrifflichen Ebene, da es etwas, das einesteils »anders«, anderenteils »unabhängig« ist, nicht geben kann.

In dem Augenblick, in dem das Samenkorn (die Ursache) vor uns liegt, ist die hervorgebrachte Wirkung noch nicht vorhanden. Daher existiert das eine in Abhängigkeit vom anderen, was wiederum die Auffassung vom »anderen« als etwas unabhängig Existierendem widerlegt.

Die vier Schulen buddhistischen Denkens gehen darüber hinaus davon aus, dass der Prozess der Entstehung, in dem die Ursache sich langsam ihrem Ende nähert, während die Wirkung allmählich ins Leben tritt, simultan verläuft. In dem Augenblick, in dem die Wirkung ins Leben tritt, existiert sie notwendigerweise. Doch was entsteht denn nun wirklich? Die Wirkung. Wenn die Wirkung entsteht, ist die Wirkung die Stütze und die Entstehung das Gestützte. Die Wirkung ist die Basis der Eigenschaften und die Entstehung die Eigenschaft. Würden nun Stütze und Gestütztes unabhängig voneinander existieren (da ohne die Existenz der Stütze, der Wirkung, die Entstehung gar nicht möglich wäre), dann müssten das Gestützte (d.h. die Entstehung) und die Stütze (die Wirkung) gleichzeitig existieren. Doch im Moment, in dem die Ursache ihrem Ende zugeht und die Wirkung heranreift, existiert die Wirkung noch nicht. Daher kann es auch keine Entstehung geben. Daher ist die Entstehung aus einer anderen Ursache als sich selbst auch keine gute Lösung. Aus diesem Grund hält auch die Vorstellung von der Entstehung keiner genaueren Prüfung stand. Vor dem Hintergrund der Entstehung aus einer anderen Ursache als sich selbst ist also sowohl die Idee von etwas »anderem« als auch die Vorstellung von der »Entstehung« selbst unbrauchbar.

Untersucht man sodann das »Ich« mit Hilfe der Siebenfachen Prüfung[12], stellt sich heraus, dass es kein Wesen gibt, das seiner Natur nach existiert. Diese Überlegungen über Sein, Nicht-Sein, Entstehen und Vergehen zeigen deutlich, dass ein Objekt, wenn es denn seiner Natur nach existieren würde, niemals aus einer Ursache entstehen könnte. Läge es in der Natur eines Objekts, nicht zu existieren, dann könnte keine Ursache es entstehen lassen und es könnte keinerlei Wirkung ausüben.

Bei der Vorstellung vom »abhängigen Entstehen« geht es also um die relative Existenz auf Grund wechselseitiger Abhängigkeiten. Das Relative und das Nicht-Relative stehen einander gegenüber. Eine andere Möglichkeit gibt es nicht. Entweder entsteht etwas in Abhängigkeit oder wir befinden uns auf der Ebene des Absoluten. Was auf der relativen Ebene existiert, ist leer von einer absoluten Existenz. Auf der absoluten Ebene existiert nichts wirklich.

Das Wesentliche dabei ist, dass man ganz persönlich über diese Dinge nachdenkt und sie mit seiner eigenen Erfahrung in Verbindung bringt, um anschließend darüber zu meditieren. Die Erscheinungen werden sich weiter präsentieren, wie sie dies seit jeher tun. Wenn man jedoch auch nur die geringste Einsicht in die wahre Natur der Dinge entwickelt hat, werden sie sich allmählich auf eine andere Art und Weise darstellen.

Die Gedanken, die vom naiven Glauben an die Wirklichkeit der Dinge motiviert werden, lassen dann Stück für Stück locker. Dann erreicht man Bewusstseinszustände, die nicht mehr vom Glauben an eine reale Existenz der Erscheinungen geprägt sind. Verbinden wir diese Bewusstseinszustände mit dem richtigen Verhalten, dann führen sie uns in einen meditativen Zustand, in dem Geistesruhe und höchste Sicht in die direkte Erkenntnis der Leerheit münden: Dies sind die Ursachen, mit Hilfe derer die Befreiung erlangt wird. Sie stellen den Pfad zur Befreiung dar.

Wenn wir in der Haltung des Erleuchtungsgeistes Geistesruhe und Höchste Sicht vereinen, dann entsteht daraus das direkte Gegenmittel gegen den Schleier der Unwissenheit. Dessen Fall erlaubt uns das Erreichen der allumfassenden Bewusstheit. Wenn man also über diesen sehr subtilen Bewusstseinszustand der direkten Erkenntnis der Leerheit meditieren kann, wird der Schleier der Unwissenheit bald zerrissen. Dies ist das Ziel der tiefgründigen Tantra-Belehrungen.

Dieses Thema ist ausgesprochen schwierig. Ich selbst verstehe nicht allzu viel davon. Daher rate ich allen Schülern, fleißig die Texte zu studieren. Durch ständiges Studium und Abgleichen mit der persönlichen Erfahrung wird es am Ende gelingen, sich eine Vorstellung davon zu verschaffen, worum es bei dem Ganzen eigentlich geht.

Kann man denn überhaupt ohne Anhaftung lieben?
Ja. Und genau das sollten wir tun. Diese Unterscheidung ist wichtig. Anhaftung geht von einer ganz bestimmten Neigung[13] aus, in der sich unsere geistigen Projektionen ausdrücken. Mitgefühl aber ist nicht von Neigungen bestimmt. Es wendet sich allen Wesen gleichermaßen zu.

Man spricht immer von negativen Emotionen, die das klare Licht verschleiern. Gibt es auch Emotionen, welche die Unwissenheit vertreiben?
Es gibt zwei Arten von Emotionen. Liebe, Mitgefühl, Hinwendung zu anderen, all diese Dinge sind ebenfalls Emotionen, doch sie üben eine positive Wirkung aus. Wir können uns langsam an sie gewöhnen und sie dann unendlich weiterentwickeln. Die positiven Emotionen stützen die Erkenntnis der Leerheit. Bei den negativen Emotionen ist dies nicht der Fall.

Kann ein nicht erleuchtetes Wesen andere zur Erleuchtung führen?
Es kann sie nicht bis zum letztendlichen Ziel führen, da seine Anweisungen mehr auf Instinkt beruhen. Will so ein Mensch zum Führer werden, muss er aus seiner eigenen Erfahrung schöpfen. Und auch dort, wo seine Erfahrung nicht vollständig ist, wird er sagen: »Tun Sie dies, tun Sie jenes!« Haha! Genau so ein Mensch bin ich. Ich übe mich ein bisschen in der Meditation über den Erleuchtungsgeist oder über die Leerheit. Ich habe wirklich keinerlei Erfahrung. Ich habe nur die Texte großer, vertrauenswürdiger Meister gelesen. Und diese sagen: »Ihr müsst diese Richtung einschlagen. Oder jene!« Das sollte mir eigentlich helfen. Ob es aber viel genützt hat, sei dahingestellt.

Wenn es kein Ich gibt, worauf bezieht sich dann das Mitgefühl?
Es heißt ja nur, dass es kein real existierendes Ich gibt. Niemand sagt, dass das Ich als Begriff nicht existieren würde. Es muss eine klare Unterscheidung getroffen werden zwischen den Dingen, die *nicht wirklich* existieren, und solchen Dingen, die *überhaupt nicht* existieren. Wenn es also heißt, der Glaube an die Persönlichkeit sei das Sprungbrett[14] zur Buddhaschaft, dann ist damit gemeint, dass dies der Grund ist, weshalb wir in Samsara verweilen. Wenn man also den Pfad betritt, dann sagt man sich auf Grund dieses festen Glaubens an die reale Existenz des Ich: »Wenn *ich mich* vom Leid befreie, wenn *ich* Glück erlange …« Dieser Glaube an die eigene Persönlichkeit mag etwas Negatives sein, doch die Meister nutzen ihn, indem sie ihn zum Sprungbrett für das Erreichen der Buddhaschaft umfunktionieren.

Die Lehren der Geheimen-Mantra-Schule sind sehr tiefgründig, doch solange man nicht alle Ursachen angesammelt hat, die uns erlauben, über diese Belehrungen zu meditieren, werden wir nur dann Fortschritte machen, wenn wir uns an den Weg der Sutras halten. Genauso sind die Lehren der Prasangikas sehr subtil, vor allem, wenn es darum geht, dass kein Phänomen seiner Natur nach existiert. Doch wenn uns diese Philosophie einfach nichts sagt, wenn sie unsere Intelligenz nicht anspricht, werden wir auf dem Pfad nur weiterkommen, wenn wir uns an die Lehren der Svatantrika- oder der Chittamatrin-Schule halten.

Wie entsteht Mitgefühl aus der Leerheit, aus dem lichthaften Kontinuum des Geistes?
Der Begriff Mitgefühl hat vielerlei Facetten. Daher kann man ihn auch ganz verschieden auffassen. Wenn das, was wir als »Mitgefühl« bezeichnen, von der Kenntnis der Leerheit geprägt ist, ist dies das Ende des Leidens. Dass es ein Mittel gibt, das Leiden zu stoppen, erweckt im Leidenden den Wunsch, sich vom Leid zu befreien. Gäbe es kein Mittel, dem Leid zu entkommen, würde man glauben, es sei ohnehin nichts zu machen, auch wenn man

»sein Bestes« gibt. Dann wäre die absolute Hoffnungslosigkeit vorgezeichnet.

Man fängt langsam an, Lebewesen zu klonen? Welches Karma hat nun ein Klon? Und verfügt ein Klon über Bewusstsein?

Wenn Klone Freude und Schmerz spüren, wenn sie Dinge wahrnehmen, dann haben sie Bewusstsein und damit auch Karma. Welche Handlungen haben nun zu dieser Wirkung geführt? Dies kann nur die allumfassende Bewusstheit eines Buddha beantworten. Wir verfügen nicht über die Mittel, um dies festzustellen. Doch gründliches Nachdenken über die Leerheit hilft uns vielleicht, diese Dinge besser zu verstehen. Wir müssen darüber nachdenken, indem wir logisch ihre »Leerheit« analysieren. Allgemein gesprochen, ruft in der kausalen Kette von Ursache und Wirkung das Gute Gutes hervor und das Schlechte Schlechtes. Wenn man also Schritt für Schritt über diese Dinge nachdenkt, kann man sie vielleicht ein bisschen begreifen. Doch insgesamt betrachtet, ist dies ein sehr schwieriges und tiefgründiges Problem, weil hier die Schleier der Unwissenheit noch nicht definitiv durchtrennt wurden.

Wie lässt sich das Gefühl tiefer Einsamkeit überwinden?

Welche Wurzel dieses Gefühl auch immer haben mag, es hängt auf jeden Fall davon ab, wie man selbst die Welt sieht. Ob man nun religiös ist oder nicht, der Hauptgrund für so ein Gefühl ist die Tatsache, dass im Geist zu wenig Liebe vorhanden ist. Wenn man wenig Zuneigung für andere empfindet, dann ist dies der eigenen Weltsicht geschuldet. Denn dann denkt man, dass die anderen Wesen einen selbst nicht lieben. Aus diesem Grund fühlt man sich einsam.

Warum sollten wir Leiden zurückweisen? Ist das nicht ein Zeichen von Schwäche? Ist so eine Haltung nicht Anzeichen dafür, dass man das Leben in seiner Totalität nicht annehmen kann?

Wenn es möglich ist, das Leiden ein für alle Mal zu beenden, wenn die dritte und die vierte der Vier Edlen Wahrheiten also stimmen, dann sollte man sich die Mühe machen, über die beiden ersten Wahrheiten nachzudenken. Sind die beiden letzten Wahrheiten jedoch nicht richtig, dann bleiben uns immer noch Sex und Alkohol, denn dann hätten wir ohnehin keine Chance, dem Leiden ein Ende zu setzen. Ist es nicht möglich, das Leiden zu beenden, hat es auch keinen Sinn, darüber nachzudenken. Ich glaube jedoch, dass der Zweck des Lebens darin besteht, glücklich zu sein.

Sind wir für unsere Krankheiten selbst verantwortlich? Ist es unser Fehler, wenn wir krank werden?

Wenn man alles zur Vorbeugung Nötige getan, wenn man alle Therapiemöglichkeiten ausgeschöpft hat und die Krankheit sich letztlich als unheilbar erweist, sollten wir über unser Karma nachdenken. Im Buddhismus übernehmen wir für alle Aspekte unseres Lebens die volle Verantwortung, aber das heißt nicht, dass wir das Leiden als solches akzeptieren müssen. Wir sollten also in jedem Fall versuchen, uns mit allen uns zur Verfügung stehenden Mitteln vom Leid zu befreien. Wir nehmen also das kleinere Problem in Kauf, um das große Problem zu besiegen.

Warum müssen wir unsere Emotionen zähmen? Können wir nicht einfach warten, bis sie sich totlaufen?

Es gibt einige Emotionen, die man sinnvollerweise mit der Wurzel auszureißen versucht, weil sie an Kraft gewinnen, wenn man sie unbehelligt lässt. So eine Emotion ist beispielsweise der Zorn.

Haben Menschen, die blind zur Welt kommen, ein Seh-Bewusstsein? Und wenn man im Laufe seines Lebens blind wurde und dann mentale Projektionen vor dem inneren Auge sieht, ist dies dann das Seh-Bewusstsein in Aktion?

Ich weiß nicht, ob es sich dabei um Seh-Bewusstsein handelt, denn es ist ja einfach ein geistiges Bild, das sich dem Bewusstsein präsentiert. Wie dem auch sei: Kann man bei einem Menschen, der blind geboren wurde, wirklich von Seh-Bewusstsein sprechen, da dieses doch vom Seh-Organ abhängig ist? Vielleicht handelt es sich dabei um Tendenzen aus einem früheren Leben. Und die Situation der Person ist ja eine andere, je nachdem, ob diese Tendenzen sich zeigen oder nicht. Da liegt vermutlich der Unterschied. Alte gewohnheitsmäßige Tendenzen machen sich bemerkbar. Zu diesem Thema müssten noch einige Nachforschungen angestellt werden.

Kann man buddhistische Belehrungen hören und trotzdem Christ bleiben?

Ich denke schon. Zunächst einmal ist man Christ und meint, auch Buddhist sein zu können. Man freut sich, seine Zuflucht im Buddha zu finden, aber man liebt auch Jesus Christus. Man folgt also jeder Religion in bestimmten Punkten. Steht man jedoch an dem Punkt, die Leerheit zu verwirklichen, ergeben sich im Hinblick auf die absolute Wahrheit vielleicht gewisse Schwierigkeiten.

DER ERLEUCHTUNGSGEIST UND DAS BODHISATTVAGELÜBDE

Da bisher schon so oft vom Erleuchtungsgeist der Mahayana-Tradition die Rede war, möchte ich an dieser Stelle nun ausführlicher darauf eingehen. Es gibt zwei Arten von Bodhicitta (Erleuchtungsgeist), das Bodhicitta des Strebens und das Bodhicitta der praktischen Anwendung[1].

Hat man sich im Rahmen seiner geistigen Schulung im Erwecken des Erleuchtungsgeistes geübt und diesbezüglich ein gewisses Verständnis erlangt, wird sich dieses verfestigen, wenn man das Bodhisattvagelübde ablegt. Dies bedeutet, dass man im Rahmen einer Zeremonie seinem Wunsch Ausdruck verleiht, zum Wohle aller fühlenden Wesen nach Erleuchtung zu streben. Der Erleuchtungsgeist, der dabei entsteht, wird »Bodhicitta des Strebens« genannt.

Der tibetische Buddhismus kennt zahllose Rituale und Zeremonien, auch für das Ablegen der Bodhisattvagelübde. Diese Rituale können ausgesprochen lange dauern, doch gibt es auch sehr kurz gehaltene. Unabhängig von ihrem Zweck waren mir persönlich schon immer die Rituale am liebsten, bei denen in wenigen Worten eine große gedankliche Tiefe spürbar wird. Prunkvolle, aber gedanklich eher »flache« Zeremonien finde ich ausgesprochen ermüdend.

Doch zurück zu unserem Thema, dem Erleuchtungsgeist. »Den Erleuchtungsgeist zu erwecken oder zu erzeugen« heißt, dem eigenen Geist mehr Raum und Weite zu verleihen. Bisher haben wir ohne Ausnahme in erster Linie an uns selbst und unsere eigenen Bedürfnisse gedacht. Doch nun sollten wir unseren Geist weiter und größer werden lassen und unser Augenmerk auf die Gesamtheit aller fühlenden Wesen richten. Dabei beschränken wir uns nicht darauf, nach besten Kräften nach dem Wohlergehen aller Wesen zu streben. Wir tun dies vor dem Hintergrund jener Sicht der Leerheit, die wir auf den vorhergehenden Seiten kennen gelernt haben. Sie liefert uns das nötige Rüstzeug, mit dessen Hilfe sich alle Verunreinigungen des Geistes beseitigen lassen. Auf diese Weise rückt die »Wahrheit von der Beendigung des Leidens« in den Bereich des Möglichen. Außerdem ist unser Geist dann mit etwas beschäftigt, was in unserem geistigen Kontinuum durchaus Wirklichkeit werden kann.

Wenn man also das Wohl der Wesen im Auge hat und darüber nachdenkt, dass jeder Einzelne die Sicht der Leerheit verwirklichen kann, dann ist es in der Tat möglich, dass auch die Trübungen im eigenen Geist ein Ende finden und man in seinem eigenen geistigen Kontinuum die Wahrheit von der Beendigung des Leidens verwirklicht. Hat man sich eine solche Haltung erst einmal zu Eigen gemacht, so wird man sich nicht mehr damit begnügen, sich, so gut es geht, um das Wohl der Wesen zu kümmern. Hat man begriffen, dass die Möglichkeit besteht, alle Wesen vom Leid und den Ursachen des Leids zu befreien, muss man nur noch den festen Entschluss fassen, alles Nötige unternehmen zu wollen, um sie zu befreien. Wenn wir auf diese Weise auf die transzendente Weisheit zurückgreifen, können wir den Erleuchtungsgeist ins Unendliche anwachsen lassen.

Die Zahl der fühlenden Wesen ist unendlich, doch alle haben wie wir nur einen einzigen Wunsch: Leid zu vermeiden und glücklich zu sein. In diesem Punkt sind wir vollkommen gleich. So wie wir selbst den Anspruch erheben, nicht leiden zu müssen, haben auch all die anderen fühlenden Wesen einen berechtigten Anspruch, von ihren Leiden befreit zu werden.

Jeder von uns hat seine ganz persönliche »Technik« entwickelt, Leiden zu vermeiden und Glück zu schaffen. Dies gilt für alle fühlenden Wesen. Jedes einzelne »Ich« ist wertvoll und wichtig, doch im Vergleich mit den fühlenden Wesen, deren Zahl so unendlich ist wie die Weite des Raumes, zählt es nun einmal nicht viel. Der größeren Zahl kommt das größere Gewicht zu, wie wir im *Eintritt in das Leben zur Erleuchtung* lesen können:

> Da wir alle dasselbe Bedürfnis nach Glück haben,
> mit welchem Recht kann ich da das Streben nach meinem
> persönlichen Wohlergehen in den Vordergrund stellen?
> Da wir alle in Angst vor dem Leiden
> und den Gefahren des Daseins leben,
> mit welchem Recht sollte nur ich geschützt werden
> und die anderen Wesen nicht.[2]

Da die anderen Wesen denselben Wunsch nach Glück hegen wie ich, so fragt sich Shantideva, wie kann ich dann nur meine Person zum Gegenstand meines Strebens nach Glück machen. Und da auch kein Wesen leiden möchte, so fragt er weiter, wie kann ich mich damit zufrieden geben, nur mich selbst vom Leid zu befreien.

Doch damit ist das Thema noch nicht erschöpft. Zwischen unserem Glück bzw. Leid und dem der anderen besteht eine tiefe Verbindung. Gäbe es nicht den geringsten Zusammenhang zwischen unserem Glück und Leid und dem der anderen, könnten wir Glück und Leid der anderen nie erkennen und das Wohlergehen bzw. das Leiden des Einzelnen hinge allein von seinen Handlungen ab. Doch das entspricht nicht den Tatsachen. Tatsächlich besteht ein fundamentaler Zusammenhang zwischen unserem Glück bzw. Leid und dem der anderen. Sind die anderen glücklich, können auch wir glücklich sein. Sind alle anderen unglücklich, werde ich als Einziger schwerlich Glück finden.

Noch wichtiger ist, dass unser Geist umso mehr an Kraft gewinnt, je mehr wir uns um Glück und Leid der anderen kümmern. Kümmern wir uns jedoch ausschließlich um uns selbst, nehmen auch unsere positiven oder negativen Erwartungen zu.

Je nach Intensität unserer Hoffnungen und Sorgen, empfinden wir mehr oder weniger starke Ängste.

Umgekehrt müssen wir uns natürlich auch selbst lieben, denn wie könnten wir ohne Selbstachtung andere schätzen? Zuerst richten wir also dieses Gefühl der Wertschätzung auf uns selbst, in der Folge werden wir zweifellos auch die anderen Wesen schätzen lernen.

Geht dieses positive Selbstgefühl jedoch zu Lasten des Glücks der anderen Wesen, so kann daraus nur Unglück entstehen. Wir werden unglücklich sein, wenn wir allein leben. Haben wir eine Familie, tragen wir zu deren Glück und zu dem der ganzen Gesellschaft bei. Kurz gesagt: Die Wurzel aller Probleme liegt in einem Denken, das sich nur auf sich selbst richtet und die anderen außer Acht lässt, weil es das eigene Wohlergehen höher veranschlagt als das Glück der anderen.

Übt man dagegen eine Geisteshaltung, die das Wohlergehen der anderen über das eigene Glück stellt, erschließen sich in der Tiefe unseres Wesens immer mehr Mut und Entschlossenheit. Unser Geist wird frei von Bedauern oder Selbstvorwürfen. Zufriedenheit breitet sich aus. Man hat das entschiedene Gefühl, nützlich zu sein, auch im Privatleben, und alles getan zu haben, was notwendig ist. Mit diesem Gefühl kommt das Glück – auch in die Familien. Alles, was von Wert ist, entspringt dieser Geisteshaltung. Die liebende Hinwendung, die man anderen entgegenbringt, trägt sowohl zum allgemeinen wie zum persönlichen Glück bei. Dies sind die wesentlichen Punkte im Hinblick auf den Erleuchtungsgeist und seine Wirkung auf unser Leben.

Nun fragt sich vielleicht der eine oder andere, ob er nicht sein eigenes Leid noch vermehrt, wenn er sich um Glück und Leid der anderen bemüht bzw. sich zusätzlich zum eigenen Leid noch mit dem der anderen befasst. Hierauf antwortet Shantideva mit einem klaren Nein.

Geht es einem selbst schlecht und hat man vergeblich alles versucht, um sein Problem loszuwerden, ist man verwirrt. Man fühlt sich rat- und hilflos. Richtet man aber sein Augenmerk auf die Leiden, die andere durchleben, und empfindet diese aus einer mitfühlenden Haltung heraus als unerträglich, ist für solche Ohnmachtgefühle kein Raum mehr.

Wenn der Geist also von Entschlossenheit durchdrungen ist und die innere Bereitschaft entwickelt hat, sich um das Leiden der anderen zu kümmern, ist man, sobald man an die Wesen und ihr Leiden denkt, zunächst niedergeschlagen. Doch sobald dieses Gefühl vergeht, kehren Entschlossenheit und Begeisterung zurück.

Es war ja schon die Rede davon, welche innere Haltung jemand einnimmt, der die Lehren des Buddha praktiziert. Die erste und grundlegende Übung umfasst die Regeln der Disziplin. Man hört auf, die zehn unheilsamen Handlungen zu begehen. Was gewinnen wir dadurch? Nun, diejenigen, die von unserer Praxis am meisten profitieren, sind die fühlenden Wesen. Denn weil sie fühlende Wesen sind, hören wir auf, sie zu töten, zu bestehlen oder sexuell zu missbrauchen. Wir belügen oder beleidigen sie nicht mehr. Wir sagen nichts Schlechtes über sie. Den fühlenden Wesen keinen Schaden mehr zuzufügen, ist also der Ausgangspunkt unserer Praxis. Die fühlenden Wesen sind also die unmittelbare und notwendige Ursache der Praxis. Sie sind die »Stütze« unserer Übung der Disziplin.

Für die individuelle Befreiung besteht die Disziplin darin, alle äußeren Handlungen, die den Wesen schaden, aufzugeben und die entsprechenden geistigen Ursachen solcher Handlungen zu zerstören. Wenn wir also das nächste Mal auf ein potenzielles »Opfer« stoßen, verbieten wir uns einfach, ihm ein Leid anzutun, und halten uns die Nachteile eines solchen Handelns vor Augen. Wir vergegenwärtigen uns, wie viel Leid daraus entstehen kann. Dies ist – in wenigen Worten geschildert – die Methode, mit deren Hilfe wir uns in der Disziplin der individuellen Befreiung schulen.

Auf dem Bodhisattva-Pfad hingegen praktizieren wir die transzendenten Tugenden wie Großzügigkeit, Disziplin und Geduld. Auch dies ist nur möglich, weil es die fühlenden Wesen gibt, die uns diese Praxis erlauben. Die wichtigste Übung eines Bodhisattvas ist die Entwicklung von Geduld. Warum? Weil der Erleuchtungsgeist auf der Basis von Liebe und Mitgefühl entsteht. Über Liebe zu meditieren dämmt zwangsläufig Hassgefühle ein, die ja das Gegenteil von Liebe sind. Geduld brauchen wir, weil sie das Gegengift zum Zorn ist. Das Entwickeln von Geduld ist aber nur möglich, wenn unsere Geduld ein entsprechendes »Objekt« findet, das wir als unseren »Gegner« betrachten können.

Bei näherer Betrachtung kommt unseren Gegnern deshalb eine beinahe ebenso wichtige Rolle zu wie unserem spirituellen Lehrer. Mit dem Buddha als Meditationsgegenstand werden wir kaum Geduld entwickeln können. Die Praxis der Geduld funktioniert nur, wenn wir einen Gegner haben, der uns verrückt macht und zur Weißglut treibt. Ohne Gegner werden wir keine Fortschritte erzielen. Es erübrigt sich also, weiter auf die grenzenlose Güte der Wesen einzugehen. Es heißt, dass diejenigen, die wir als Gegner betrachten, also all die Menschen, denen wir lieber aus dem Weg gehen möchten, in dieser Hinsicht uns gegenüber von grenzenloser Güte sind.

Auch das Mitgefühl selbst ist eine wichtige Tugend. Ihr »Objekt« ist die Gesamtheit aller fühlenden Wesen, die vom Leiden betroffen sind. Die wunderbaren Pfade des Kleinen und des Großen Fahrzeugs, die vielfachen Arten von Verdienst, die wir dort sammeln können, all diese Methoden haben nur ein einziges Ziel: das Wohl der fühlenden Wesen, die uns gegenüber alle schon einmal die Rolle der liebenden Mutter eingenommen haben. Auch die Übungen, welche die Erlangung der vollkommenen Erleuchtung zum Ziel haben, die Beendigung aller Verblendung und die Verwirklichung aller positiven Qualitäten des Geistes, auch für sie sind unsere Brüder und Schwestern, die Gesamtheit der fühlenden Wesen, die unmittelbare Voraussetzung dafür, dass wir zum Ziel gelangen.

Shantideva schreibt dazu in *Eintritt in das Leben zur Erleuchtung*:

Fühlende Wesen, verwirklichte Buddhas:
Beide sind die Ursache,
dass wir die Qualitäten eines Buddha erlangen können.
Vor den Buddhas verneigen wir uns,
die fühlenden Wesen aber verachten wir: Warum?[3]

Um den Zustand der Buddhaschaft zu erlangen, müssen wir uns gleichermaßen auf die gewöhnlichen wie auf die erleuchteten Wesen stützen. Wir können keinen größeren Irrtum begehen, als den Buddhas unsere Achtung zu erweisen und die gewöhnlichen Wesen gering zu schätzen. Wir nehmen zwar Zuflucht zum Buddha und setzen unser alleiniges Vertrauen in ihn, andererseits ist das Einzige, was diesen Buddha, auf den wir vertrauen, wirklich interessiert, das Wohl der fühlenden Wesen. Wäre es vor diesem Hintergrund nicht einfach Heuchelei, zwar Zuflucht zum Buddha zu nehmen, sich aber keinen Deut um die zu scheren, denen er den Schutz seiner grenzenlosen Liebe bietet? Wenn wir den Buddha wirklich lieben, ist es da nicht selbstverständlich, dass wir nichts tun, was seinen innersten Wünschen zuwiderläuft? Ist es nicht Zeichen einer besonders traurigen Verblendung, einerseits den Buddha zu verehren und andererseits all die Unglücklichen, die der Buddha mit dem Haken seines Mitgefühls unentwegt aus dem Ozean des Leidens zu ziehen versucht, zu verachten, zu unterdrücken und zu misshandeln?

Geht es um einen Freund, der uns sehr nahe steht, würden wir wohl Rücksicht nehmen, auch wenn er »nur« ein gewöhnliches Wesen ist. Wir würden alles vermeiden, was ihn verletzen könnte. Wir wissen, dass wir ihn sonst verletzen würden. Er würde leiden, wenn wir auf ihn keine Rücksicht nähmen. Haben wir zum Beispiel einen Freund, der Vegetarier ist, dann ist es nicht sehr taktvoll, vor seinen Augen Roastbeef zu verzehren. Durch solch ein Handeln verleihen wir unserer Geringschätzung für seine Wertmaßstäbe Ausdruck. Wenn wir also auf diese Weise auf einen Freund Rücksicht nehmen, der nur ein gewöhnliches Wesen ist, dann wäre es wohl angebracht, uns mehr auf die erleuchtete Sichtweise der Buddhas und Bodhisattvas einzulassen. Die Doppelbödigkeit unseres alltäglichen Verhaltens erscheint mir vor diesem Hintergrund höchst beklagenswert. Glauben wir an den Buddha und seine Lehren, betrachten aber die »gewöhnlichen« Wesen als etwas, an dem wir uns straflos abreagieren können, dann ist das sehr, sehr bedauerlich. Jeder Buddhist sollte über diese Dinge gründlich nachdenken.

Die nachfolgenden Ausführungen sind in erster Linie für Buddhisten gedacht. Hat man auf die beschriebene Art und Weise über den Erleuchtungsgeist nachgedacht, sollte man als Buddhist volles Vertrauen in den Buddha entwickeln. Unsere Praxis sollte von der Liebe zum Dharma getragen sein. Wir bringen dem erleuchteten Denken des Buddha unsere ganze Achtung entgegen.

Selbst wenn man nur zum eigenen Wohl handelt, hängt es ganz vom Grad der eigenen mitfühlenden Einstellung ab, ob aus unserer Praxis momentanes Glück und dauerhafte Befreiung resultieren. Verlieren wir das Wohl der übrigen Wesen aus den Augen, weil wir völlig von der Sorge um uns selbst in Anspruch genommen sind, pflegen wir die einseitige Sicht des Nirvana des friedvollen Verweilens, wie sie für Arhats bzw. Anhänger des Fahrzeugs der Hörer typisch ist. Auch diese schätzen das eigene Wohl zu hoch ein. Diese einseitige Wahrnehmung ist das Ergebnis einer mangelnden Wertschätzung der anderen Wesen. Als praktizierende Schüler des Buddha üben wir uns darin, den vollkommen makellosen Handlungen des Buddha nachzueifern. Und welche seiner Handlungen ist die vollkommenste? Die Praxis des Erleuchtungsgeistes, die Haltung, die uns dazu veranlasst, andere über uns selbst zu stellen.

Wir richten also all unsere Bemühungen auf dieses Ziel, auch wenn der Weg dorthin noch weit ist. Im Augenblick zählt nur, dass wir den Mut nicht sinken lassen und aufgeben, wenn der Erfolg noch etwas auf sich warten lässt.

Shantideva schrieb dazu Folgendes:

Was gibt es da viel zu erklären?
Denkt über den Unterschied nach
zwischen jemandem, der das eigene Wohl sucht,
und einem Buddha, der zum Wohl der anderen wirkt.

Bis zum heutigen Tag haben wir mit Vorsatz und Bedacht unser Wohl über das der anderen Wesen gestellt. Bis zum heutigen Tag haben wir nichts anderes getan, als uns selbst zu lieben und auf andere herabzusehen. Und nun sehen wir, wie weit wir damit gekommen sind! Da wir nun aber erkannt haben, welche Nachteile in einer ausschließlich eigennützigen Haltung liegen und welche Qualitäten umgekehrt aus einer Einstellung resultieren, die den anderen mit Liebe begegnet, sollten wir uns darauf konzentrieren, unsere egoistische Selbstliebe so weit als möglich abzubauen und stattdessen nach Kräften die Liebe und Wertschätzung, die wir für andere empfinden, zu vermehren. Dann wird die Sonne des Glücks über unserem Horizont aufgehen und sowohl das Wohl der anderen wie unser eigenes mit sich bringen. Darauf können wir jetzt berechtigterweise hoffen. Sagen Sie sich immer wieder: »Ich bin entschlossen, mich in dem Pfad zu üben, den die Bodhisattvas, die Kinder des Siegreichen, aufgezeigt haben, und werde ihrem vollendeten Vorbild folgen.«

»Vom »absoluten Körper zur Verwirklichung des eigenen Wohls« und vom »Formkörper zur Verwirklichung des Wohles anderer Wesen« war bereits die Rede. Wer aber besitzt die Kraft, sein Vorhaben in die Tat umzusetzen und sich ganz dem Wohlergehen der anderen zu widmen, bis er ihr höchstes Wohl verwirklicht hat? Ganz sicher kein Mensch, dessen Geist unstet ist. Will man aus der eigenen Erfahrung heraus sicher zum Wohl anderer Wesen wirken, ist die Verwirklichung des »absoluten Körpers zur Verwirklichung des eigenen Wohls« unabdingbar. Dieser Körper ist die Voraussetzung dafür, dass man sich mittels des »Formkörpers zur Verwirklichung des Wohles anderer Wesen« für andere sinnvoll einsetzen kann. Daher sollten wir folgenden Gedanken hegen: »Damit das höchste Glück aller Wesen, die in zahllosen Existenzen meine Mütter gewesen sind, ohne Mühen verwirklicht wird, werde ich die zwei Körper der Buddhaschaft erlangen.«

Die grundlegende Ursache dafür ist der feste Vorsatz, sich dem Wohl der anderen zu widmen. Mit »Erleuchtungsgeist« ist daher auch die geistige Kraft gemeint, die mit dem Streben um die allumfassende Bewusstheit eines Buddha einhergeht. Für den Augenblick bleibt dies natürlich ein bloßer Wunsch. Das ist noch nicht der wahre Erleuchtungsgeist (der praktischen Anwendung). Wir sollten nicht erwarten, dass der Erleuchtungsgeist sich schnell erzeugen lässt und dass wir damit blitzartig zu echten Bodhisattvas werden.

Der einzige Weg, den Erleuchtungsgeist hervorzurufen und zu kultivieren, ist: Meditieren, Meditieren und noch mal Meditieren. Wir müssen uns über lange Zeit in der Meditation üben, sie durch die Ansammlung von Verdienst und Weisheit verfestigen und unseren Geist von allen Schleiern reinigen. Wenn wir über viele Lebenszeiten hinweg an unserem Meditationsobjekt festhalten, besteht eine gewisse Aussicht, dass wir unser Ziel erreichen. Doch dieses Vorhaben kann einige Kalpas in Anspruch nehmen. Andererseits ist nicht auszuschließen, dass wir schon nach ein paar Jahren am Ziel unserer Wünsche sind.

Doch für welchen Übungsweg wir uns auch entscheiden mögen, wir sollten ihn auf jeden Fall zuerst auf der gedanklichen Ebene zu begreifen suchen. Erst dann können wir zur praktischen Umsetzung übergehen. Deshalb heißt es: Am Anfang steht die Praxis mit Anstrengung, dann folgt die Praxis ohne Anstrengung, später die »ungekünstelte Praxis«, die sich völlig mühelos von selbst vollzieht. Dann geht das Streben nach Erleuchtung ganz natürlich mit dem Streben einher, sich für das Wohl der anderen einzusetzen. Ob wir gehen, sitzen oder liegen, alles erinnert uns an den Erleuchtungsgeist: Erst dann haben wir ihn tatsächlich verwirklicht. Dies kann aber nur als Resultat ausdauernder Übung geschehen.

Hat man solchermaßen gründlich über den Erleuchtungsgeist nachgedacht und ist gedanklich zu einem klaren Verständnis gekommen, kann man, um sein Verständnis zu verfestigen, im Rahmen einer kurzen Zeremonie ein Wunschgebet rezitieren wie zum Beispiel das siebenteilige Gebet. Dadurch wird der Geist gereinigt und die zwei Ansammlungen werden vervollständigt. Es gibt verschiedene Fassungen des siebenteiligen Gebetes. (Am Schluss des Buches finden Sie eine Fassung, die sich an den weiblichen Bodhisattva Tara richtet.)

Der Aufbau ist stets der gleiche. Zuerst werden die Buddhas und Bodhisattvas angerufen. Dann stellt man sich vor, dass man von all den leidenden Wesen umgeben ist, deren Zahl so unendlich ist wie der Raum. Man sollte eine klare Empfindung von Liebe und Mitgefühl für sie haben. Der Geist sollte von jener Art gläubigen Vertrauens erfüllt sein, aus dem der Wunsch entsteht, Gutes zu tun. Sodann ruft man sich die Qualitäten von Körper, Rede und Geist aller Buddhas und Boddhisattvas ins Gedächtnis. Sobald ein Gefühl von Inspiration aufsteigt, kann man sich mit zusammengelegten Händen bescheiden vor ihnen verbeugen. Im Weiteren stellt man sich alle möglichen Reichtümer vor: alles, was die Menschen besitzen können, und all die schönen Dinge, die man nicht »besitzen« kann. All das bringt man sodann den Buddhas und Boddhisattvas im Geist als Opfergabe dar. Vor allem aber sollte man sich vorstellen, dass all die heilsamen Handlungen, die man mit Körper, Rede und Geist begangen hat, sich in Opfergaben verwandeln.

Dann rufen wir uns ins Gedächtnis, dass wir bis zu diesem Tag, obwohl wir nicht leiden wollen, zahllose Leidensursachen angesammelt haben, die noch nicht herangereift sind. Wir entwickeln aufrichtiges Bedauern, als hätten wir Gift verzehrt, bekennen unsere Verfehlungen und fassen den festen Entschluss, von jetzt an alle unheilsamen Handlungen zu vermeiden.

Anschließend denkt man über das Positive nach, das man getan hat, und vergegenwärtigt sich die Freude, die man darüber empfindet. Sollte sich Bedauern über eine heilsame Handlung einstellen, schenkt man diesem keine Beachtung. Nun dehnen wir die Freude auf all die heilsamen Handlungen aus, die andere ausgeführt haben, angefangen bei den positiven Handlungen der gewöhnlichen Wesen bis hin zu den vollkommen makellosen Handlungen der Buddhas. Darüber sollten wir uns aus tiefstem Herzen freuen. Ganz besonders sollten wir uns über die Anfänger auf dem Pfad freuen, die sich nach Kräften bemühen, Positives zu tun, und ihre Anstrengungen frei von Eifersucht oder Konkurrenzdenken würdigen.

Von den vier Körpern des Buddha war bereits die Rede. Sein Erscheinungskörper nimmt eine neue Existenz an, um die Wesen aus Samsara zu befreien: Er vollendet das vollkommene Erwachen zur Buddhaschaft; er setzt das Rad der Lehre in Bewegung; und schließlich zeigt er, wie man über das Leid hinausgelangen kann. Sobald in einer der zahllosen Welten ein Erscheinungskörper des Buddha den Akt des Erwachens manifestiert hat, dreht er das Rad des Dharma. Im nächsten Schritt denken wir an all die Buddhas und Bodhisattvas, die noch nicht das Rad der Lehre in Bewegung gesetzt haben, und bitten sie inständig, den Dharma zu lehren. Dieser Punkt wird die »Aufforderung zu lehren« genannt.

Dann richten wir unsere Gedanken auf all jene, die sich anschicken, ins Nirvana einzugehen, sobald es keine Wesen mehr gibt, die sie aus dem Leidenskreislauf herausführen können, und bitten sie, in Samsara zu verweilen.

Im nächsten Schritt rufen wir uns noch einmal alle sechs Teile des Gebets (von der Ehrerweisung bis zur Bitte, nicht ins Nirvana einzugehen) ins Gedächtnis. Dadurch haben wir nun Ursachen für das Gute gelegt. Doch diese heilsamen Ursachen sind natürlich nicht für mindere Resultate gedacht. Also bitten wir darum, dass sie zur Ursache dafür werden, dass wir die vollkommene, höchste Erleuchtung zum Wohl aller Wesen erlangen. Es empfiehlt sich übrigens, diesen Text in seiner Muttersprache zu lesen, damit man seine Bedeutung auch ganz versteht.

Dann nehmen wir Zuflucht und stellen uns vor, alle Wesen zu befreien. Wir erklären, dass wir von nun an, bis die höchste Erleuchtung erreicht ist, Zuflucht in Buddha, Dharma und Sangha nehmen. Was die Zuflucht angeht, so gibt es auch hier verschiedene Formen: Man kann Zuflucht zu den Drei Kostbarkeiten nehmen im Bewusstsein, dass diese von uns verschieden sind. Man kann aber auch Zuflucht nehmen in dem Bewusstsein, dass man selbst irgendwann einmal zu den Drei Kostbarkeiten wird. Wollen wir fähig sein, selbst zu den Drei Kostbarkeiten zu werden, müssen wir Zuflucht zu den Buddhas und Bodhisattvas vor uns nehmen. Auf diese Weise sollte der Akt der Zuflucht erfolgen. Wir nehmen Zuflucht in die Drei Kostbarkeiten, die aus unserer Übung des Pfades hervorgehen[4].

Wir rezitieren:

Zum Wohle aller Wesen
übe ich mich in Mitgefühl und Weisheit:
Vor der Versammlung der Buddhas und Bodhisattvas
aller Richtungen und Zeiten
gelobe ich hiermit, den vollkommenen Erleuchtungsgeist zu verwirklichen.

Damit drücken wir aus, dass wir bereit sind, große Anstrengungen auf uns zu nehmen, um die Leerheit zu realisieren, welche das Kernstück des Mitgefühls ist. Wir üben uns also in liebender

Güte vor dem Hintergrund der transzendenten Weisheit und legen vor den versammelten Buddhas und Bodhisattvas das Gelöbnis ab, zum Wohle aller Wesen die Buddhaschaft zu verwirklichen.

Wenn wir also sagen »Ich verwirkliche den vollkommenen Erleuchtungsgeist«, dann trägt allein das Aussprechen dieser Worte schon zur Verwirklichung bei. Wenn wir wollen, können wir am Ende noch einen Vers aus dem Eintritt in das Leben zur Erleuchtung von Shantideva rezitieren:

Möge ich, solange der Raum existiert,
immer dort sein, wo die fühlenden Wesen leiden,
um ihr Leiden beseitigen zu können.[5]

Solange der Raum sich nicht auflöst, solange es fühlende Wesen gibt, die der Hilfe bedürfen, weil sie weder Zuflucht noch Beschützer kennen, möge es mir gegeben sein, in ihrer Nähe zu verweilen, auch wenn ich jetzt noch nicht viel zur Linderung ihres Leids beitragen kann. Doch was immer mir möglich ist, werde ich tun, um ihnen nützlich zu sein. Diese Art von Entschluss müssen wir fassen, wenn wir Bodhisattvas sein wollen.

Mit diesen Versen besiegeln wir auch die Entschlossenheit, die zu dieser Haltung nötig ist. Achten Sie darauf, dass diese Zeilen kein bloßes Lippenbekenntnis bleiben. Wir stellen uns dabei vielmehr vor, dass wir in all unsren Handlungen immer zum Besten der anderen Wesen agieren, und zwar nicht heute oder morgen, sondern »solange der Raum existiert«.

Denn wie wir in der *Juwelengirlande* Nagarjunas lesen können, ist das Element »Raum« der Aufenthaltsort der fühlenden Wesen. Daher sollten wir uns vollkommen in den Gedanken vertiefen, dass wir Freude, Stütze, ja Nährboden für diese Wesen sein wollen. Und wir fassen den festen Entschluss, dass wir im Leben wie im Sterben, auf der relativen wie auf der absoluten Ebene nichts anderes mehr tun werden.

Man sagt, dass nur in Tibet, im Land des Schnees, die Gesamtheit der Lehren beider Fahrzeuge sowie die Tantras vollständig erhalten sind. All diese Lehren haben letztlich nur ein Herzstück: den Erleuchtungsgeist. Die Belehrungen des Kleinen Fahrzeugs sind Vorstufe zur Übung im Erleuchtungsgeist, zu den Lehren des Großen Fahrzeugs. Und der Tantraweg ist der Erleuchtungsgeist in Aktion. Daher beruhen alle buddhistischen Lehren letztlich auf dem Erleuchtungsgeist. Wenn wir Schwierigkeiten haben, Einsicht in die Leerheit zu erlangen, hilft Bodhicitta uns dabei. Allerdings muss man dazu sagen, dass es zwar leicht ist, den Erleuchtungsgeist auf der intellektuellen Ebene zu begreifen, doch ihn zur lebendigen Erfahrung zu machen ist gar nicht so einfach. Der Erleuchtungsgeist und die Einsicht in die Leerheit sollten Grundlage unserer Praxis und unseres ganzen Lebens sein. Dann werden die Niederwerfungen, das Umrunden der Stupas, die Reinigungsmantras und die Opferungen, die zum Tantra-Weg gehören, zur Praxis des Erleuchtungsgeistes. Viele Buddhisten konzentrieren sich zu sehr auf den äußeren Aspekt der Übung und übersehen letztlich das Herz des Ganzen: den festen Entschluss, all dies zum Wohle aller fühlenden Wesen auszuführen. Den Erleuchtungsgeist eben. Diese Haltung sollten wir in jedem Fall vermeiden.

Doch ob wir nun gläubig sind oder nicht, Buddhisten oder Nicht-Buddhisten, wir sollten uns bemühen, unseren Geist zu überwachen. Wenn Sie ein religiöser Mensch sind, bemühen Sie sich nach Kräften, Ihrer Religion gerecht zu werden. Üben Sie sich in Selbstbeobachtung, und wenn Sie den Regeln Ihres Glaubens zuwiderhandeln, greifen Sie auf die Kräfte des Nachdenkens und der Aufmerksamkeit zurück, um dieses Verhalten einzustellen. Geben Sie sich wirklich Mühe damit! Selbstdisziplin ist von immenser, nicht zu unterschätzender Bedeutung.

Haben Sie keinen bestimmten Glauben, dann widmen Sie sich der Selbstbeobachtung im Bewusstsein, dass Sie anderen Wesen nicht schaden wollen. Wenn Sie sich dabei ertappen, halten Sie inne. Auf diese Weise können Sie Ihr Verhalten dauerhaft verändern.

Wir alle sollten uns bemühen, ein konstruktives Leben zu führen, das von Mitgefühl geprägt ist. Das Leben ist nicht da, damit sich die Kräfte der Zerstörung darin ausbreiten. Und dies ist das eigentlich Wichtige.

VERTIEFENDE BETRACHTUNG EINZELNER ASPEKTE

Warum heißt es, der Geist sei »lichthaft«?
Im Tibetischen bezeichnet das Wort »Bewusstsein«, also die Instanz, welche ihr Objekt erkennt. Auf welchen Akt stützt sich das Individuum, um zu erkennen? Auf den Bewusstseinsakt. Das Erkennen eines Objekts entsteht nicht bedingt. Es ist vielmehr die wahre Natur des Bewusstseins. Das klare Licht, von dem im Ausdruck »inhärentes ursprüngliches klares Licht« die Rede ist, ist die Grundlage für das Hervortreten des Weges und der Frucht. Deswegen hat der Buddha vom »klaren Licht« gesprochen. Und ist es nicht dies, was uns erlaubt, der grundlegenden Unwissenheit ein Ende zu setzen?

Wenn man nicht als unabhängiges Ich existiert, als was dann?
Wie ich bereits erklärt habe, gehen alle diesbezüglichen Verständnisschwierigkeiten auf unsere Unfähigkeit zurück, dass wir nicht zwischen »existieren« und »wirklich existieren« bzw. zwischen »nicht existieren« und »nicht wirklich existieren« unterscheiden können. Doch dieses Thema wurde bereits erörtert.

Was ist von Abtreibung und Sterbehilfe zu halten?
Grundsätzlich ist es besser, wenn Alter und Krankheit den Schlusspunkt unter ein Leben setzen. Sterbehilfe zu leisten heißt immer, ein Leben vorzeitig zu beenden. Andererseits gilt es, Pro und Kontra nach den Erfordernissen der Situation gründlich abzuwägen. Gleiches gilt für die Abtreibung. Hier handelt es sich

immer um einen Akt des Tötens, den man besser vermeidet. Doch auch hier gilt es, das Für und Wider gründlich abzuwägen.

Wenn wir frei sind von jeglicher Anhaftung, warum sollten wir dann noch aktiv werden und handeln?

Auch dies wurde bereits erläutert. Nehmen wir als Beispiel ein Bewusstsein, das eine Blume wahrnimmt. Der Akt der Wahrnehmung kann nun erfolgen a) im Glauben, dass diese Blumen wirklich existieren; b) ohne eine Unterscheidung zu treffen zwischen wirklicher und nicht-wirklicher Existenz; und c) im Bewusstsein, dass sie nicht wirklich existieren. Es heißt nicht, dass sämtliche Arten der Objektwahrnehmung fehlerhaft sind. Auch in der Wahrnehmung selbst liegt nichts grundsätzlich Irrtümliches: Angenehmes als angenehm und Leiden als Leid wahrzunehmen, das tut auch ein Buddha. Daher werden auch die Eigenschaften eines Buddha unterschieden in »allumfassende Bewusstheit, die unmittelbar das ›Wie‹ der Dinge, also ihre Essenz, erkennt« und als »allumfassende Bewusstheit, die unmittelbar ihr ›Wie viel‹, also ihre Vielfältigkeit, erkennt«. Es heißt, dass man im Zustand der Buddhaschaft über einhundertsechsundfünfzig Arten von Weisheit verfügt. Es ist vollkommen ausgeschlossen, dass ein Buddha nichts sieht bzw. nichts sehen kann.

Ist es möglich, einen bereits verstorbenen Meister zum spirituellen Lehrer zu haben?

Ja, das geht. Wenn er ein verwirklichter Meister war, dann bleibt er das auch weiterhin. Wenn sich die persönliche Verwirklichung kontinuierlich vertieft, wird man eines Tages dem Weisheitskörper des Meisters begegnen.

Ist der Buddhismus eher Philosophie oder eher Religion?

Beides. Manche sprechen im Zusammenhang mit dem Buddhismus auch von einer »Wissenschaft des Geistes«.

Kann hier im Westen die Psychologie als Unterstützung für die Ausübung des Buddhismus dienen?

Es gibt Gemeinsamkeiten, aber auch Unterschiede. Ganz allgemein denke ich, dass die westliche Psychologie sich ausschließlich mit den geistigen Aktivitäten dieses Lebens befasst. Sie erklärt nur dieses Leben und nicht die gewohnheitsmäßigen Tendenzen, die man aus früheren Existenzen ererbt hat. Das ist ein bedeutsamer Unterschied. Die Psychologie versucht, solche Tendenzen auf rein physiologischer Grundlage zu erklären. Wodurch sie manchmal in einen gewissen Erklärungsnotstand gerät. Die Psychologie erklärt das Auftreten der diversen Bewusstseinsinhalte ausschließlich als Folge von Erfahrungen, die sich auf dieses eine Leben beschränken. Auf Grund dieser Erfahrungen tun wir dies, sind wir so. Manche Psychologen glauben auch, diese Dinge ließen sich durch unser Verhalten erklären. In mancher Hinsicht bleibt die Psychologie die Erklärung für Zusammenhänge schuldig, die eigentlich in ihre Zuständigkeit fallen.

Nach buddhistischer Auffassung rühren zahlreiche Bewusstseinszustände daher, dass bestimmte Tendenzen, die wir in früheren Leben erworben haben, nun aktiviert werden. Die Herkunft solcher Bewusstseinszustände ist nicht allein in diesem Leben zu suchen, weil sie – wie bereits erklärt – die Widerspiegelung von Gewohnheiten aus früheren Leben darstellen. Ich finde es schwierig, bestimmte Bewusstseinszustände allein mit den inneren bzw. äußeren Umständen dieses einen Lebens zu erklären. Parapsychologen werden mir in diesem Punkt vermutlich zustimmen.

Generell muss man sagen, dass jede Wissenschaft ihre Grenzen hat. Lassen sich für sämtliche Phänomene innerhalb dieser Grenzen gültige Erklärungen finden? Ich finde, dass ist eine schwierige Frage. Die Phänomene halten sich nicht immer an diese Grenzen. Bis jetzt hat sich die Wissenschaft auf eine sehr enge Methodik beschränkt, die im Wesentlichen im Messen und Auswerten besteht. Wenn die Wissenschaft ihre Methodik erweitert, wird sich wohl auch das Feld ihrer Untersuchung erweitern.

Jesus hat nach Buddha gelebt. Kann man in ihm also eine Manifestation des Urbuddha sehen?

Der buddhistische Standpunkt ist folgender: Die Lehrer dieser Welt, Heilige, deren Ziel es ist, den zahllosen fühlenden Wesen zu helfen, sind primäre und sekundäre Manifestationen der Buddhas und Bodhisattvas. Die Antwort ist also ja, man kann ihn so sehen. Ich würde sogar davon ausgehen, dass ein Buddhist ihn so sehen muss.

Sind die Entscheidungen, die wir treffen, Folge unseres Karmas?

Man spricht davon, dass die »Wirkung der Ursache gleicht«. Dieses Thema wurde bereits kurz angeschnitten. Wenn man in einem früheren Leben gewohnheitsmäßig getötet hat, wird man in seinem folgenden Leben dazu neigen, Handlungen zu begehen, die ihrer Ursache gleichen, also z.B. Insekten und andere fühlende Wesen töten. Man kann sagen, dass der Entschluss zu töten die Folge einer Gewohnheit ist, die man in einem früheren Leben erworben hat. Ich vermag nicht zu sagen, ob negative Emotionen allgemein aus Karma hervorgehen. Wie gesagt, diese Frage wurde bereits angeschnitten, aber ich kann nicht sagen, ob die Entscheidung selbst eine Folge von Karma ist.

Wie ist das einzuschätzen, wenn man den Verstand verliert und jegliche Fähigkeit, die Wirklichkeit zu untersuchen?

Wenn die Frage darauf abzielt, warum jemand den Verstand verliert, dann wäre es besser, einen Arzt zu fragen. Ich kann nur zu den karmischen Zusammenhängen etwas sagen. Generell heißt es, dass es Ursachen und Bedingungen gibt, deren Haupt- und Nebenursachen man unterscheiden muss, wobei die Nebenursachen eben die (vorübergehenden) Bedingungen sind. Was die Ursachen betrifft, ist Karma der stärkste Faktor. Was die Bedingungen angeht, so gibt es drei verschiedene Arten, die ihrerseits wiederum verschiedenen plötzlichen Veränderungen unterworfen sein können. Doch schließlich und endlich gehorcht das Auftreten der Bedingungen ebenfalls dem Karma. Wie auch immer das augenblickliche Karma beschaffen sein mag, ob positiv oder negativ, die Bedingungen sind dem Karma unterworfen.

Das siebenteilige Gebet zu Ehren des weiblichen Bodhisattvas Tara

Ich huldige Dir, edle, erhabene Tara, und ebenso allen Buddhas und Bodhisattvas der zehn Richtungen und drei Zeiten.

Ich bringe euch echte und vorgestellte Gaben von Blumen, Weihrauch, Lichtern, Wohlgeruch, Speise, Musik und anderem dar. Nehmt sie bitte an!

Alle negativen Handlungen, die seit anfangsloser Zeit bis jetzt unter dem Einfluss der störenden Gefühle in meinem Geist entstanden sind, die Zehn Unheilvollen und die Fünf Schwerstwiegenden Taten bekenne ich.

Über die Verdienste, die Arhats, Pratyeka-Buddhas, Bodhisattvas und gewöhnliche Wesen in den drei Zeiten ansammeln, freue ich mich.

Bitte dreht das Rad der Lehre des allgemeinen Fahrzeugs entsprechend der Neigung und Auffassungsgabe jedes einzelnen Lebewesens.

Schaut bitte voller Mitgefühl auf die Wesen, die im Meer der Leiden versinken, und geht nicht in Nirvana ein, solange der Kreislauf der Existenzen nicht vollständig geleert ist.

Mögen alle Verdienste, die ich angesammelt habe, für alle Wesen zur Ursache der Erleuchtung werden.

Möge ich bald zum Führer für alle Wesen werden, damit ich sie aus dem Leid geleiten kann.

(Aus dem Tibetischen ins Deutsche übersetzt von Döndup Tschöphel und Djamyang Wangmo; überarbeitet von Elisabeth Liebl.)

Danksagung

Verehrung dem Manjushri des langen Lebens!

Das vorliegende Werk beruht auf acht Vorträgen, die Seine Heiligkeit der XIV. Dalai Lama, vom 26.–29. April 1997 im Institut Karma Ling bei Arvillard in Savoyen (Frankreich) hielt.

Jigme Khyentse Rinpoche sorgte nicht nur für die getreue Niederschrift der Vorträge und der vertiefenden Fragen zum Thema, die hier vollständig und mit Anmerkungen versehen vorliegen, sondern stand auch dem französischen Übersetzer immer bereitwillig mit Rat und Tat zur Seite: Ihm sei hier herzlichst gedankt. Auch Kusho Lhagdor und Matthieu Ricard haben bei der Übersetzung großzügig Hilfestellung geleistet.

Unsere Ehrerbietung aber gilt vor allem dem Ozean der Weisheit, dem Halter der Lehren, Avalokita selbst, dessen außerordentliche Geschmeidigkeit in Körper und Geist alle Widerstände gegen das Gute überwindet! Möge der Zauber seines Wortes unsere Ängste vertreiben! Möge er so lange leben wie die Flüsse und Berge unserer Erde!

Anmerkungen

Grundlegende Voraussetzungen für das Verständnis der Vier Edlen Wahrheiten

1 Die Welt der Götter (skrt. *deva*, tib. *lha*) ist einer der fünf bzw. sechs Existenzbereiche in Samsara. Die Götterwelt ist ein Bereich, in dem die Erscheinungen vom Geistesgift des Stolzes geprägt sind. Die Drachen (skrt. *naga*, tib. *klu*) sind Schlangenwesen, die zum Tierbereich zählen. Sie herrschen über Gewässer und unterirdische Schätze. Die Gandharvas (tib. *driza*) stehen hier für die himmlischen Sänger, die zur Welt des sinnlichen Verlangens gehören.

2 Der Begriff der drei Welten (skrt. *triloka*, tib. *khams-gsum*) bezeichnet die Gesamtheit von Samsara, von der gröbsten bis hin zur subtilsten Ebene: die Welt des Verlangens, die Welt der Form und die formlose Welt. Die sechs Klassen von Wesen (skrt. *shadgati*, tib. *'gro-drug*) sind alle im Kreislauf der Existenz gefangen. Die höheren Formen der Wiedergeburt sind: Götter, Halbgötter und Menschen. Die niederen Formen der Wiedergeburt: Tiere, Pretas (Hungergeister) und Höllenbewohner. Siehe dazu: Patrul Rinpoche, *Die Worte meines vollendeten Lehrers*, Freiamt 2001, Kapitel 3, S. 107–152; Die vier Arten der Geburt (skrt. *caturyoni*, tib. *skye-gnas bzhi*): Wesen, die einen Körper besitzen, kommen auf vier verschiedene Arten zur Welt: aus einer Gebärmutter (wie die Menschen), aus einem Ei (wie die Vögel), durch ein Wunder (wie die Götter) und durch Feuchtigkeit (wie verschiedene Insekten).

3 Dharma meint hier die Lehren Buddhas und der großen Meister, den »Buddhismus« eben.

4 Genauer gesagt in Sarnath.

5 Skrt. *pancabhadraparishadya*, tib. *'khor lnga-sde bzang-po*; die fünf

Gefährten aus der Zeit, als Siddharta Gautama sich in Askese übte, wurden später seine ersten Schüler und ordinierten Mönche.

6 Mit den »Fahrzeugen« sind Lehren gemeint, die uns auf dem Weg voranbringen, die uns also zeigen, wie wir sinnvoll »praktizieren« können.

7 Im engen Sinne umfasst dies nur die direkten Schüler des Buddha. Im weiteren Sinne versteht man darunter all jene, welche die Lehren ihres Meisters hören, sie in die Tat umsetzen und sie dann an andere weitergeben.

8 Hiermit sind jene Meister gemeint, die ohne Lehrer in der Abgeschiedenheit praktizieren und ohne Wissen anderer Menschen Buddhaschaft erlangt haben.

9 All jene Praktizierenden, die ihr Leben der Erweckung des Erleuchtungsgeistes weihen und so zu Schülern der Leerheit werden, deren Herz das Mitgefühl ist.

10 Der Tantraweg steht hier für den Weg des »Geheimen Mantras« (skrt. *guhyamantra*, tib. *gsang-sngags*). Damit ist die Praxis der außerordentlichen Vereinigung von Methode und Weisheit gemeint.

11 Diese »37 Hilfsmittel« stellen die Methoden dar, die zur Erleuchtung führen. Siehe Glossar.

12 Die »Transzendenten Tugenden« werden auch Paramitas oder Bodhisattva-Tugenden genannt. Es handelt sich dabei um: Freigebigkeit, Disziplin, Geduld, Entschlossenheit, Konzentration und Weisheit. Diese Tugenden werden zu transzendenten in dem Maße, in dem der Bodhisattva sie im Licht der direkten Erkenntnis der Leerheit übt.

13 Der Buddha kam aus dem Clan der Shakyas, die zur Kriegerkaste (skrt. *kshatryas*) gehörten. Innerhalb seines Clans ist er der am weitesten verwirklichte Asket (skrt. *muni*).

14 Im heutigen Bodhgaya im indischen Bundesstaat Bihar.

15 Dies ist der zweite der fünf Pfade auf dem Stufenweg zur Erleuchtung des Großen Fahrzeugs. Diese sind: der Pfad der Ansammlung, der Pfad der Vereinigung, der Pfad des Sehens, der Pfad der Meditation und der Pfad jenseits des Lernens. Der Pfad der Vereinigung geht dem Pfad des Sehens unmittelbar voraus, in dem die grundlegende Wesenlosigkeit der Erscheinungen direkt wahrgenommen wird.

16 Skrt. *vajropamasamadhi*, tib. *rdo-rje lta-bu'i ting-nge-'dzin*. Unzerstörbar und unbezwingbar wie der Diamant setzt diese Form der Verwirklichung allen Schleiern und Verdunkelungen ein für alle Mal ein Ende. Dieser »Weg, der nunmehr frei von Hindernissen ist« (tib. *bar-chad med lam*), führt unmittelbar zur Erleuchtung – im Kleinen oder Großen Fahrzeug, je nachdem, welcher Sicht der Praktizierende den Vorzug gibt.

17 Skrt. *nirmanakaya*, tib. *sprul-ku*: Manifestation der Erleuchtung, die sich an jene Wesen richtet, deren Karma noch nicht gereinigt ist. Dieser Körper wird »erhaben« genannt, weil nur ein Wesen wie der Buddha bzw. ein vollkommen verwirklichter Meister ihn erlangen kann.

18 Die drei bzw. vier Körper des Buddha im Großen Fahrzeug werden im Folgenden noch ausführlich behandelt.

19 Unter Ichlosigkeit versteht man die »Wesenlosigkeit« bzw. »Nicht-Substanzhaftigkeit« des Individuums, die man auch als gröbere Form der Leerheit bezeichnet.

20 Skrt. *nairatmya*, tib. *bdag-med*. »Substanz« meint hier etwas, das aus sich selbst heraus und einzig für sich existiert. »Substanzhaft« ist also etwas, das seine eigene Ursache ist und unabhängig von allem anderen existiert. Was nicht seine eigene Ursache ist und nicht unabhängig existiert, ist folglich »nicht-substanzhaft«. Der Begriff »Nicht-Substanzhaftigkeit« oder »Wesenlosigkeit« bezeichnet also den Zustand all dessen, was im oben erläuterten streng philosophischen Sinne nicht »Substanz« ist.

21 Skrt. *Dashabhûmi*, tib. *sa-bcu*. Mit den Zehn Erden sind die spirituellen Entwicklungsstufen gemeint, welche der Bodhisattva auf dem Weg des Sehens und der Meditation durchläuft, bis er vollkommene und wahre Erleuchtung erlangt hat.

22 Die »Methode« besteht aus den sechs Tugenden. Mit »Weisheit« ist hier die Erkenntnis der Reinheit bzw. Leerheit von Subjekt, Objekt und dem Begünstigten einer positiven Handlung gemeint.

23 Vertieft wurde die Lehre durch die Vorstellung von der Leerheit der Erscheinungen (im Gegensatz zu der im Kleinen Fahrzeug betonten Leerheit des Ich), erweitert durch die Methoden auf dem Weg zur Erleuchtung, welche für jeden Menschen den richtigen Weg bereithalten.

[24] Der Buddha hinterließ uns drei verschiedene Lehrzyklen mit unterschiedlichem Gegenstand: 1. die Vier Edlen Wahrheiten, 2. die Leerheit, 3. das klare Licht – und die Tantras.

[25] Skrt. *prajnaparamita* (tib. *shes-rab-kyi pha-rol-tu phyin-pa*) bedeutet vollkommene Weisheit, die direkte Erkenntnis oder »Verwirklichung« der Leerheit.

[26] Das *Mahayana-Uttaratantra-shastra*, das Asanga vom Buddha Maitreya übermittelt wurde.

[27] Tathagatagarbha-Sutra.

[28] Skrt. *prabhasvara*, tib. *'od-gsal*. Von der »Lichtnatur« des Geistes ist in allen drei Zyklen die Rede, ausführlich erklärt wird sie jedoch nur im dritten. Auch das Kleine Fahrzeug kennt die Lichtnatur, wie folgendes Zitat aus dem ersten Teil der *Anguttaranikaya*, der Angereihten Sammlung, zeigt: »Klares Licht ist jener Geist, der mitunter von vorübergehenden negativen Emotionen befleckt wird, auch wenn er ansonsten davon frei ist.« Siehe Lamotte, *L'Enseignement de Vimalakirti*, Bibliothèque du Muséon, Bd. LI, Louvain 1962, S. 52. Auch im Großen Fahrzeug der Transzendenten Vollkommenheiten existiert dieser Begriff: »Der Geist? Der Geist existiert nicht wirklich. Sein wahres Wesen ist klares Licht.« Diese Erklärung findet sich am Anfang *des Sutra der Transzendenten Weisheit in Achttausend Versen.*

[29] Mit »erhabener Weisheit« ist der Ursprungsaspekt der transzendenten Weisheit gemeint, wie er in den Sutren des 3. Lehrzyklus wie zum Beispiel im Lankavatara-Sutra (Sutra über das Herabsteigen nach Ceylon) dargestellt ist: die Essenz der »Qualitäten« des absoluten Erleuchtungskörpers, das Nicht-Nichts der klaren Leerheit.

[30] Der Schleier der negativen Emotionen und der Schleier der Unwissenheit, die zusammen die ursprüngliche Weisheit verdunkeln.

[31] Skrt. *shakyasingha*, tib. *shakya seng-ge*. Eine der Bezeichnungen für den Buddha, dessen Belehrungen die »Stimmen der gewöhnlichen Lehrer« verstummen lassen, wie der Ruf des Löwen dies bei den anderen Tieren bewirkt.

[32] Tib. *bskal-pa*. Ära, Zeitalter. Ein großes Kalpa entspricht der Zeit, in der ein Universum entsteht, existiert und vergeht. Es ist unterteilt in 80 kleinere Kalpas. Diese wiederum bestehen aus der Phase des Entstehens, während der die menschliche Lebenszeit sich ständig ver-

längert, und der Phase des Vergehens, in der die Lebenszeit wieder abnimmt. Ein unendlich großes Kalpa umfasst eine »unendliche Anzahl von großen Kalpas«, d.h. eine Zahl zwischen der 10. und 59. Potenz. Siehe Vasubandhu, *Abhidharmakosha* (Schatzkammer des Abidharma), in: Institut Belge des Hautes Etudes Chinoises (Hrsg.), *Mélanges chinois et bouddhiques*, Bd. XVI, II, S. 188, Nr. 1.

33 Von Verdienst und Weisheit.

34 Skrt. *pitaka*, tib. *sde-snod*. Wörtlich »Korb«, womit eine Sammlung von Lehren gemeint ist. Wir würden dazu vielleicht »Literatur« sagen.

35 Die zwei, drei oder vier Körper des Buddha, von denen noch ausführlich die Rede sein wird.

36 Das Fahrzeug der Transzendenten Vollkommenheit sowie die »niederen« Fahrzeuge sind »Ursachen-Fahrzeuge«. Das Diamant-Fahrzeug hingegen ist ein »Wirkungs-Fahrzeug«, weil seine Praxis das aktive Wirken der Buddhaschaft ist. Im »Ursachen-Fahrzeug« hingegen geht es um das Erreichen derselben.

37 Skrt. *guhyamantra-vajrayana*, tib. *gsang-sngags rdo-rje'i theg-pa*.

38 Im folgenden Text ist mit Seins- oder Existenzweise immer die Art gemeint, in der die Dinge existieren.

39 Skrt. *tathata*, tib. *de-bzhin-nyid*. Die Einfachheit der Wirklichkeit außerhalb jeder Illusion.

40 Wörtlich aus dem Tibetischen übersetzt. Der Begriff »hingezogen« steht hier für tib. *drang-don*. *Drang* ist dabei das Futur von *'dren*, was wörtlich »führen« heißt.

41 Skrt. *Bodhicitta*, tib. *byang-chub-kyi sems*. Die spirituelle Kraft, die von dem Versprechen ausgeht, die Erleuchtung zum Wohl aller fühlenden Wesen erlangen zu wollen (dem Bodhisattva-Gelübde), aber auch die Übung in den Sechs Transzendenten Tugenden, die zur allumfassenden Bewusstheit eines Buddha führen.

42 Positive Handlungen bringen Glück mit sich. Negative Handlungen hingegen vermehren das Leid. Mit Karma ist nun nicht etwa die Kausalität an sich gemeint, die in der Natur der Dinge liegt, sondern deren Wirkung auf den Geist. Daher zeigt Karma sich in der Absicht, aus der heraus eine Handlung begangen wird.

43 Allumfassende Bewusstheit wird häufig auch als »Allwissenheit« bezeichnet. Damit ist hier kein enzyklopädisches Wissen gemeint, das

in einem Super-Gedächtnis gespeichert ist. Vielmehr bezieht sich dieser Begriff auf die Erkenntnis der Leerheit aller Erscheinungen bzw. deren Qualitäten und Besonderheiten.

44 Tib. *bye-brag smra-ba*. Diejenigen Anhänger des Kleinen Fahrzeugs, die davon ausgehen, dass die Dinge der Gegenwart, Vergangenheit oder Zukunft eine reale Existenz besitzen. Der Ausdruck »Vaibhashika« kommt aus dem Sanskrit, wo *vibhasha* die frühen Enzyklopädien des Buddhismus bezeichnet. Darin finden sich erste systematische Darstellungen und Diskussionen aller Themen, die der Buddha in den Sutren angesprochen hat.

45 Tib. *mDo-sde-pa*. Diejenigen Anhänger des Kleinen Fahrzeugs, die sich auf die Sutren (ohne deren Kommentare) berufen und die reale Existenz des Bewusstseins und seiner Objekte annehmen.

46 Tib. *dbU-ma-pa*. Diejenigen Anhänger des Großen Fahrzeugs, die von der Einheit der zwei grundlegenden Wahrheiten ausgehen, wodurch die extremen Ansichten des Nihilismus (Nicht-Existenz aller Phänomene einschließlich des Geistes) bzw. des Eternalismus (dauerhafte Existenz aller Phänomene einschließlich des Geistes) überwunden werden.

47 Tib. *Sems-tsam-pa*. Diejenigen Anhänger des Großen Fahrzeugs, welche die reale Existenz des Geistes annehmen, seine Inhalte, die Phänomene, aber für vollkommen illusorisch halten.

48 Welche für die Buddhisten zutreffen, für andere Menschen jedoch nicht notwendigerweise.

49 In denen es um die allgemeine Leerheit geht.

50 Diese Vielfalt wird gewöhnlich mit »Weite« bezeichnet.

51 Innerhalb der Vier Edlen Wahrheiten.

52 Bei den »körperlichen Yogas« während der Entwicklungsstufe der Praxis.

53 Kurz gesagt stellt man sich dabei den Körper des Mannes oder der Frau, die unser Begehren erwecken, nicht in ihrer äußeren Schönheit vor, sondern betrachtet sie als Hautsack, in dem die Eingeweide sowie Blut, Kot und Urin enthalten sind.

54 Antidot bedeutet wörtlich »Gegengift«. Hier wird es als Hilfsmittel, Gegenmittel verstanden.

55 Seine absolute Wahrheit.

56 Die sich daraus in gewisser Weise ergebende Ethik.

57 Skrt. *tirthikas*, tib. *mu-steg-pa*. All jene Philosophen und Mystiker, die an ein dauerhaftes Wesen bzw. an das Nichts glauben.

58 Im Sanskrit heißt es *madhyamika*, wenn es um die Philosophie, *madhyamaka*, wenn es um die Soheit (*tathata*) geht.

59 tib. *kLu-sgrub*. Eines der Sechs Schmuckstücke der Welt, wie man die großen Kommentatoren Buddhas auch nennt. Der große Meister wurde im Süden Indiens im Schoß einer Brahmanenfamilie geboren, 400 Jahre nach dem Parinirvana des Buddha. Noch als Junge erlangte er vollkommene Kenntnis aller Sutras und Tantras. Der große Verwirklichte Saraha verlieh ihm an der buddhistischen Universität von Nalanda die Mönchsweihen. Nagarjuna trieb medizinische, alchemistische und politische Studien und schrieb zahllose Traktate über die Lehren Buddhas, vor allem über den wahren Sinn der transzendenten Weisheit und des Mittleren Weges. Zu seinen zahlreichen Schülern gehören so hohe verwirklichte Meister wie Aryadeva und Buddhapalita. Neben seinen zahllosen anderen Aktivitäten tat er sich auch als Erbauer von Tempeln und Stupas hervor. Die Legende schreibt ihm eine Lebenszeit von 600 Jahren zu, was bedeuten würde, dass er bis ins 5. Jahrhundert unserer Zeitrechnung gelebt hätte. Die Nyingma-Schule des tibetischen Buddhismus geht sogar davon aus, dass er bis ins 10. Jahrhundert lebte.

60 Tib. *Sangs-rgyas-bskyangs*. Indischer Meister der Madhyamika-Schule. Autor eines tiefgründigen Kommentars zu Nagarjunas *Grundlegender Abhandlung*, in dem er alle Argumente systematisch aufführt. So wurde er zum Begründer der Prasangika-Schule, deren philosophische Grundlagen zu den subtilsten und tiefgründigsten der vier Schulen des Buddhismus gehören.

61 Tib. *Zla-ba grags-pa*. Ein großer Madhyamika-Meister aus dem 7. Jahrhundert unserer Zeitrechnung. Abt oder Rektor der Universität von Nalanda, stellte er Sprache und Sinn im Mittleren Weg wieder im Sinne Nagarjunas her. Er nahm die Ideen von Buddhapalita auf und wurde so zum eigentlichen Gründer der Prasangika-Schule des Mittleren Weges. Seine *Einführung in den Mittleren Weg* (*Madhamakavatara*) harmonisiert auf vollkommene Weise die Lehren über die Leerheit und das klare Licht.

[62] Die fünf Sinnesorgane, wie wir sie kennen. Dazu kommt noch der »mentale Sinn« (skrt. *manas*, tib. *yid*) Jede sinnliche Wahrnehmung resultiert aus dem Zusammentreffen dreier Phänomene: dem Sinnesobjekt, dem ihm entsprechenden Sinnesorgan und dem Bewusstsein, das die Wahrnehmung macht.

[63] Das Bewusstsein der visuellen, auditiven, olfaktorischen, gustativen, taktilen und mentalen Wahrnehmungen.

[64] Stellte nicht auch Heidegger die Frage, was es mit dem Sein des Seienden auf sich hat?

[65] Tib. *thal-'gyur-pa*. Die Anhänger des Prasanga stellen die radikalste Schule der Madhyamika-Philosophie dar.

[66] *Satyadvaya-vibhaga*, wörtlich »Die Unterscheidung der zwei Wahrheiten«.

[67] Tib. *rang-rgyud-pa*. Die Svatantrikas, die ebenfalls echte Madhyamika-Anhänger sind, gehen davon aus, dass die Dinge auf der relativen Ebene der Wirklichkeit eine reale Existenz besitzen.

[68] Tib. *Ye-shes snying-po*. Indischer Meister des 7. bzw. 8. Jahrhunderts unserer Zeitrechnung.

[69] Skrt. *Abhisamayalankara*, tib. *mNgon-rtogs rgyan*.

[70] Tib. *Thogs-med*. Eines der Sechs Schmuckstücke der Welt. Er lebte im 4. Jahrhundert unserer Zeitrechnung und war ein hingebungsvoller Schüler von Maitreya. Dieser enthüllte ihm den immer subtiler werdenden verborgenen Sinn der Sutren des Großen Fahrzeugs, was Asanga in seinen fünf berühmten Abhandlungen festhielt. Er gilt als Begründer der Chittamatra-Schule des Großen Fahrzeugs.

[71] Die Drei Juwelen: Buddha, Dharma und Sangha.

[72] *Mûla-madhyamaka-vritti prsannapada*. Kommentar zur *Grundlegenden Abhandlung* von Nagarjuna.

Die Existenz des Ich

[1] Tib. *Byams-pa*. Bodhisattva der Liebe und des Mitgefühls, der aktuell im Tushita-Himmel verweilt, bis er zur Erde herabsteigen und die Nachfolge von Buddha Shakyamuni antreten wird. Er wird dann zum Buddha des Guten Zeitalters.

[2] Skrt. *skandha*, tib. *phung-po*. Die fünf Aggregate machen den Körper 1 und den Geist (2–5) des Individuums aus. Sie bestehen aus: dem

Aggregat der Form (skrt. *rupaskandha*), dem Aggregat der Empfindung (skrt. *vedanaskandha*), dem Aggregat des unterscheidenden Erkennens (skrt. *samjnaskandha*), dem Aggregat der Geistesfaktoren (skrt. *samskaraskandha*) sowie dem Aggregat der Primärbewusstseinsarten (skrt. *vjinanaskandha*). Letzteres teilt sich auf wie folgt: siehe Fußnote 63 zu Kapitel »Grundlegende Voraussetzungen für das Verständnis der Vier Edlen Wahrheiten«.

3 Die äußere Erscheinungsform des Meisters hat keine große Bedeutung. Wichtig sind seine Worte und ihr Sinn. Doch auch hier zählt nicht der vorläufige oder hinführende Sinn, sondern die letztendliche Bedeutung. Wer diese Bedeutung wahrnimmt, hört nicht mit seinem gewöhnlichen Bewusstsein, sondern mit der alles durchdringenden, nicht-begrifflichen Weisheit der Buddhas.

4 Tib. *dbYig-gnyen*. Eines der Sechs Schmuckstücke der Welt. Der Bruder Asangas ist Autor des *Abhidharmakosha* (Schatz des Abhidharma). Ursprünglich war er Schüler des kaschmirischen Meisters Sanghabhadra, wandte sich dann jedoch vom Kleinen Fahrzeug ab und der von seinem Bruder begründeten Schule zu. Zu seinen Schülern zählten unter anderem der Logiker Dingnaga sowie der Scholastiker Sthiramati.

5 Skrt. *tripitaka*. Kanon der buddhistischen Schriften, der die Sutren, den Abhidharma und die Verhaltensregeln (skrt. *vinaya*) enthält.

6 Tib. *Legs-ldan-'byed*. Indischer Meister, der durch seine *Kette des Lichts der Transzendenten Weisheit* bekannt wurde, in der er die Argumente der Svatantrika-Schule zusammenfasst, als deren Begründer er gilt.

7 Skrt. *Tarkajvala*. Kommentar zur *Quintessenz des Mittleren Weges* (skrt. Madhyamaka-hridaya).

8 Tib. *'Jam-pa'i DbYangs* oder Manjushri (tib. *'Jam-pa'i dPal*) symbolisiert die Transzendente Weisheit. Mit Maitreya zusammen gehört er zu den acht großen Bodhisattvas um Buddha Shakyamuni.

9 Samsara: tib. *'khor-ba*. Der Zyklus von Tod und Wiedergeburt. Nirvana: tib. *mya-ngan-las 'das-pa* – jenseits von allem Leid.

10 Skrt. *moksha*, tib. *thar-pa*. Befreiung vom Leid der grundlegenden Unwissenheit.

11 Skrt. *shunyata*. Die »Leere« im mystischen und metaphysischen Sinn.

[1] Die Praxis des Nicht-Schadens (skrt. *ahimsa*, tib. *mi-'tshe-ba*) findet beispielsweise im Verzicht auf Fleisch ihren Ausdruck. Abhängiges Entstehen (skrt. *pratityasamutpada*, tib. *rten-'byung*) hingegen ist ein anderer Ausdruck für Leerheit.

[2] Skrt. *manovijnana* – das Bewusstsein der mentalen Erscheinungen.

[3] Die Chittamatra-Schule.

[4] Skrt. *alayavijnana*.

[5] Skrt. *klishta-manovijnana*.

[6] Tib. *tshogs-brgyad*: Die fünf Arten des Sinnesbewusstseins, zu denen das mentale Bewusstsein, das von den negativen Emotionen verdunkelte mentale Bewusstsein sowie das grundlegende Bewusstsein hinzukommen.

[7] Skrt. *Vajravali*.

[8] Tib. sSang-ba 'dus-pa; gehört zu den »Muttertantras« des Höchsten Tantra.

[9] Skrt. *pudgala*, das Ich, die Person.

[10] Siehe Fußnote 12 in Kapitel »Die Wurzel der Unwissenheit durchtrennen«.

[11] Skrt. *upadana*, tib. *nye-bar len-pa*. Gehört zu den zwölf Gliedern des abhängigen Entstehens und wird häufig mit »Anhaftung« übersetzt. Diese ist für das ununterbrochene Weiterbestehen unseres psychischen Kontinuums verantwortlich, weil es uns glauben macht, alles Gute sei nur für uns da.

[12] Man beachte in diesem Zusammenhang folgendes Beispiel: Die Bezeichnung »Jahr 2000« ist an sich wertneutral und bezieht sich auf eine absolute Größe. Trotzdem weckt sie bei vielen Menschen das Gefühl der »Millenniumsdämmerung«.

[13] Wörtlich: »Tantras des Höchsten Yoga«, skrt. *Anuttara-yoga-tantra* (tib. *bLa-na med-pa'i rnal-'byor-gyi rgyud*). Die Tantra-Methoden werden eingeteilt in: 1. Kriya-Tantra: Hier liegt der Akzent auf den rituellen Handlungen. 2. Charya-Tantra: Hier verschmelzen die Handlungen mit dem Bewusstsein der Gottheit. 3. Yoga-Tantra: Auf dieser Stufe teilt der Übende den natürlichen Zustand der Gottheit. 4. Anuttara-Tantra (Höchstes Tantra): Hier erkennt der Praktizierende, dass der natürliche Zustand seines Geistes und des Geistes der

Gottheit niemals getrennt waren. Das Anuttara-Tantra teilt sich weiter auf in drei Stufen der Praxis: Vater-Tantra, Mutter-Tantra und Weder-Vater-noch-Mutter-Tantra oder 1) Maha-Yoga, wobei die Betonung auf der Entwicklungsstufe liegt; 2) Anu-Yoga, wo die Vollendungsstufe im Vordergrund steht; 3) Ati-Yoga, auch die Große Vollendung bzw. Dzogchen (tib. *rdzogs-pa chen-po*) genannt.

14 Siehe dazu: Lati Rinpoche und Hopkins, Jeffrey, *Stufen zur Unsterblichkeit*, 2. Aufl., München 1987, S. 47, sowie Patrul Rinpoche, a.a.O., S. 437ff.

15 Skrt. *vasana* bzw. *samskara*, tib. *bag-chags*.

16 Tib. *gsal-tsam rig tsam*.

17 Das klare Licht ist sogar das Objekt der Unterscheidung in Samsara und Nirvana. Siehe dazu den *Juwelenschmuck der Befreiung* vom Gampopa, Kapitel 1.

18 Tib. *gsog-pa*. Wir verwenden hier den Begriff »Eindrücke« statt der üblichen »Ansammlungen«, da es Handlungen gibt, die zwar ausgeführt werden, aber keinen »Eindruck« zurücklassen (tib. *byas-la ma-bsags-pa*) und also keine weiteren Wirkungen nach sich ziehen.

19 Von Vasubandhu, siehe Fußnote 32 zum Kapitel »Grundlegende Voraussetzungen für das Verständnis der Vier Edlen Wahrheiten«.

20 *Madhyamakavatara* von Chandrakirti, das als Einführung zur *Grundlegenden Abhandlung* von Nagarjuna gelten kann.

21 Tib. *nam mkha'i rdul*.

22 Auch ein Universum entsteht nicht spontan aus dem Nichts. Es hat seine Ursachen in der ihm vorausgegangenen Welt.

23 Welche die »Materie« ausmachen.

24 Anders gesagt: die gewöhnliche Realität, skrt. *dharmata*, tib. *chos nyid*).

25 Skrt. *Shûnyata-saptati-karika*.

26 Buddha Shakyamuni.

27 Die zwölf Glieder des abhängigen Entstehens: Unwissenheit, Karma, Bewusstsein, Name und Form, Quellen der Wahrnehmung, Kontakt, Sinneserfahrung, »Durst«, Aneignung, Werden, Geburt, Alter und Tod.

28 Im Philosophischen Wörterbuch von Lalande steht geschrieben: Naiver Realismus ist »der Glauben des gesunden Menschenverstands, der ohne Prüfung die Existenz einer Welt materieller Objek-

te und mit Bewusstsein begabter Wesen annimmt, zu denen das Bewusstsein in einer schlecht definierten Beziehung steht, die mitunter als direktes Ergreifen der Dinge bzw. der nicht Subjekt seienden Wesen, dann aber wieder als Verhältnis von Abbildung und Modell beschrieben wird.«

29 Eine der vier großen Schulen des tibetischen Buddhismus.

30 Die zwei allgemein gültigen Wege der Erkenntnis sind die direkt erfahrbare sinnliche Wahrnehmung bzw. die logische Schlussfolgerung.

31 Natürlich nur für den Anhänger der Sakya-Schule.

32 Die eigentliche Praxis beginnt mit dem intellektuellen Verstehen (tib. *go-ba*), die sich durch die meditative Erfahrung (tib. *nyams-myong*) von Glück, Klarheit und/oder Gedankenfreiheit vertieft. Diese Erfahrung stabilisiert sich sodann zur Verwirklichung (tib. *rtsog-pa*) und gipfelt in der Befreiung (tib. *grol-ba*).

33 Skrt. *santana*, tib. *rgyud*. Geist und Körper bestehen aus materiellen Bestandteilen sowie flüchtigen Bewusstseinsmomenten. Deren ununterbrochene Aufeinanderfolge bildet ein »Bündel«, das – wie ein Fluss – eine Einheit darzustellen scheint und das wir in der Form für wirklich halten, wie es der oberflächlichen Betrachtung erscheint.

34 Skrt. *abisheka*, tib. *dbang-bskur*. Verwirklichung, welche uns die Vollkommenheit von Körper, Rede, Geist, Qualitäten und Aktivitäten der Buddhas enthüllt. Die »Manifestationen der Weisheit« stehen für alle Erfahrungen und Verwirklichungen, die uns eine solche Einweihung ermöglicht.

35 Der Name des Buddha war Gautama Siddharta.

36 Der Sanskritbegriff *dharma* (tib. *chos*) bezeichnet die Lehren ebenso wie die Welt der Erscheinungen.

37 Mit »Gedankengebäuden« sind hier die extremen Anschauungen der absoluten Existenz bzw. der Nicht-Existenz der Phänomene gemeint.

38 Seine Heiligkeit gebrauchte hier den englischen Ausdruck »individual identity«.

39 Skrt. *vipaka*, tib. *rnam-smin*.

40 Tib. *bLo-sbyong*. Umfasst Übungen zum Austausch von Ich und anderen, zur Gleichsetzung von Ich und anderen usw. Siehe dazu Kapitel »Die Vier Edlen Wahrheiten«, Anm. 33.

41 Skrt. *Bodhycaryavatara*, tib. *Byang-chub sems-dpa'i spyod-pa-la 'jug-*

pa. Das Hauptwerk von Shantideva und gleichzeitig das wichtigste poetische Werk der Prasangika-Madhyamika-Schule. Deutsche Übersetzung: *Eintritt in das Leben zur Erleuchtung*, 3. Aufl., München 1997.

42 Skrt. *shamatha*. Konzentrationsübung.

43 Das »Bekenntnis« fußt im tibetischen Buddhismus auf vier wesentlichen Punkten: Unterstützung, Bedauern, Entschluss, Verhalten.

Die Vier Edlen Wahrheiten

1 Skrt. *vasana*, tib. *bag-chags*. Gewohnheitsmäßiges Muster.

2 Genaueres zur wesentlichen Unterscheidung zwischen dem philosophischen Ich, also dem »konzeptuellen Selbst«, und dem Ichgefühl, also dem »inhärenten Selbst«, siehe *Comprendre la vacuité*, Padmakara 1993, S. 45–55 und 163–176.

3 Skrt. *antarabhava*.

4 Siehe Patrul Rinpoche, a.a.O., »Bewusstseinsübertragung«, S. 437ff.; Lati Rinpoche und Hopkins, Jeffrey, *Stufen zur Unsterblichkeit*, a.a.O., S. 35ff; sowie *Das Totenbuch der Tibeter*, hrsg. von Chögyam Trungpa und Francesca Freemantle, ins Deutsche übersetzt von Stephan Schuhmacher, München 2002.

5 Oder: das Bewusstsein der Erscheinungen, der Anhäufungen, des »Beinahe-Erlangens« und des klares Lichtes; siehe Lati Rinpoche und J. Hopkins in *Stufen zur Unsterblichkeit*, a.a.O, S.47ff. Siehe dazu auch: Patrul Rinpoche, a.a.O., S. 437ff.

6 Einer der Lehrer des Dalai Lama.

7 Sitz der tibetischen Exilregierung im Kangratal, im indischen Bundesstaat Himachal Pradesh.

8 Der Körper und das Bewusstsein, das mit ihm verbunden ist.

9 Dieses ruft zwei grundlegende Wirkungen hervor, die ihrer Ursache entsprechen: eine aktive und eine passive. Siehe dazu Patrul Rinpoche, a.a.O., S. 170.

10 Wörtlich: »Kompendium des Abhidharma«.

11 Diese stellen drei der Sechs Yogas von Naropa dar. Die anderen drei sind: Entwicklung innerer Hitze, der Illusionskörper und die Bewusstseinsübertragung. Siehe Chögyam Trungpa, *Jeu d'illusion, vie et enseignement de Naropa*, Paris 1997.

12 Durch künstliche Befruchtung entstandene Kinder.

13 Das erste geklonte Wesen war das Schaf Dolly.
14 Durch Klonen.
15 Skrt. *Ayushman-Nanda-Garbhavakranti-nirdesha.*
16 Skrt. *Prajna-nama Mûlamadhyamikakarika*, XVIII, 5.
17 Im Original: *Karma-klesha-kshayan mokshas karma-klesha vikalpatah te prapancat …*
18 Im Original … *prapancas tu shûnyatayam nirdhyate*
19 *Shûnyatayam* – Lokativ von *shûnyataya*
20 Auch: Substanzialismus. Eine philosophische Denkrichtung, die den Dingen ein Sein aus sich heraus zubilligt.
21 Siehe Hopkins, Jeffrey, *Meditation on Emptiness*, London 1983, S. 96–97.
22 Zuflucht zu den Drei Kostbarkeiten: Buddha, Dharma und Sangha.
23 Sind die Dinge abhängig voneinander, können sie nicht aus sich heraus existieren und sind somit »leer«.
24 Wie dies in bestimmten westlichen Spielarten des Buddhismus der Fall ist. Betrachtet man jedoch die ganze Welt, so wird man feststellen, dass die Mehrheit der Menschen an die Wiedergeburt eines Einzelwesens glaubt.
25 Da sie die wahre Essenz des analysierten Objekts aufzeigt.
26 Damit ist natürlich nicht nur die visuelle Erscheinungsform gemeint. Im Tibetischen meint der Begriff, der hier mit »Erscheinungen« wiedergegeben ist (*snang-ba*) »Wahrnehmung« oder »wahrgenommenes Objekt«. Es geht also um die Erscheinungen, wie sie von uns »gesehen« werden.
27 Skrt. *Vastusamgraha*, tib. *gZhi bsdu ba.*
28 Skrt. *Bhûmivastu* auch *Bodhisattvabhûmi.*
29 Würde das Objekt tatsächlich in dieser Form existieren, wäre es unveränderlich. Doch es gibt kein unwandelbares Phänomen.
30 Skrt. *Prajnaparamita-hridaya*, im Westen auch bekannt als »Herzsutra«.
31 Der Begriff »Form« bezieht sich hier auf die Materie im Allgemeinen, nicht nur auf alles, was sichtbar ist, also auf das Aggregat »Form«. Auch die anderen vier Aggregate sind nämlich leer.
32 Da mit dem Leiden die negativen Handlungen ausgeglichen werden, wird das entsprechende Karma abgetragen und erschöpft sich.

[33] Der Austausch von Selbst und Anderen. Siehe dazu: Dilgo Khyentse Rinpoche, *Die sieben tibetischen Geistesübungen*, München/Bern 1996. Und: Chögyam Trungpa, *Erziehung des Herzens*, Freiamt 2000.

[34] Die Praxis des Tonglen, wörtlich »Geben und Nehmen«. Man gibt anderen das Glück, das man erfährt, und nimmt ihr Leiden auf sich. Siehe dazu: Dilgo Khyentse Rinpoche, *Die sieben tibetischen Geistesübungen*, München/Bern 1996.

[35] Kapitel V, Vers 13.

[36] Skrt. *Bodhycaryavatara*, tib. *Byang-chub sems-dpa'i spyod-pa-la 'jug-pa*. Deutsche Übersetzung: *Eintritt in das Leben zur Erleuchtung*, a.a.O., Kapitel V, Vers 12.

Die Grundlagen der Praxis – Ansammlung

[1] Tib. *nges-pa lnga*. Die fünf grundlegenden Attribute des Körpers der Freude: der Ort, an dem er sich befindet – das höchste reine Land; der Körper selbst mit den 32 größeren und den 80 kleineren Merkmalen eines Buddha; die zumindest kurzfristige Gewissheit – der Körper der Freude existiert, solange es Wesen gibt, die der Rettung bedürfen; die von ihm gegebene Lehre, welche die des Großen Fahrzeugs ist; und schließlich sein Umfeld bzw. seine Hörer, die aus den erhabensten Bodhisattvas bestehen.

[2] Skrt. *Bhadrakalpa*, tib. *bskal-pa bzang-po*.

[3] Die Drei Wurzeln sind: die spirituellen Meister, Wurzel des Segens; die Yidam-Gottheiten, Wurzel der Verwirklichung; und die Dakinis bzw. Schützer, Wurzel der Buddhaaktivität und der höchsten Glückseligkeit.

[4] Die Taklung-Schule (die ihren Namen dem Tigertal nördlich von Lhasa verdankt) gehört zur Karma-Kagyu-Tradition. Sie wurde von Taklung Thangpa Trashi Pal begründet, dem hingebungsvollsten Schüler Phagmo Drupas. 1276 gründete Sangye Ön, ein Schüler Taklung Thangpas, in Kham das große Kloster Riwoche. Shapdrung Rinpoche, der kürzlich verstorben ist, war einer der höchsten Lehrer dieser Tradition.

[5] Dilgo Khyentse Rinpoche (1910–1990) war die Inkarnation von Jamyang Khyentse Wangpo, der intensiv für die buddhististische Ökumene eintrat und daher in den Lehren aller Schulen höchst be-

wandert war. Khyentse Rinpoche war einer der spirituellen Lehrer Seiner Heiligkeit und vieler anderer hoher Lamas. Er gehörte zu den Schatzfindern (tib. *terma*) unserer Zeit und war außerdem ein begnadeter Poet. Er selbst hatte bei mehr als 120 Meistern studiert und 20 Jahre lang in Meditation in den tibetischen Bergen zugebracht. Den Rest seines Lebens nutzte er zur Verbreitung des Dharma, wobei er auch in den Westen kam.

6 Siehe Gampopa, a.a.O., Kap. 2

7 Die Hörer, »einsam Verwirklichten« und Praktizierenden des Großen Fahrzeugs.

8 In dieser Vorstellung spiegelt sich die Lehrmeinung bestimmter Sutras des Großen Fahrzeugs wie zum Beispiel des Saddharmapundarika. Siehe dazu das Kapitel »L'espace intérieur« in: *Le Sûtra du Lotus*, Paris (Fayard) 1997.

9 Tib. *Phags-pa Lha*. Er lebte im 3. Jahrhundert unserer Zeitrechnung und ist der berühmteste Schüler Nagarjunas. Zu seinen Werken schrieb er einen Kommentar, in dem Chandrakirti die wahren Gedanken des Meisters erkannte, die in der Tradition der Prasangika-Schule bewahrt wurden.

10 Skrt. *Catuhshataka-shastra-karika*. Dieses Werk beschreibt die Übungen der Bodhisattvas.

11 Eine Wiedergeburt im Reich der Tiere, der Hungergeister oder in den Höllen.

12 Ein großer Meister und Gelehrter, der von 982–1054 in Indien lebte. Er lehrte an der buddhistischen Universität von Vikramashila. Als Anhänger des monastischen Weges reiste er bis nach Indonesien, um von Suvarnadvipa Belehrungen über den Erleuchtungsgeist (Bodhicitta) zu empfangen. Die letzten zwölf Jahre seines Lebens verbrachte er in Tibet, wo er als Lehrer und Übersetzer buddhistischer Texte tätig war. Seine tibetischen Schüler gründeten die Kadampa-Schule.

13 Skrt. *Bodhipathapradipa*.

14 Auch Kenntnis durch Studieren.

15 Über diese »irrtumsfreie Einsicht«.

16 Tib. *thal 'gyur*. Wörtlich bedeutet dies »Was ein Fehlschluss ist«. Es handelt sich dabei um eine rhetorische Figur zur Widerlegung irri-

ger Ansichten. Man nimmt die Thesen auf, als stimmten sie, und entwickelt sie ihrer Logik entsprechend bis zu dem Punkt, an dem ihre Absurdität unmittelbar einsichtig wird.

17 Tib. *Phyogs-kyi gLang po*. Er lebte vor dem 6. Jahrhundert unserer Zeitrechnung und zählt zu den Sechs Schmuckstücken der Welt. Er steht für die Vervollkommnung der Logik und der Erkenntnistheorie (tib. *tshad-ma rig-pa*). Als Sohn eines Maharadschas studierte er bei Vasubandhu selbst und gilt als Begründer der buddhistischen Erkenntnistheorie.

18 Tib. *Chos-grags*. Er gehört zu den Sechs Schmuckstücken der Welt und wurde im 6. Jahrhundert in Südindien (Kanci) geboren. Er war Schüler von Ishvarasena, der wiederum Schüler von Dingnaga war, dessen Werk er eifrig kommentierte.

19 Auf Tibetisch *don mthun pa* und *don spyod pa*.

20 Auch »der Freund im Guten« bzw. »der Freund des Guten«, beides gleichbedeutend mit »spiritueller Lehrer«.

21 Dieser Text stammt von Ashvaghosha, Autor des *Buddhacarita* (einer fragmentarischen Lebensbeschreibung des Buddha) und Zeitgenosse von Nagarjuna.

22 Guruyoga, tib. *bla ma'i rnal 'byor*.

23 Die drei negativen Handlungen des Körpers: Töten, Stehlen und sexuelles Fehlverhalten; die vier negativen Handlungen der Rede: Lügen, Zwietracht säen, grobe Worte und unnützes Gerede; die drei negativen Handlungen des Geistes: Habgier, Missgunst und irrige Ansichten. Siehe dazu: Patrul Rinpoche, a.a.O., S. 153–165.

24 Siehe dazu: Patrul Rinpoche, »Karma, das Gesetz von Ursache und Wirkung«, a.a.O., S. 153ff. Hier handelt es sich um die vierte der Meditationen, die zum Ziel haben, den Geist von Samsara abzuwenden (tib. *blo-ldog rnam-bzhi*).

25 Dritte der Meditationen über die Leiden in Samsara, siehe Patrul Rinpoche, »Die Bedrängnis in Samsara«, a.a.O., S. 107ff.

26 Zweite der Meditationen über die Vergänglichkeit des Lebens, siehe Patrul Rinpoche, »Die Vergänglichkeit des Lebens«, a.a.O., S. 83ff.

27 Erste Meditation über die Schwierigkeit, auf die zur Praxis nötigen Umstände und Vorteile zu treffen, also eine »kostbare Menschenge-

burt« zu erlangen, die uns erlaubt, den Dharma zu praktizieren. Siehe dazu: Patrul Rinpoche, »Die Schwierigkeit, die Freiheiten und Vorteile vorzufinden«, a.a.O., S. 45ff.

28 Bzw. den »Ausstoß des Bewusstseins«. Siehe dazu: Patrul Rinpoche, a.a.O., S. 437ff.

29 Tib. Kun-tu Bzang-po. Wörtlich »Ewige Vollkommenheit«. Der Dharmakaya-Buddha steht für die ursprüngliche Reinheit aller Phänomene.

30 Hier verwendet der Dalai Lama den englischen Ausdruck »self creation«.

31 Tib. *Lhan cig dmigs nges.*

32 Die 80 vollkommenen körperlichen Eigenschaften bzw. Merkmale des Erhabenen, zu denen noch 32 kleinere »Merkmale« kommen.

33 Tib. *sGrol-ma* (sprich: Drölma). Wörtlich »die Befreierin«. Ein weiblicher Buddha. Sie zeichnet sich vor allem durch die Schnelligkeit aus, mit denen sie die Wesen von ihren Ängsten befreit. Traditionell werden 21 Formen unterschieden, die jeweils andere Aktivitäten ausführen, andere Körperfarben aufweisen und sich auch in ihren Attributen unterscheiden. Siehe dazu: Lama Thubten Yeshe, *Die Grüne Tara: Weibliche Weisheit*, hrsg. und übersetzt von Silvia Wetzel, München 1998. Genaueres zu den 21 Aspekten in: Willson, Martin, *In Praise of Tara*, Boston (7) 1996.

34 Als sie ihrem Wunsch Ausdruck verlieh, zum Wohle aller Wesen vollkommene Buddhaschaft zu erlangen.

Die Grundlagen der Praxis – Meditation

1 Die Nirgranthas, Schüler des Parshva, die die Gültigkeit des Gesetzes von Ursache und Wirkung anerkannten. Diese sollten nicht mit den »Luftbekleideten« der Jaina-Tradition, den Digambaras, verwechselt werden.

2 Skrt. *shamatha.*

3 Skrt. *vipashyana.*

4 Präziser gesagt, das »Gedächtnis der Achtsamkeit«, Skrt. *smriti*, tib. *dran-pa.*

5 Skrt. *pratimoksha*, tib. *so-thar*. Das Ziel der Anhänger des Kleinen Fahrzeugs.

[6] Bzw. der »alles durchdringenden Sicht«.

[7] Skrt. *prashrabdhi*, tib. *shin tu sbyangs pa*. Leichtigkeit von Körper und Geist, in der sich alle Widerstände gegen die Vervollkommnung des Guten auflösen.

[8] Skrt. *triloka*. Man unterscheidet die Welt der Begierde, die erste Ebene, die Welt der Form, die sich von der ersten bis zur vierten Versenkungsstufe erstreckt, und die Formlose Welt, die weitere vier Ebenen umfasst, die vier Sphärenstufen: den grenzenlosen Raum, das unendliche Bewusstsein, das Nichts sowie die Sphäre jenseits von »bewusst« und »unbewusst«.

[9] Tib. *nyer bsdogs mi lcog med*. Die vier Versenkungsstufen haben ihrerseits neun Ebenen: 1. Vorbereitung auf die erste Versenkungsstufe, wo es nichts gibt, was nicht vollbracht werden kann; 2. Erste einfache Versenkung; 3. Erste besondere Versenkung; 4. Vorbereitung auf die zweite Versenkungsstufe; 5. Zweite Versenkungsstufe; 6. Vorbereitung auf die dritte Versenkungsstufe; 7. Dritte Versenkungsstufe; 8. Vorbereitung auf die vierte Versenkungsstufe; 9. Vierte Versenkungsstufe.

[10] Auf dieser vorbereitenden Stufe ist es möglich, alle groben negativen Emotionen der Begierdewelt zurückzuweisen, um Zutritt zur Welt der Form zu finden und später dann zur Formlosen Welt, welche gemeinsam die »höheren Welten« darstellen.

[11] Tib. *yid la byed pa drug*. Die sechs Formen der Achtsamkeit. Die geistige Komponente der Achtsamkeit steht für den Geist, der sich fest auf sein Objekt konzentriert. Nach dem Objekt der Konzentration unterscheidet man 1. die Achtsamkeit, die sich auf die korrekte Wahrnehmung des Charakters der höheren und niederen Existenzbereiche richtet; 2. die Achtsamkeit, die sich auf die korrekte Wahrnehmung der Qualitäten der höheren Welten richtet; 3. die Achtsamkeit, die sich auf das konsequente Zurückweisen der negativen Emotionen richtet und so bewirkt, dass die drei groben Formen der negativen Emotionen aus der Begierdewelt ausgelöscht werden; 4. die Achtsamkeit, die sich auf die Ansammlung von Freude richtet, welche die mittleren Formen der negativen Emotionen aus der Begierdewelt auslöscht und so eine »niedere« Form von Glück erzeugt; 5. die Achtsamkeit, die sich vollkommen auf die Untersuchung der Natur des Geistes richtet, um dort die subtilen Formen der negativen

Emotionen aufzuspüren und sie auszumerzen; 6. die Achtsamkeit, die sich auf die korrekte Anwendung der Gegenmittel richtet.

12 Auf diese Weise unterscheidet man die Sammlung als Ursache (die Praxis selbst) und die Sammlung als Wirkung, die eine der vier Sphärenstufen der Formlosen Welt darstellt.

13 Siehe vorhergehende Fußnote Nr. 8.

14 Auf diese geht Seine Heiligkeit nicht näher ein. Diese Objekte sind die fünf Aggregate und alle psychischen Kategorien, die im *Abhidharma* erläutert werden.

15 Die Soheit (Skrt. tathata) oder Leerheit, welche alle Phänomene durchzieht.

16 Wörtlich übersetzt spricht man von »Diamant-« bzw. »Halbdiamant-Stellung«. Man sitzt im Schneidersitz, wobei die Beine so verschränkt sind, dass die Fußsohlen nach oben zeigen.

17 Auch: Atiyoga oder »Große Vollkommenheit«. Im System der meditativen Übungen der Nyingma-Schule nimmt Dzogchen den höchsten Rang ein.

18 Tib. *rLung-ro* oder der Restatem.

19 Naropa (1016–1100) war ein großer indischer Gelehrter und Yogi, Schüler von Tilopa, Lehrer Marpas. Bei den Sechs Yogas von Naropa geht es um Bardo, klares Licht, Illusionskörper, Traum, innere Hitze und Bewusstseinsübertragung. Siehe Chögyam Trungpa, *Jeu d'illusion, vie et enseignement de Naropa*, Paris 1997.

20 Tib. *rtsa-gsum 'khor-lo lnga*: Die beiden Seitenkanäle und die fünf Chakren des tibetischen Menschenbildes.

21 Die Chakren zum Beispiel.

22 Es gibt Sechs Kräfte, die den Geist dabei unterstützen: Die Fähigkeit, die Lehren zu hören, hilft, den Geist auszurichten. Die Reflexion sorgt dafür, dass dies dauerhaft geschieht. Das Gedächtnis der Achtsamkeit bewirkt, dass er erneut und vollkommen ausgerichtet wird. Die Wachsamkeit unterstützt uns bei der Zähmung und Befriedung des Geistes. Die Entschlossenheit trägt zur vollkommenen Befriedung und zur »Einsgerichtetheit« bei, die Vertrautheit mit dem Geist wiederum führt zu jenem Zustand des Ruhens im meditativen Gleichgewicht, der auf Tibetisch *mnyam-bzhag* heißt. Die ersten beiden Stationen sind noch vom Willen gesteuert. Die Stadien 3 bis 7 be-

zeichnen einen immer noch punktuellen Zustand. Mit der »Einsgerichtetheit« hingegen haben wir einen dauerhaften Zustand erlangt, der nur noch von der tiefen Sammlung der letzten Phase übertroffen wird.

23 Siehe vorhergehende Fußnote.

24 Tib. *gnas-ngan-len*, das Gegenteil der Geschmeidigkeit (tib. *shin-sbyangs*).

25 Tib. *ting-nge-'dzin*. Tiefe Sammlung des Geistes.

26 Tib. *mtshan-bcas-kyi rnal-'byor*. Der Praktizierende visualisiert sich selbst als Schutzgottheit. Gleichzeitig weiß er jedoch, dass er ihr an Weisheit nicht gleichkommt. Die absolute Einheit ist ein Ideal, das es noch zu verwirklichen gilt.

27 Tib. *mtshan-med kyi rnal-'byor*. Meditation über den absoluten Erleuchtungsgeist, über die Leerheit als Zustand, in den der Praktizierende eintreten kann, in dem er verweilen und den er wieder verlassen kann.

28 Tib. *bskyed-rim*. Um die karmischen Eindrücke aufzulösen, die durch die vier Arten der Geburt entstanden sind, übt der Praktizierende sich darin, in seinem Körper, seiner Rede und seinem Geist Körper, Rede und Geist seiner persönlichen Meditationsgottheit zu erkennen.

29 Also das Verständnis der Lehren der Prasangika-Madhyamika-Schule.

30 In diesem Zustand erkennt man den traumhaften, illusorischen Charakter des Objekts.

31 Damit erübrigt sich auch das Leiden von selbst.

32 Skrt. *Madhyantavibhaga*.

33 Tib. *rdzogs-rim*. Besondere Übung zur Entwicklung transzendenter Weisheit, in der der Praktizierende das klare Licht durch die Erfahrung des vierfachen Leerheits-Bewusstseins erkennt, sobald Kanäle, Winde und Keimtropfen ausreichend gereinigt sind. Diese Erfahrung des klaren Lichts ist untrennbar mit der inhärenten Weisheit verbunden, welche von den vier Freuden der inneren Wärme ausgeht.

34 Als großer Meister der Nyingma-Tradition hinterließ Longchenpa (1308–1363) ein umfangreiches Werk über die Allgemeingültigkeit der Großen Vollkommenheit (Atiyoga). Die *Schatzkammer des magischen Juwels* (tib. *Yid bzhin rin-po-che'i mdzod*) gehört zu den »Sieben

Schatzkammern«, den Abhandlungen, welche darlegen, dass alle Lehren Buddhas von der Großen Vollkommenheit durchdrungen sind.

[35] Skrt. *Kalachakratantra*, tib. *Dus-kyi 'khor-lo*. Gehört der höchsten Tantraklasse an. Es trägt seinen ungewöhnlichen Namen, weil es seine äußere, innere und geheime Phase mit allen anderen Systemen vereint und so Grund, Pfad und Frucht gleichzeitig darstellt.

[36] Aus denen der Körper besteht: Erde, Wasser, Feuer, Luft und Raum.

[37] Ein großer Gelehrter und Meditationsmeister der Nyingma-Tradition. Er lebte von 1846–1912 und widmete sich den »niederen« Künsten der Grammatik, der Logik, der Medizin und Astrologie ebenso wie der mystischen Erforschung des Geistes (so schrieb er beispielsweise zahllose Kommentare zur Sutra- und Tantraliteratur), der Erleuchtungspoesie, der Abfassung komplexer Traktate sowie der Übung in den verschiedenen Sadhanas bzw. Ritualen. Sein Werk umfasst mehr als 32 Bände.

[38] Auch »Geistesfaktoren« bzw. »karmische Faktoren« (tib. *'du-byed*) genannt. Ich benutze hier den Begriff »Verknüpfungen«, um zu zeigen, dass dieses Aggregat für die Konzepte und Verhaltensweisen verantwortlich ist, die mit den zusammengesetzten Phänomenen (tib. *'dus-byas*) zusammenhängen.

Die Wurzel der Unwissenheit durchtrennen

[1] Der Siegreiche ist niemand anderer als der Buddha, der Unwissenheit und Leid ein für alle Mal besiegt hat.

[2] Ein Objekt kann auf vier verschiedene Arten entstehen. 1. aus sich selbst; 2. aus einer anderen Ursache; 3. aus sich selbst und aus einer anderen Ursache; 4. weder aus sich selbst noch aus einer anderen Ursache.

[3] Keine begriffliche Einschätzung der Wirklichkeit ist je bis zu ihrem Kern durchgedrungen.

[4] Skrt. *Ratnavali*. Ratschläge Nagarjunas an seinen Freund, den König Udayana von Vatsa.

[5] Des Körpers und alle »Zustände« des Geistes.

[6] IX, 25

[7] Eine Existenz, die unabhängig von allen Ideen und Vorstellungen ist, welche die Wesen sich von ihr machen.

[8] Wie Zorn, Trunkenheit usw.

[9] Zum Beispiel wenn er untrennbarer Bestandteil der physischen Erscheinung »Matthieu« wäre.

[10] Daher ist ihre Philosophie am besten geeignet, die außerordentlichen Methoden des Tantra-Fahrzeuges zu erklären und zu begreifen.

[11] Die Urmaterie (tib. *gtso-bo*) oder »Natur, auch *prakriti* (tib. *rang-bzhin*) genannt. Sie besteht aus drei Qualitäten (skrt. *gunas*), deren vielfältige Kombinationen für die Existenz der Objekte und Wesen verantwortlich sind. So ist sie Ursache und Wirkung gleichermaßen. Siehe dazu: Khenchen Kunzang Palden, »L'ambroisie des paroles de Manjushri«, in: *Comprendre la vacuité*, a.a.O., S. 81–84.

[12] Diese Prüfung stammt von Chandrakirti: »Ich« existiere nicht wirklich, weil 1. ich nicht meine Aggregate (mein Körper und mein Geist) bin; 2. ich nichts anderes bin als meine Aggregate; 3. ich nicht die Grundlage meiner Aggregate bin; 4. ich meine Aggregate nicht als reale Grundlage habe; 5. ich nicht der reale Besitzer meiner Aggregate bin; 6. ich nicht die Gesamtheit meiner Aggregate bin; 7. ich nicht die Form meiner Aggregate bin. Siehe dazu: Khenpo Tsültrim Gyamtso Rinpoche, *Stufenweise Meditationsfolge über Leerheit*, Wachendorf 1994.

[13] Hier benutzte Seine Heiligkeit den englischen Begriff »bias«.

[14] Der tibetische Begriff *gdung-ma* bedeutet wörtlich »Balken«. Man bezeichnet damit gewöhnlich den Punkt, an dem der Pfad beginnt.

Der Erleuchtungsgeist und das Bodhisattvagelübde

[1] Das Bodhicitta des Strebens ist der Wunsch, allumfassende Bewusstheit zum Wohle aller fühlenden Wesen zu erlangen. Das Bodhicitta der praktischen Anwendung kommt zum Tragen, wenn ein Bodhisattva die Transzendenten Tugenden praktiziert. Das Bodhisattvagelübde der praktischen Anwendung ist folglich das Versprechen, die Transzendenten Tugenden zu praktizieren, um allumfassende Bewusstheit zu erlangen. Ein Nicht-Bodhisattva legt das Bodhisattvagelübde des Strebens ab.

[2] VIII, Vers 95–96

[3] VI, Vers 113

[4] Wörtlich »die Zuflucht der Frucht«.

[5] X, 55

Kleines buddhistisches Lexikon
Deutsch-Tibetisch

abhängige Zuschreibung: brten nas btags pa
Ablenkung: 'phro rgod
absolute Dimension: chos kyi dbyings
absolute Wahrheit: don dam bden pa
absoluter Körper für das eigene Wohl: rang don chos kyi sku
absoluter Körper: chos kyi sku
absoluter Sinn: nges don
absoluter Weisheitskörper: ye shes chos sku
Abweichung: gol sa
allumfassende Bewusstheit: rnam mkhyen, kun mkhyen
an sich: rang nogs nas; rang chas su; rang bzhin gyis
analytische Meditation: dpyad bsgom
analytischer Verstand: rigs pa, rgyu mtshan, gtan tshigs
Anhaftung: chags pa; 'dzin pa
Attribut (essenzielles): mtshan nyid
Attribute der kostbaren menschlichen Geburt: dal 'byor
Aufmerksamkeit: dran pa
augenblickshaft: blo bur ba

Basis der Zuschreibung: gdags gzhi
bedingte Entstehung: rkyen gyis gsar du bsgrubs/skyes pa
Befreiung: thar pa; bral ba
begleitend: mtshungs ldan
begrifflich eingeordnetes Objekt: btags chos
begriffliche Existenz: btags yod
begriffliche Zuschreibung: rtog pas btags pa

begriffliches Denken: kun rtog
Bewusstsein: shes pa; blo; rnam shes
Bodhicitta: byang chub kyi sems, byang sems
Bodhicitta der praktischen Anwendung: 'jug pa'i byang chub kyi sems
Bodhicitta des Strebens: smon pa'i byang chub kyi sems
Bodhisattva: byang chub sems 'dpa
Buddhapotenzial: bde gshegs snying po

Chittamatrin: sems tsam pa

Diamantfahrzeug des Geheimen Mantras: gsang sngags rdo rje'i theg pa
direkte Einsicht in die Leerheit: stong nyid rtogs pa'i shes rab
diskursives Denken: kun rtog
Disziplin: tshul krhims
Drei Juwelen: dkon mchog gsum
Drei Kostbarkeiten: dkon mchog gsum
Drei Objekte der Zuflucht: skyabs gsum
Drei Wurzeln: rtsa gsum
Dreifache Übung: bslab pa gsum
Dumpfheit (Meditationshindernis): bying ba

effektive Gewöhnung: goms pa mngon du gyur pa
einfaches Ich-Gefühl: nga tsam
Einsicht, die aus der Meditation entsteht: sgom byung gi shes rab
Einsicht, die aus der Reflexion entsteht: bsam byung gi shes rab
Einsicht, die vom Zuhören kommt: thos byung gi shes rab
Element (als Grundbestandteil der Materie): 'byung ba
Elemente des Formkörpers: gzugs sku'i bkod pa
emotionaler Schleier: nyon mongs pa'i sgrib pa, nyon sgrib

Entstehung: gsar du skyes pa
Entwicklungsstufe: bskyed rim
erhaben: ’phags pa
Erläuterungen zur Erfahrung: myong khrid
Erläuterungen zur Praxis: nyams khrid
Erläuterungen zur Theorie: bshad khrid
Erleuchtungsgeist: siehe Bodhicitta
Erleuchtungsgeist hervorbringen: byang chub kyi sems skyed pa, sems bskyed
Erscheinungskörper: sprul pa’i sku
Essenz: bdag nyid, ngo bo (nyid), rang bzhin mtshan nyid
Essenzieller Körper: ngo bo nyid kyi sku
existieren: yod pa
wirklich (real) existieren: rang bzhin gyis yod pa
an sich (aus sich heraus) existieren: rang bzhin gyis yod pa
extrem: mtha’

falsche Anschauung: sgro ’dogs
Familie (von Wesen): rigs
Fehleinschätzung: ’khrul pa
fehlgeleitetes Bewusstsein: phyin ci log pa’i blo
Formkörper zum Wohl der anderen: gzhan don gzugs kyi sku
Formkörper: gzugs kyi sku
Freiheit: grol ba
Freiheiten und Reichtümer: dal ’byor
Frucht der Zuflucht: ’bras skyabs
fühlendes Wesen: sems can

gedankliches Konstrukt: rnam rtod gis bcos (bzhag) pa, blos bcos
Geduld: bzod pa
Gegenmittel: gnyen po
geheimer Zyklus: chos skor
Geistesruhe: zhi gnas

geistig-emotionales Bewusstsein: nyon mongs pa'i yid kyi rnam par shes pa, nyon yid
geistiges Bewusstsein: yid kyi rnam par shes pa; yid shes
geistiges Ereignis: ranm rtog 'char sgo
Gemeinschaft der Lernenden: slob pa'i dge 'dun
Gemeinschaft derer, die das Lernen hinter sich gelassen haben: mi slob pa'i dge 'dun
Geschmeidigkeit: shin tu sbyangs pa, shin sbyangs
gesunder Menschenverstand: 'jig rten grags pa
gewohnheitsmäßiges Schema: bag chags
Glaube an Substanzhaftigkeit: bdag 'dzin
Glaube an das Ich: 'jig tshogs kyi lta ba, 'jig lta
grob: rags pa
grundlegendes Bewusstsein: kun gzhi'i rnam par shes pa
gutes Zeitalter: bskal pa bzang po, bskal bzang

Handlung, deren Erfahrung sicher ist: myong bar nges pa'i las
Handlung, deren Erfahrung unsicher ist: myong bar ma nges pa'i las
Handlung, die ausgeführt wurde und einen karmischen Eindruck hinterließ: byas la bsags pa'i las
Handlung, die ausgeführt wurde, ohne einen karmischen Eindruck zu hinterlassen: byas la mag bsags pa'i las
Handlung: las
Hindernis: thogs bcas
hindernisfreier Weg der vollkommenen Sicht: mthong lam bar chad med lam
höchste Erkenntnis: shes rab

Ich: nga
individuelle Befreiung: so sor thar pa, so thar
innerer Dialog: rnam rtog
Interesse: bag yod

Irrealität des individuellen Ich: gang zag gi bdag med
irrige Ansicht: 'khrul pa; log rtog

klares Licht: 'od gsal
kognitiver Schleier: she bya'i sgrib pa, shes sgrib
konkretes Verlöschen: zhi pa dngos po
konkrete Existenz: rdzas yod
kontemplative Meditation: 'jog bsgom
Kontinuität: rgyun
Kontinuum (psychisches): rgyud
Konzept: rnam rtod gis bcos (bzhag) pa, blos bcos
Körper der Vollkommenen Freude: longs spyod rdzogs pa'i sku
Kriterium der wahren Erkenntnis: tshad ma

Logik: rigs pa

Mangel: skyon
Mittlerer Weg: dbu ma

Natur der Dinge: chos nyid
negative Emotionen: nyon mongs pa
Neigung: bag chags
neutral: lung ma bstan
nicht verdienstvoll: bsod nams min pa
Nicht-Substanzhaftigkeit: bdag med
Nirvana ohne »Rückstände«: lhag med kyi myang 'das
notwendig, Notwendigkeit: dgos pa

Objekt: yul steng
Objekt (das vom Subjekt erfasst wird): (bzung ba'i) yul
Objekt der Analyse: gzhi
Objekt der Zurückweisung: dgag bya
objektive Existenz: yul stang nas yod pa

Prasanga: thal 'gyur
Prasangika: thal 'gyur pa
primäre Manifestation: sprul pa
Problem: skyon
Prozess der Auflösung: thim rim

real: chos nyid
reale Seinsweise: gnas lugs; gnas tshul
Realitätsglaube: bden 'dzin
Referent: gdag gzhi
reine Abstraktion: dngos min
reines Erwachen: rig pa
relative Wahrheit: kun rdzob bden pa
ruhige Konzentration: zhi gnas rtse gcig pa

Sammlung: ting nge 'dzin
sehr subtil: shin tu phra ba, ches phra
sekundäre Manifestation: yang sprul
Selbst: bdag
Selbstschau: bdag tu lta ba
Sicht (höchste): lhag mthong
Sicht (reine): dag snang
Soheit: de bzhin nyid
Stumpfheit (Meditationshindernis): rmug pa
Stütze der Konzentration: dmigs rten
Subjekt (welches das Objekt erfasst): ('dzin pa'i) yul can
Substanz: bdag nyid, ngo bo (nyid), rang bzhin mtshan nyid
Substanzhaftigkeit: bdag, rang bzhin
Substanzlosigkeit: bdag med
Substrat (der Eigenschaften): mtshan gzhi
subtil: phra ba
Svatantrika: rang rgyud pa

Tat: las
Tendenz: bag chags
Träger (der Eigenschaften): mtshan gzhi

Übernatürliche Einsicht: mngon shes
Übertragung: 'pho ba
unabhängige Existenz: rang mtshan
unmittelbare Ursache: nyer len gyi rgyu
Unwissenheit: ma rig pa
Ursache für Gutes: dge ba'i rtsa ba, dge rtsa
ursprünglich: gnyug ma
ursprüngliches, inhärentes klares Licht: gnyug ma lhan cig skyes pa'i 'od gsal

Vaibhashika: bye brag tu smra ba, bye smra
vergänglich: blo bur ba
Verstand, welcher das Letztendliche analysiert: mthar thug dpyod pa'i rigs shes
Verwirklichung: rtogs pa, mngon gyur, khong du chud pa, chub pa
Verwirrung: rmongs pa
Vier Alternativen: mtha' bzhi, mu bzhi
Vier Anziehungen: bsdu ba rnam pa bzhi/dngos po bzhi
Vier Punkte, die den Geist vom Samsara abwenden: blo ldog rnam bzhi
Vollendungsstufe: bskyed rim
vollkommene Abstraktion: dngos min
vollkommene Erkenntnis und vollkommene Klarheit: gsal tsam rig tsam
vorläufiger Sinn: drang don

Wachsamkeit: shes bzhin
wahre Einsicht: tshad ma
Wahrheit des Weges: lam gyi bden pa, lam bden

Weg: lam
Weisheit: ye shes; shes rab
Wesen: bdag nyid, ngo bo (nyid), rang bzhin mtshan nyid
Wesen der sechs Existenzbereiche: rigs
wirklich: chos nyid
Wunderkraft: rdzu 'phrul

Zehn nicht-verdienstvolle Handlungen: mi dge ba bcu po
Zehn verdienstvolle Handlungen: dge ba bcu po
Zuflucht: skyabs gnas

Glossar buddhistischer Begriffe

Abhängiges Entstehen (skrt. *pratityasamutpada*, tib. *rten-'byung*): Kette von zwölf Phasen (Gliedern; tib. *rten-'brel*) des Entstehens in der bedingten Welt. Die zwölf Glieder sind: Unwissenheit, Karma, Bewusstsein, Name und Form, Quellen der Wahrnehmung, Kontakt, Sinneserfahrung, »Durst«, Aneignung, Werden, Geburt, Alter und Tod.
Aggregate (skrt. *pancaskandha*, tib. *phung-po lnga*): Körper und Geist des Menschen werden von den fünf Aggregaten gebildet. Darunter versteht man: Form (skrt. *rupaskandha*), Empfindung (skrt. *vedanaskandha*), unterscheidendes Erkennen (skrt. *samjnaskandha*), Geistesfaktoren (skrt. *samskaraskandha*) sowie Primärbewusstseinsarten (Skrt. *vjinanaskandha*).
Allumfassende Bewusstheit (skrt. *sarvajnata*, tib. *kun-mkhyen*): Häufig auch als »Allwissenheit« bezeichnet. Gleichbedeutend mit »vollkommene Erleuchtung«.
Arhat (*drgra-bcom-pa*): Ein Wesen, das auf dem Weg des Kleinen Fahrzeugs zur Befreiung gelangt ist.
Aryadeva: (Phags-pa Lha): Meister aus dem 3. Jahrhundert unserer Zeitrechnung. Der berühmteste Schüler Nagarjunas, dessen Denken er in mehreren Kommentaren ausführlich erläuterte. Chandrakirti erkannte darin die wahre Intention des Meisters, wie sie in der Prasangika-Tradition bewahrt wird.
Asanga (Thogs-med): Eines der Sechs Schmuckstücke unseres Zeitalters. Ein hingebungsvoller Schüler Maitreyas. Der künftige Buddha klärte Asanga über die schrittweise Enthüllung des verborgenen Sinnes der Sutras des Großen Fahrzeugs auf. Asanga

hielt diese Belehrungen in seinen fünf berühmten Abhandlungen (*Byams-chod sde-lgna*) fest. Er gilt als Begründer der Chittamatra-Schule.

Bardo (skrt. *antarabhava*, tib. *bar do*): Zwischenzustand. Man unterscheidet den Bardo des Todes, des Werdens, des Traumes usw.

Bhavaviveka (*Legs-ldon-'byed*): Indischer Meister. Autor der *Lichtgirlande der transzendenten Weisheit*. Dort legt er die Argumente der Madhyamika-Svatantrika-Schule dar, als deren Begründer er gilt.

Bodhisattva (*byang-chub sems-dpa'*): Praktizierender, der das Gelübde abgelegt hat, zum Wohle aller Wesen Erleuchtung zu erlangen. Ein Schüler der Leerheit, deren Kern das Mitgefühl ist.

Buddhapalita (*Sangs-rgyas-bskyangs*): Indischer Madhyamika-Meister. Autor eines berühmten Kommentars zu Nagarjunas *Grundlegender Abhandlung*, in dem er alle Argumente zu diesem Thema systematisiert und so zu einem wichtigen Pfeiler der Prasangika-Schule wird, deren Lehren als subtilste und tiefgründigste der vier philosophischen Schulen des Buddhismus gelten.

Chandrakirti (*Zla-ba grags-pa*): Madhyamika-Meister aus dem 7. Jahrhundert unserer Zeitrechnung. Abt bzw. Leiter der buddhistischen Universität von Nalanda. Als solcher lag ihm sowohl die Klärung der Sprache als auch des buddhistischen Gedankenguts am Herzen. Er griff die Lehren von Buddhapalita wieder auf und gilt als unmittelbarer Begründer der Madhyamika-Prasangika-Schule. Seine *Einführung in den Mittleren Weg* (skrt. *Madhyamakavatara*) vereint die Lehren über die Leerheit mit jenen des klaren Lichts.

Chittamatrin (*sems-tsam-pa*): Philosophische Schule des Großen Fahrzeugs, die den Geist als real existierend auffasst, während seine Objekte als pure Illusion gelten.

Dharma: Allgemein sind damit die Lehren Buddhas gemeint. Doch es gibt noch eine zweite Bedeutung: Ist von »den Dharmas« die Rede, dann meint der Begriff die Erscheinungswelt, die konventionelle Wirklichkeit.
Dharmakirti (*Chos-grags*): Meister des 6. Jahrhunderts unserer Zeitrechnung und eines der Sechs Schmuckstücke. Er stammt aus dem Süden Indiens (Kanci). Selbst Schüler von Ishvarasena, dessen Meister Dingnaga war, schrieb er ausführliche Kommentare zu den Lehren des Letzteren.
Dingnaga (*Phyogs-kyi gLang-po*): Als eines der Sechs Schmuckstücke der Welt lebte Dingnaga auf jeden Fall vor dem 6. Jahrhundert unserer Zeitrechnung. Ein wahrer Meister der Logik und Erkenntnistheorie (*tshad-ma rig-pa*). Als Sohn eines indischen Fürsten studierte er bei Vasubandhu persönlich. Er gilt als Begründer der buddhistischen Erkenntnistheorie.

Einsam-Verwirklichter (skrt. *pratyekabuddha*, tib. *rang-sangs-rgyas*): Ein Praktizierender ohne Meister, der sich in der Einsamkeit und ohne Wissen Anderer der meditativen Übung widmet.
Erleuchtung (skrt. *bodhi*, tib. *byang-chub*): Das Ende aller emotionalen und kognitiven Trübungen des Geistes und die Verwirklichung all seiner Qualitäten. Auch als »Erwachen« bezeichnet.
Erleuchtungsgeist (skrt. *bodhicitta*, tib. *byang-chub-kyi sems*): Die spirituelle Kraft, welche mit dem Gelübde einhergeht, vollständige Erleuchtung zum Wohle aller Wesen erlangen zu wollen, sowie die Praxis der transzendenten Tugenden, welche zur allumfassenden Bewusstheit eines Buddha führen.

Fahrzeug (skrt. *yana*, tib. *theg-pa*): Gesamtheit von Methoden einer bestimmten Schule, die uns erlauben, den Pfad zu beschreiten oder zu »praktizieren«, wie dies gemeinhin genannt wird.
Fünf Pfade (skrt. *pancamarga*, tib. *lam-lgna*): Die fünf aufeinander folgenden Stadien auf dem Weg zur vollkommenen, wahren Erleuchtung.

37 Hilfsmittel auf dem Weg zur Erleuchtung (skrt. *bodhipakshika*, tib. *byang-phyogs so-bdun*): Dazu gehören: die Vier Grundlagen der Achtsamkeit, die Vier Vollkommenen Anstrengungen, die Vier Grundlagen Wunderbarer Kräfte, die Fünf Kräfte, die Fünf Wurzeln, die Sieben Erleuchtungsglieder und der Achtfache Pfad.

Hörer (skrt. *shravaka*, tib. *nyan thos*): Im engeren Sinne direkter Schüler des Buddha. Im weiteren Sinne alle Schüler, welche die Anweisungen ihres Lehrers hören, in die Praxis umsetzen und andere darin unterrichten.

Jnanagarbha (*Ye-shes snying-po*): Indischer Meister der Madhyamika-Svatantrika-Schule des 7. bis 8. Jahrhunderts.

Karma (las): Karma ist nicht gleich bedeutend mit dem Gesetz von Ursache und Wirkung, das als Naturgesetz gilt. Hier geht es vielmehr um die Wirkung dieses Naturgesetzes auf den Geist. Karma entsteht aus der Absicht, die einer Handlung unterliegt. Positive Handlungen bringen Glück mit sich, negative Handlungen führen zu Leid.

Madhyamika (*dbu-ma-pa*): Auch »Mittlerer Weg« genannt. Schule des Großen Fahrzeugs, die einen Mittelweg zwischen dem Glauben an eine dauerhaft existierende Realität und der Verneinung derselben sucht. Gründet auf der Vorstellung von den zwei grundlegenden Wahrheiten.

Maitreya (*Byams-pa*): Bodhisattva der Liebe und des Mitgefühls, der im Augenblick im Tushita-Himmel verweilt. Von dort aus wird er als fünfter Buddha des Guten Zeitalters die Nachfolge von Buddha Shakyamuni antreten.

Mittlerer Weg: Siehe Madhyamika.

Nagarjuna (*kLu-sgrub*): Eines der Sechs Schmuckstücke der Welt. Die Tradition will es, dass Nagarjuna als Sohn eines Brah-

manen im Süden Indiens zur Welt kam, 400 Jahre nachdem Buddha Shakyamuni ins Nirvana eingegangen war. Schon als junger Schüler durchdrang er den Sinn der Lehren in den Sutras und Tantras. Der große Verwirklichte Saraha verlieh ihm an der buddhistischen Universität von Nalanda die Mönchsweihen. Nagarjuna trieb medizinische, alchemistische und politische Studien und schrieb zahllose Traktate über die Lehren Buddhas, vor allem über den wahren Sinn der transzendenten Weisheit und des Mittleren Weges. Zu seinen Schülern gehören so hohe verwirklichte Meister wie Aryadeva und Buddhapalita. Neben seinen vielen anderen Aktivitäten tat er sich auch als Erbauer von Tempeln und Stupas hervor. Die Legende schreibt ihm eine Lebenszeit von 600 Jahren zu, was bedeuten würde, dass er bis ins 5. Jahrhundert u. Z. gelebt hätte. Die Nyingma-Schule des tibetischen Buddhismus geht sogar davon aus, dass er bis ins 10. Jahrhundert lebte.
Nirvana (skrt. *nirvana*; tib. *myang-'das*): Der Zustand jenseits des Leidens.

Prasanga (*thal 'gyur*): Wörtlich: »Was ein Fehlschluss ist.« Form der logischen Beweisführung, die darin besteht, dass man die Thesen seines Argumentationsgegners aufnimmt und sie gemäß ihren logischen Prämissen zu Ende denkt, um so ihre Absurdität unter Beweis zu stellen.
Prasangika (*thal-'gyur-pa*): Die Anhänger dieser Methode bilden unter allen buddhistischen Schulen diejenige mit der tiefgründigsten und radikalsten Wirklichkeitsanalyse. Sie gehören dem Madhyamika-Zweig an, also dem Mittleren Weg.

Samsara (skrt. *samsara*; *'khor-ba*): Zyklus von Tod und Wiedergeburt.
Sautrantika (*mdo-sde-pa*): Philosophische Richtung des Kleinen Fahrzeugs, die sich auf die Sutras (und nicht auf deren Kommentare) bezieht und von einer realen Existenz des Bewusstseins sowie seiner Objekte ausgeht.

Shakyamuni (skrt. *Shakyamuni*; tib. *shakya thub-pa*): Der Verwirklichte aus dem Shakya-Geschlecht. Der historische Buddha, der etwa um das 4. Jahrhundert vor der christlichen Zeitrechnung lebte.
Sutra (*mdo*): Wörtlich übersetzt, »Kettfaden«. Der Faden, der das ganze Gewebe durchzieht. Daraus entsteht dann die Bedeutung »stichpunktartiger Lehrsatz«. Im Buddhismus sind damit die Lehrreden des historischen Buddha Shakyamuni gemeint.
Svatantrika (*rang-rgyud-pa*): Philosophische Richtung des Madhyamika, welche auf der Ebene der konventionellen Wahrheit eine reale Existenz zulässt.

Tantra (*gsang-sngags, rgyud*): Grundlegende Texte des Diamantfahrzeugs oder Vajrayana. Bei dieser Spielart des Pfades gründet die Praxis sich auf die grundlegende Reinheit unserer wahren Natur. Dabei tritt die untrennbare Einheit von Weisheit und Methode in den Vordergrund. Man unterscheidet vier Tantraklassen: 1. Kriya-Tantra: Hier liegt der Akzent auf den rituellen Handlungen. 2. Charya-Tantra: Hier verschmelzen die Handlungen mit dem Bewusstsein der Gottheit. 3. Yoga-Tantra: Auf dieser Stufe teilt der Übende den natürlichen Zustand der Gottheit. 4. Anuttara-Tantra (Höchstes Tantra bzw. Höchstes Yogatantra): Hier erkennt der Praktizierende, dass der natürliche Zustand seines Gottes und des Geistes der Gottheit niemals getrennt waren. Das Anuttara-Tantra teilt sich weiter auf in drei Stufen der Praxis: Vater-Tantra, Mutter-Tantra und Weder-Vater-noch-Mutter-Tantra oder 1) Maha-Yoga, wobei die Betonung auf der Entwicklungsstufe liegt; 2) Anu-Yoga, wo die Vollendungsstufe im Vordergrund steht; 3) Ati-Yoga, auch die Große Vollendung bzw. Dzogchen (tib. *rdzogs-pa chen-po*) genannt.
Transzendente Tugenden (skrt. *paramita*, tib. *pha-rol-tu phyin-pa*): Auch die Sechs Vollkommenheiten genannt. Dabei handelt es sich um: Freigebigkeit, Disziplin, Geduld, Mut, Konzentration und Weisheit. Diese Tugenden werden zu transzendenten in dem

Maße, in dem der Bodhisattva sie im Licht der direkten Erkenntnis der Leerheit übt.

Vaibhashika (*bye-brag-tu smra-ba*): Philosophische Schule des Kleinen Fahrzeugs, die davon ausgeht, dass die Objekte der Gegenwart, Vergangenheit und Zukunft eine reale Existenz besitzen. Der Begriff stammt vom Sanskritwort *vibhasha* ab, das die ersten buddhistischen Enzyklopädien bezeichnet, in denen alle Themen aus den Lehrreden des Buddha systematisch aufgeführt und diskutiert werden.
Vasubandhu (*dbYig-gnyen*): Eines der Sechs Schmuckstücke der Welt. Der Bruder Asangas ist Autor des *Abhidharmakosha* (Schatz des Abhidharma). Ursprünglich war er Schüler des kaschmirischen Meisters Sanghabhadra, wandte sich dann jedoch vom Kleinen Fahrzeug ab und der von seinem Bruder begründeten Schule zu. Zu seinen Schülern zählten unter anderem der Logiker Dingnaga sowie der Scholastiker Sthiramati.

Zehn unheilsame Handlungen (*mi-dge-ba bcu*): Schädliche Handlungen, die wie folgt eingeteilt werden: die drei negativen Handlungen des Körpers: Töten, Stehlen und sexuelles Fehlverhalten; die vier negativen Handlungen der Rede: Lügen, Zwietracht säen, grobe Worte und unnützes Gerede; die drei negativen Handlungen des Geistes: Habgier, Missgunst und irrige Ansichten.
Zwei Schleier: Der Schleier der negativen Emotionen (skrt. *kleshavarana*, tib. *nyon-sgrib*) und der Schleier der Unwissenheit (skrt. *jneyavarana*, tib. *shes-grib*). Beide zusammen verhüllen die ursprüngliche Weisheit.

Khandro Rinpoche

Wertvolles Leben

Der Weg des tibetischen Buddhismus

Mit einem Vorwort des Dalai Lama

Diederichs Gelbe Reihe

Gebunden mit Schutzumschlag, 224 Seiten

ISBN 3-7205-2476-0

Khandro Rinpoche begeistert Tausende von Schülern in der ganzen Welt. Sie bietet einen meditativen Zugang an, der den Leser ermutigt, sein ganzes körperliches und geistiges Potenzial auszuschöpfen. Ihre eindringliche Botschaft: Jeder sollte sein kurzes Leben nutzen, um die Welt ein weniger menschlicher zu gestalten.

Diederichs

Robert Beer

Die Symbole des tibetischen Buddhismus

Diederichs Gelbe Reihe

Gebunden mit Schutzumschlag, 384 Seiten

ISBN 3-7205-2477-9

Der Thangka-Künstler Robert Beer entschlüsselt die vielfältige Bildersprache des tibetischen Buddhismus: Glückssymbole, Opfergaben, Embleme, Tiere und Fabelwesen, die Elemente und kosmologischen Symbole, Ritual- und Handinstrumente, magische Waffen, Handstellungen und Mudras. Ein praktisches Nachschlagewerk und eine faszinierende Reise in die Bilderwelt der Tibeter.

Diederichs